"十二五"国家重点图书出版规划项目

工科大学化学实验

（修订版）

刘秉涛　主　编
梅崇珍　李凯慧　张鹏　副主编

哈尔滨工业大学出版社

内 容 提 要

本书由三部分组成,第一部分实验基础,介绍化学实验的基本知识、基本操作、常见仪器使用及实验数据图表处理,注意结合现代先进的实验仪器的使用,以及用计算机处理实验数据图表的方法。第二部分实验内容,共编入 58 个实验,内容涉及无机及普通化学、分析化学、有机化学和物理化学的典型实验,其中无机及普通化学实验 17 个,有机化学实验 12 个,分析化学实验 19 个,物理化学实验 10 个。再版中删去了原书中的 7 个综合实验,新增加了 9 个实用性较强的实验。第三部分为附录。

本书可作为工科院校非化学化工专业的化学实验教材,特别适应于应用化学、市政工程、环境工程、农林和地质工程等专业实验教学使用,也可作为各类成人教育、专科层次的化学实验用书。

图书在版编目(CIP)数据

工科大学化学实验/刘秉涛主编. —2 版. —哈尔滨:哈尔滨工业大学出版社,2013.2(2021.7 重印)
ISBN 978 - 7 - 5603 - 4014 - 2

Ⅰ.①工… Ⅱ.①刘… Ⅲ.①化学实验-高等学校-教材 Ⅳ.①O6-3

中国版本图书馆 CIP 数据核字(2013)第 023086 号

责任编辑	张秀华
封面设计	卞秉利
出版发行	哈尔滨工业大学出版社
社　　址	哈尔滨市南岗区复华四道街 10 号　邮编 150006
传　　真	0451 - 86414749
网　　址	http://hitpress.hit.edu.cn
印　　刷	哈尔滨玖利印刷有限公司
开　　本	787 mm×1 092 mm　1/16　印张 14.75　字数 341 千字
版　　次	2013 年 2 月第 2 版　2021 年 7 月第 2 次印刷
书　　号	ISBN 978 - 7 - 5603 - 4014 - 2
定　　价	26.00 元

(如因印装质量问题影响阅读,我社负责调换)

修订版前言

本书初版于2006年,经过近6年的使用,征求了广大师生的宝贵意见和建议,认为有必要对原书进行修订和再版。

化学实验的主要任务是通过课堂实验,进一步加深对化学方法和原理的理解,掌握化学实验的基本操作和技能,以及分析结果的处理方法,为培养科学研究、动手能力及今后解决工程中的实际问题打下基础。通过实验室的严格训练,进一步建立准确"量"的概念,培养良好的工作态度和严谨细致、实事求是的科学作风,提高学生的综合素质。

本书是集新颖性、实用性和综合性为一体的化学实验教科书。新颖性体现在对化学实验基本操作、基本仪器介绍及实验数据图表处理上结合现代实验技术,反映先进的科研手段;实用性和综合性表现在全书编入58个实验,内容涉及无机及普通化学、分析化学、有机化学和物理化学的典型实验,以培养学生的科学思维能力和创新能力。

本书分三部分。第一部分为实验基础,介绍化学实验的基本知识、基本操作、常见仪器使用介绍及实验数据图表处理,编写中注意结合现代先进的实验仪器的使用,以及用计算机处理实验数据图表的方法,体现了教材的新颖性。第二部分为实验内容,共编入58个实验,考虑到四大化学的相容性,提高实验仪器的使用效率,同时便于实验室的管理,统一了四大化学的基础实验,内容涉及无机及普通化学、分析化学、有机化学和物理化学的典型实验,其中无机及普通化学实验17个,有机化学实验12个,分析化学实验19个,物理化学实验10个。再版中删除了原教材的7个综合实验,新增加了9个实用性较强的实验。第三部分为附录。

本书可作为工科院校非化学化工专业的化学实验教材,特别适应于应用化学、市政工程、环境工程、农林和地质工程等专业实验教学使用,也可作为各类成人教育、专科层次的化学实验用书;对于有志于进行实验教学改革的院校,更是一本不可多得的教材。

本书由刘秉涛任主编,梅崇珍、李凯慧、张鹏任副主编。刘秉涛编写第1部分实验基础,梅崇珍编写实验18～45;李凯慧编写实验1～17和实验46～48,张鹏编写实验49～58及附录。刘秉涛对实验内容进行了增删并负责全书的统稿。华北水利水电学院环境与市政工程学院的朱灵峰教授对本书进行了审阅和指导,在此表示忠心的感谢。对哈尔滨工业大学出版社在本书的校核及出版过程中给予的大力支持深表感谢。

编　者
2012年5月

目　　录

第 1 部分　实验基础 ……………………………………………………………………… (1)

 1.1　实验室基础知识 ……………………………………………………………… (1)

  1.1.1　实验目的及要求 ………………………………………………………… (1)

  1.1.2　实验室规则 ……………………………………………………………… (2)

  1.1.3　实验室安全知识 ………………………………………………………… (2)

  1.1.4　化学试剂的规格及常用灭火器介绍 …………………………………… (4)

 1.2　化学实验基本操作 …………………………………………………………… (5)

  1.2.1　化学实验用水的要求及制备 …………………………………………… (5)

  1.2.2　化学实验常用玻璃仪器的洗涤和干燥 ………………………………… (6)

  1.2.3　加热设备及使用方法 …………………………………………………… (8)

  1.2.4　称量技术 ………………………………………………………………… (11)

  1.2.5　常见度量仪器的使用 …………………………………………………… (20)

  1.2.6　试剂的取用 ……………………………………………………………… (26)

  1.2.7　干燥器的使用方法 ……………………………………………………… (28)

  1.2.8　常用器皿的加热方法及注意事项 ……………………………………… (28)

  1.2.9　固液分离 ………………………………………………………………… (29)

  1.2.10　离子交换分离 …………………………………………………………… (34)

  1.2.11　质量分析基本操作 ……………………………………………………… (34)

  1.2.12　有机实验常用的玻璃仪器 ……………………………………………… (37)

  1.2.13　回流和蒸馏装置 ………………………………………………………… (40)

  1.2.14　萃取 ……………………………………………………………………… (41)

 1.3　常见仪器使用简介 …………………………………………………………… (43)

  1.3.1　酸度计 …………………………………………………………………… (43)

  1.3.2　单盘天平、电子天平 …………………………………………………… (45)

  1.3.3　分光光度计 ……………………………………………………………… (46)

  1.3.4　电导率仪 ………………………………………………………………… (48)

  1.3.5　精密电位差计 …………………………………………………………… (49)

  1.3.6　数显恒温槽装置 ………………………………………………………… (50)

  1.3.7　阿贝折光仪 ……………………………………………………………… (51)

  1.3.8　气相色谱仪 ……………………………………………………………… (53)

1.4 实验数据处理方法 …………………………………………………… (56)
 1.4.1 有效数字 ………………………………………………………… (56)
 1.4.2 实验数据记录 …………………………………………………… (57)
 1.4.3 实验数据处理 …………………………………………………… (58)

第2部分 实验内容 …………………………………………………………… (61)
2.1 无机及普通化学实验 ………………………………………………… (61)
 实验1 天平的构造及使用 …………………………………………… (61)
 实验2 化学反应热效应的测定 ……………………………………… (64)
 实验3 摩尔气体常数的测定 ………………………………………… (67)
 实验4 酸碱反应和酸碱平衡 ………………………………………… (70)
 实验5 酸碱滴定 ……………………………………………………… (72)
 实验6 沉淀反应和沉淀溶解平衡 …………………………………… (75)
 实验7 配位反应和配位平衡 ………………………………………… (77)
 实验8 氧化还原反应和氧化还原平衡 ……………………………… (79)
 实验9 pH 计法测定醋酸解离度和解离常数 ………………………… (81)
 实验10 电导率法测醋酸的解离常数 ………………………………… (83)
 实验11 铁氧体法处理含铬废水 ……………………………………… (85)
 实验12 去离子水的制备及水质检验 ………………………………… (87)
 实验13 钢铁零件氧化发蓝处理 ……………………………………… (89)
 实验14 粗食盐的提纯 ………………………………………………… (91)
 实验15 由废铜渣制备硫酸铜 ………………………………………… (93)
 实验16 硫酸亚铁铵的制备 …………………………………………… (95)
 实验17 电导法测定 $BaSO_4$ 的溶度积 ……………………………… (97)
2.2 有机化学实验 ………………………………………………………… (98)
 实验18 有机玻璃仪器的认领、洗涤和干燥 ………………………… (98)
 实验19 熔点、沸点的测定及温度计校正 …………………………… (106)
 实验20 工业苯甲酸粗品的重结晶提纯 ……………………………… (110)
 实验21 无水乙醇的制备 ……………………………………………… (112)
 实验22 乙醚的制备 …………………………………………………… (114)
 实验23 乙酸乙酯的制备 ……………………………………………… (117)
 实验24 甲基橙的制备 ………………………………………………… (119)
 实验25 富马酸及其二甲酯的制备 …………………………………… (121)
 实验26 芳香烃的性质 ………………………………………………… (123)
 实验27 官能团的性质(一) …………………………………………… (125)
 实验28 官能团的性质(二) …………………………………………… (130)
 实验29 未知有机物的鉴定 …………………………………………… (133)

2.3 分析化学实验 (134)

- 实验 30 水的碱度的测定 (134)
- 实验 31 混合碱中碳酸钠和碳酸氢钠含量的测定 (136)
- 实验 32 EDTA 标准溶液的配制与标定 (138)
- 实验 33 水硬度的测定 (140)
- 实验 34 水中氯离子含量的测定(沉淀滴定法) (143)
- 实验 35 氯化钡中钡含量的测定(质量法) (145)
- 实验 36 高锰酸钾标准溶液的配制与标定 (147)
- 实验 37 水中高锰酸盐指数的测定(高锰酸钾法) (149)
- 实验 38 水中化学需氧量(COD)的测定(重铬酸钾法) (151)
- 实验 39 碘和硫代硫酸钠标准溶液的配制与标定 (154)
- 实验 40 水中溶解氧(DO)的测定(碘量法) (157)
- 实验 41 维生素 C 含量的测定 (159)
- 实验 42 吸收光谱曲线的绘制 (161)
- 实验 43 邻二氮菲显色反应测定水中铁的含量 (163)
- 实验 44 离子选择电极法测定水中氟离子的含量 (165)
- 实验 45 原子吸收光谱法测定水中镁的含量 (168)
- 实验 46 紫外吸收光谱法测定水中的总酚 (171)
- 实验 47 磷钼蓝分光光度法测定土壤全磷 (173)
- 实验 48 溶剂萃取气相色谱法测定饮用水中的氯仿 (175)

2.4 物理化学实验 (177)

- 实验 49 液相反应实验平衡常数的测定 (177)
- 实验 50 液相饱和蒸气压的测定 (179)
- 实验 51 溶胶的制备及其性质的测定 (182)
- 实验 52 溶液吸附法测定固体吸附量和比表面积 (186)
- 实验 53 乙酸乙酯皂化反应速率常数的测定 (190)
- 实验 54 双液系的气-液平衡相图 (192)
- 实验 55 化学反应速率常数与活化能的测定 (197)
- 实验 56 原电池电动势和电极电势的测定 (200)
- 实验 57 凝固点降低法测定相对分子质量 (204)
- 实验 58 溶解热的测定 (207)

第 3 部分 附录 (211)

- 附录 1 国际相对原子质量表 (211)
- 附录 2 常见化合物的摩尔质量表 (212)
- 附录 3 常用基准物 (215)
- 附录 4 常用指示剂 (216)

附录 5 常用缓冲溶液 ……………………………………………… (221)
附录 6 常用酸、碱的质量浓度、质量分数、物质的量浓度 ………… (222)
附录 7 水溶液中某些离子的颜色 …………………………………… (222)
附录 8 部分化合物的颜色 …………………………………………… (223)
附录 9 常见难溶化合物的溶度积常数 ……………………………… (226)

参考文献 ……………………………………………………………… (228)

第1部分　实验基础

1.1　实验室基础知识

1.1.1　实验目的及要求

化学课是理工科院校和水利院校的一门重要基础课，对培养学生深入掌握本专业的基本理论和基本技能，具有重要作用。化学实验课的教学质量直接影响着理论课的教学质量，影响着学生的学习兴趣和求知欲。化学实验课的目的是使学生直接获得化学的感性认识，了解化学已广泛地渗透到生命科学、环境科学、材料科学、能源科学、安全科学等众多领域。化学实验课不仅是对化学理论课的巩固，更重要的是培养学生的动手能力，培养学生观察问题、分析问题和解决问题的能力，为后续的专业理论课程的学习打下良好的基础。化学实验的程序和要求如下。

1. 课前预习

认真预习化学实验课内容是学好化学实验课的第一步。预习时应认真阅读实验教材和有关教科书；明确实验目的和基本原理；了解实验内容及实验难点；熟悉安全注意事项；认真准备预习思考题，写出实验预习笔记。教师若发现学生预习不够充分，应对其提出批评和警告。

2. 认真做实验

学生在教师指导下独立地进行实验是实验课的主要教学环节，也是训练学生正确掌握实验技能，达到培养能力目的的重要手段。原则上实验应按教材上所提示的步骤、方法和试剂用量进行，若提出新的实验方案，应经教师批准后方可进行。实验课要求做到下列几点：

(1) 认真操作，细心观察现象，并及时地、如实地做好详细记录。

(2) 如果发现实验现象不符合实验理论，应尊重实验事实，认真分析和检查原因，也可以通过对照试验、空白试验或自行设计实验来核对，必要时应多次重做验证，从中得到有益的结论。

(3) 实验过程中应勤于思考，仔细分析，力争自己解决问题，当遇到疑难问题自己难以解决时，可请教师指点。

(4) 在实验过程中应保持肃静，严格遵守实验室规则。

3. 完成实验报告

完成实验报告是对所学知识进行归纳和提高的过程，也是培养严谨的科学态度和实事求是精神的重要措施。实验报告的内容包括实验目的、原理与技能、内容、现象、结果及讨论等栏目。实验报告的书写要字迹端正,简明扼要,整齐清洁,决不允许草率应付或抄袭编造。

1.1.2 实验室规则

(1)学生在参加实验前,必须认真预习实验指导讲义,明确实验目的、原理、步骤及操作规程,未做好预习者,教师应对其提出批评和警告。

(2)学生进入实验室后,未经教师准许不得随意开始实验,不得乱动仪器、药品或其他设备用具;教师讲授完毕,凡有不明确的问题,应及时向教师提出;在完全明确本次实验各项要求,并经教师同意后,方可进行实验。

(3)学生做实验时要严格按规定的步骤和要求进行操作,按规定的量取用药品。如称取药品后,应及时盖好原瓶盖并放回原处,不得做规定以外的实验,凡遇疑难问题应及时问教师,不得自行其是。

(4)学生做实验时应按照要求,仔细观察实验现象,并正确地进行记录;实验所得数据与结果,不得涂改或弄虚作假,必须如实地记在记录本上。

(5)学生进行实验时要注意安全,爱惜仪器和试剂,如仪器有损坏,必须及时登记补领。

(6)实验中必须保持肃静,不准大声喧哗,不得到处乱走。

(7)实验中要注意实验室及实验台的卫生,实验台上的仪器应整齐地放在一定的位置上,并保持台面的清洁;废纸、火柴梗和碎玻璃等应倒入垃圾箱内;酸、碱废液倒入水槽后应立即用水冲洗(浓酸和浓碱废液应倒入废液桶,经处理后再倒入水槽)。

(8)使用精密仪器时,必须严格按照操作规程进行操作,细心谨慎,避免因粗心大意而损坏仪器。如发现仪器有故障,应立即停止使用,报告教师。使用后必须自觉填写仪器使用登记本。

(9)实验结束时将所用仪器洗净并整齐地放回柜内,实验台及试剂架必须擦净,经教师或实验员检查实验记录和实验台合格后方可离开实验室。

(10)实验后学生轮流负责打扫和整理实验室,并检查水龙头、煤气开关、门、窗是否关紧,电闸是否关闭,以保持实验室的整洁和安全。

1.1.3 实验室安全知识

很多化学药品是易燃、易爆、有腐蚀性和有毒的,因此重视安全操作,熟悉一般的安全知识是非常必要的。

首先,需要从思想上重视安全工作,决不能麻痹大意;其次,在实验前应了解仪器的性能和药品的性质以及本实验中的安全事项;第三,要学会一般救护措施,一旦发生意外事故,可进行及时处理。实验室的废液必须按要求进行处理,不能随意乱倒,以保持实验室环境不受污染。

1. 实验室安全守则

(1)严格按实验步骤及要求做实验,绝对不允许随意更改实验步骤或混合各种化学药品,以免发生意外事故。

(2)不要用湿手、物接触电源。水、电、煤气(液化气)一经使用完毕,应立即关闭水龙头、电闸和煤气(液化气)开关。点燃的火柴用后立即熄灭,不得乱扔。

(3)严禁在实验室内饮食、吸烟,或把食物、餐具带进实验室。实验完毕必须洗净双手后才能离开实验室。

(4)浓酸、浓碱具有强腐蚀性,切勿使其溅在皮肤或衣服上,尤其是应注意眼睛的防护。稀释浓酸、浓碱(特别是浓硫酸)时应将它们慢慢倒入水中,而不能相反进行,以避免迸溅。

(5)实验室所有药品不得带出实验室,用剩的有毒药品应如数还给教师。

(6)洗涤过的仪器严禁用手甩干,以防未洗净容器中含有的酸碱液等伤害他人身体或衣物。

(7)倾注药剂或加热液体时,不要俯视容器,以防溅出。试管加热时切记不要使试管口向着自己或别人。

(8)不要俯向容器去嗅药品气味,闻气味时,应该是面部远离容器,用手把离开容器的气流慢慢地扇向自己的鼻孔。做产生有刺激性或有毒气体(如 H_2S、HF、Cl_2、CO、NO_2、Br_2 等)的实验必须在通风橱内进行。

(9)有毒药品(如重铬酸钾、钡盐、铅盐、砷的化合物、汞的化合物,特别是氰化物)不得进入口内或接触伤口,剩余的废液也不能随便倒入下水道。

(10)易燃、易爆及有毒试剂必须在掌握其性质及使用方法后方可使用。

2. 实验室三废的处理方法

对产生少量有毒气体的实验应在通风橱内进行,通过排风设备将少量毒气排到室外(使排出气体在外面大量空气中稀释),以免污染室内空气。产生毒气量较大的实验必须备有吸收或处理装置,如 N_2、SO_2、Cl_2、H_2S、HF 等可用导管通入碱液中使其大部分被吸收后排出;CO 可点燃转化成 CO_2。含有少量有毒物质的废渣应掩埋于指定地点。一般酸碱废液可稀释后排放。对含重金属离子或汞盐的废液可加碱使其 pH 值变为 8～10 后再加硫化物处理,使其有毒成分转变成难溶于水的氢氧化物或硫化物沉淀,沉淀分离后残渣掩埋于指定地点,清液达到环保排放标准后方可排放。废铬酸洗液可加入 $FeSO_4$,使六价铬还原为无毒的三价铬后,按普通重金属离子废液处理。含少量氰废液时可先加 NaOH 使其 pH 值大于 10,再加适量 $KMnO_4$ 使 CN^- 氧化并分解除去;量多时则在碱性介质中加 NaClO 使 CN^- 氧化并分解成 CO_2 和 N_2。做涉及金属汞的实验时应特别小心,不得把汞洒落在桌上或地上。一旦洒落,必须尽可能收集起来,并用硫磺粉盖在洒落的地方上,使汞转变成不挥发的硫化汞。

进行有机合成实验时,回流或蒸馏液体时应放沸石,以防溶液因过热暴沸而冲出。若在加热后发现未放沸石,则应停止加热,待稍冷后再放。切勿将易燃溶剂倒入废物缸中。转移易燃溶剂应远离火源,蒸馏易燃溶剂特别是低沸点易燃溶剂,整套装置切勿漏气,接受器支管应与橡皮管相连,使余气通往水槽或室外;常压操作时,应使整套装置有一定的地方通向大气,严禁密闭体系操作。减压蒸馏时,要用圆底烧瓶或吸滤瓶作接受器,不能用锥形瓶,否则会发生炸裂。

3. 实验室事故的处理方法

(1)创伤。皮肤被玻璃戳伤后,不能用手抚摸或用水洗涤伤处,应先把碎玻璃从伤口处挑出。轻伤可涂以紫药水(或红汞、碘酒),必要时撒些消炎粉或敷些消炎膏,并用绷带包扎。

(2)烫伤。不要用冷水洗涤伤处,伤处皮肤未破时可涂上饱和 $NaHCO_3$ 溶液或用 $NaHCO_3$ 粉调成糊状敷于伤处,也可抹獾油或烫伤膏;如果伤处皮肤已破,可涂些紫药水或质量分数为10%的 $KMnO_4$ 溶液。

(3)酸腐蚀致伤。先用大量水冲洗,再用饱和 $NaHCO_3$ 溶液(或稀氨水、肥皂水)洗,最后再用水冲洗,如果酸溅入眼内,用大量水冲洗后,送医院诊治。

(4)碱腐蚀致伤。先用大量水冲洗,再用质量分数为2%的醋酸溶液或饱和硼酸溶液清洗,最后用水冲洗。如果碱溅入眼中,应立刻用硼酸溶液清洗。

(5)吸入刺激性或有毒气体。吸入氯、氯化氢气体时,可吸入少量酒精和乙醚的混合蒸气以解毒。吸入硫化氢或一氧化碳气体而感到不适时,应立即到室外呼吸新鲜空气,但应注意氯、溴中毒不可进行人工呼吸,一氧化碳中毒不可使用兴奋剂。

(6)溴腐蚀致伤。用苯或甘油清洗伤口,再用水冲洗。

(7)被磷灼伤。用质量分数为1%的硝酸银或质量分数为5%的硫酸铜清洗伤口,然后包扎。

(8)毒物进入口内。把 5~10 mL 稀硫酸铜溶液加入一杯温水中,内服后用手指伸入咽喉部,促使呕吐,吐出毒物,然后立即送医院。

(9)触电。首先切断电源,然后在必要时进行人工呼吸。

(10)起火。起火后,要立即一面灭火,一面防止火势蔓延(如采取切断电源、移走易燃药品等措施)。应针对起因选用合适的方法灭火,一般的小火用湿布、石棉布或沙子覆盖燃烧物,即可灭火。火势大时应使用泡沫灭火器,但电器设备所引起的火灾,应使用二氧化碳或四氯化碳灭火器灭火,不能使用泡沫灭火器,以免触电。活泼金属如钠、镁以及白磷等着火,宜用干沙灭火,不宜用水、泡沫灭火器以及四氯化碳等。实验人员衣服着火时,切勿惊慌乱跑。赶快脱下衣服或用石棉布覆盖着火处。

为了对实验室意外事故进行紧急处理,实验室须配备常用急救药品和物品,如红药水、碘酒(质量分数为3%)、烫伤膏、消炎粉、消毒纱布、消毒棉、剪刀等。

1.1.4 化学试剂的规格及常用灭火器介绍

1. 化学试剂的规格

化学试剂按杂质含量的多少,通常分为四个等级,如表1.1所示。

此外,根据专用试剂的用途,还有色谱试剂、光谱试剂、生物试剂等。这些试剂不能认为是化学分析的基准试剂,因为化学试剂的级别不同,价格相差很大,所以只要与实验的要求相适应即可,应避免不必要的浪费。

表1.1 我国的化学试剂等级

等 级	一级试剂（保证试剂）	二级试剂（分析试剂）	三级试剂（化学纯试剂）	四级试剂（实验试剂）
符 号	GR	AR	CP	LR
标签的颜色	绿色	红色	蓝色	黄色或棕色
适用范围	精密分析	一般的分析	定性分析、制备	化学制备

2. 常用灭火器介绍

实验过程中若不慎起火,不要惊慌,可用灭火器灭火。常用灭火器介绍见表1.2。

表1.2 常用灭火器介绍

类 型	灭火剂成分	适 用 范 围
泡沫灭火器	$Al_2(SO_4)_3$ 和 $NaHCO_3$	适用于油类起火
二氧化碳灭火器	液态 CO_2	适用于扑灭忌水的火灾,如电器设备和小范围油类火灾等
酸碱式灭火器	H_2SO_4 和 $NaHCO_3$	非油类和非电器的一般火灾
干粉灭火器	碳酸氢钠等盐类物质与适量的润滑剂和防潮剂	适用于不能用水扑灭的火灾,如精密仪器、油类、可燃性气体、电器设备、图书文件和遇水易燃物品的初起火灾
四氯化碳灭火器	液态 CCl_4	适用于扑灭电器设备和小范围的汽油、丙酮等火灾
1211灭火剂	CF_2ClBr 液化气体	特别适用于不能用水扑灭的火灾,如精密仪器、油类、有机溶剂、高压电气设备的失火等

1.2 化学实验基本操作

1.2.1 化学实验用水的要求及制备

1. 化学实验用水的要求

自来水中常含有 K^+、Na^+、Ca^{2+}、Mg^{2+} 等金属离子的碳酸盐、硫酸盐、氯化物及某些气体等杂质。用之配制溶液时,这些杂质可能会与溶液中的溶质起化学反应而使溶液变质失效,也可能会对实验现象或结果产生不良的干扰和影响,因此做化学实验时,溶液的配制一般要用纯水,即经过提纯的水。

我国已建立了实验室用水规格的国家标准（GB 6682—1992）,规定了实验室用水的技术指标、制备方法及检验方法。中国国家实验室用水标准见表1.3。

纯水的要求:定性检验无 Ca^{2+}、Mg^{2+}、Cl^-、SO_4^{2-} 等离子。实验室常用的纯水有蒸馏水、去离子水和电导水,它们在298 K时的电导率分别为 1 mS·m^{-1}、0.1 mS·m^{-1}、0.1 mS·m^{-1}。

表1.3 实验室用水的级别及主要指标

指标名称	一级	二级	三级
pH 范围(298 K)	—	—	5.0~7.5
电导率(298 K)/(mS·m^{-1})≤	0.01	0.10	0.50
吸光度(254 nm,1 cm 光程)≤	0.001	0.01	—
可溶性硅(以 SiO$_2$ 计)/(mg·L^{-1})<	0.01	0.02	—

2. 化学实验用水的制备方法

(1)蒸馏水。将自来水经过蒸馏器蒸馏,所产生的蒸汽经冷凝即得蒸馏水。由于绝大部分无机盐都不挥发,因此蒸馏水虽较纯净,但其中溶解的气体杂质不能完全被除去,适用于一般溶液的配制。此外,一般蒸馏装置所用材料是不锈钢、纯铝或玻璃,所以可能会带入金属离子。

(2)去离子水。离子交换树脂由高分子骨架、离子交换基团和孔三部分组成。离子交换基团上具有的 H$^+$ 和 OH$^-$ 与水中阳、阴离子杂质进行交换,将水中的阳、阴离子杂质截留在树脂上,进入水中的 H$^+$ 和 OH$^-$ 重新结合成水而达到纯化水的目的。能与阳离子起交换作用的树脂称为阳离子交换树脂,与阴离子起交换作用的树脂则称为阴离子交换树脂。将自来水依次通过阳离子树脂交换柱,阴离子树脂交换柱,阴、阳离子树脂混合交换柱后所得到的纯水为去离子水,其纯度比蒸馏水高,但不能除去非离子型杂质,常含有微量的有机物。

(3)电导水。在第一套蒸馏器(最好是石英制作的,其次是硬质玻璃制作的)中装入蒸馏水,加入少量高锰酸钾固体,经蒸馏除去水中的有机物,得重蒸馏水。再将重蒸馏水注入第二套蒸馏器中(最好也是石英制作的),加入少许硫酸钡和硫酸氢钾固体,进行蒸馏。弃去馏头、馏后各 10 mL,收取中间馏分。电导水应收集保存在带有碱石灰吸收管的硬质玻璃瓶内,时间不能太长,一般在两周以内。

采用蒸馏或离子交换法制备的纯水一般为三级水。将三级水再次蒸馏后所得纯水一般为二级水,常含有微量的无机、有机或胶态杂质。将二级水再进一步处理后所得纯水一般为一级水。用石英蒸馏器将二级水再次蒸馏所得水,基本上不含有溶解或胶态离子杂质及有机物。

1.2.2 化学实验常用玻璃仪器的洗涤和干燥

1. 玻璃仪器的洗涤

化学实验使用的玻璃仪器,常沾有可溶性化学物质、不溶性化学物质、灰尘及油污等污物,为了得到准确的实验结果,实验前必须将实验仪器洗涤干净。玻璃仪器的洗涤方法很多,常用的有冲洗、刷洗、药剂洗涤等方法。下面简要介绍一般的洗涤方法。

(1)冲洗。在玻璃仪器内注入约占总体积 1/3 的自来水,用力振荡片刻,倒掉,照此连洗数次,可洗去粘附的易溶物和部分灰尘。

(2)刷洗。用水不能清洗干净时,可用毛刷由外到里刷洗干净。刷洗时须选用合适的毛刷。毛刷可按所洗涤仪器的类型、规格(口径)大小来选择。洗涤试管和烧瓶时,端头无直立竖毛的秃头毛刷不可使用。刷洗后,再用水连续振荡洗涤数次,每次用水量不要太多。刷洗数次后,检查是否干净。若不干净,须用毛刷蘸少量去污粉(或肥皂粉洗衣粉等)再进行刷洗,然后用水冲去去污粉,直到洗净为止。冲洗或刷洗后,一般还应用蒸馏水淋洗2~3次。

(3)药剂洗涤。对准确度较高的量器和更难洗去的污物,或因仪器口径较小、管细长等不便刷洗的仪器可用铬酸洗液或王水洗涤,也可针对污物的化学性质选用其他适当的药剂洗涤(即利用酸碱中和反应、氧化还原反应、配位反应等,将不溶物转化为易溶物再进行清洗。如银镜反应粘附的银及沉积的硫化银可加入硝酸生成易溶的硝酸银;未反应完的二氧化锰及反应生成的难溶氢氧化物、碳酸盐等可用盐酸处理生成可溶氯化物;沉积在器壁上的银盐,一般用硫代硫酸钠溶液洗涤,生成易溶配合物;沉积在器壁上的碘可用硫代硫酸钠溶液清洗,也可用碘化钾或氢氧化钠溶液清洗;碱、碱性氧化物、碳酸盐等可用 6 mol·L^{-1} 的 HCl 溶解)。用铬酸洗液或王水洗涤时,先往仪器内注入少量洗液,使仪器倾斜并缓慢转动,让仪器内壁全部被洗液润湿。再转动仪器,使洗液在内壁流动,经转动几圈后,把洗液倒回原瓶(不可倒入水池或废液桶,铬酸洗液变暗,绿色失效后可另外回收再生使用)。对严重污染的仪器可用洗液浸泡一段时间,或者用热洗液洗涤。

用洗液洗涤时,决不允许将毛刷放入洗液中,倾出洗液后,再用水冲洗或刷洗,最后用蒸馏水淋洗。

铬酸洗液的配制方法如下。

称取 10 g 工业级重铬酸钾固体放入烧杯中,加入 20 mL 热水溶解,冷却后在不断搅拌下慢慢加入 200 mL 浓硫酸,即得暗红色铬酸洗液,将之储存于细口玻璃瓶中备用。取用后要立即盖紧瓶塞。

仪器是否洗净可通过器壁是否挂水珠来检查。将洗净后的仪器倒置,如果器壁透明,不挂水珠,则说明已洗净;如器壁有不透明处或附着水珠或有油斑,则未洗净,应予重洗。洗净后的仪器,不可用布或纸擦拭,而应晾干或烘烤使之干燥。

2. 玻璃仪器的干燥

实验所用的仪器,除必须清洗外,有时还要求干燥,干燥的方法如图1.1所示。

(1)晾干。让残留在仪器内壁的水分自然挥发而使仪器干燥。一般是将洗净的仪器倒置在干净的仪器柜内或滴水架上,任其滴水晾干。属于这样干燥的仪器主要是需要干燥的容量仪器、加热烘干时容易炸裂的仪器,以及不需要将其所沾水完全排除以至恒重的仪器。

(2)热(冷)风吹干。洗净的仪器若急需干燥,可用电吹风直接吹干,或倒插在气流烘干器上。若在吹风前先用易挥发的有机溶剂(如乙醇、丙酮、石油醚等)淋洗一下,则干得更快。

(3)加热烘干。如需同时干燥较多的仪器,可使用电热鼓风干燥箱烘干。将洗净的仪器倒置稍沥去水滴后,放在干燥箱的隔板上,关好门。控制箱内温度在105℃左右,恒温烘干半小时即可。对可加热或耐高温的仪器,如试管、烧杯、烧瓶等还可利用加热的方法使水分迅速蒸发干燥。加热前先将仪器外壁擦干,然后用小火烤干,烤干时应注意不时

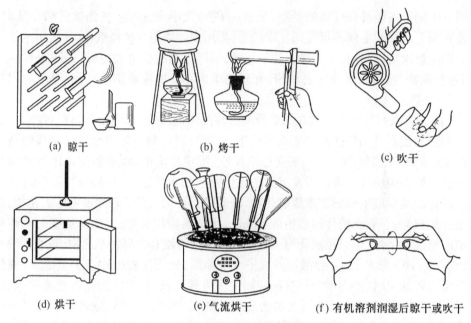

图 1.1 玻璃仪器的干燥方法

转动以使仪器受热均匀。

干燥仪器时需要注意带有刻度的计量仪器不能用加热的方法进行干燥,以免影响仪器的精度。刚烤烘完毕的热的仪器不能直接放在冷的,特别是潮湿的桌面上,以免因局部骤冷而破裂。

1.2.3 加热设备及使用方法

1. 酒精灯

酒精灯是实验室常用的加热工具,其加热温度为 400~500 ℃,适用于温度不需要太高的实验。酒精灯由灯帽、灯芯(以及瓷质套管)和盛酒精的灯壶三部分组成,如图 1.2(a)。

正常使用时酒精灯的火焰可分为焰心、内焰和外焰三部分,如图 1.2(b)所示。外焰的温度最高,往内依序降低。故加热时应调节好受热器与灯焰的距离,用外焰来加热,如图 1.2(c)所示。

使用酒精灯的注意事项。

(1)点燃酒精灯之前,先使灯内的酒精蒸气排出,防止灯壶内酒精蒸气因燃烧受热膨胀而将瓷管连同灯芯一并弹出,从而引起燃烧事故。

(2)灯芯不齐或烧焦时,应用剪刀修整为平头等长。

(3)新换的灯芯应让酒精浸透后才能点燃,否则一点燃就会烧焦。

(4)不能拿燃着的酒精灯去引燃另一盏酒精灯。

(5)不能用嘴吹灭酒精灯,而应用灯帽罩上,使其缺氧后自动熄灭,片刻后再把灯帽提起一下,然后再罩上(这是为什么)。

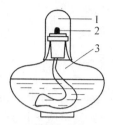 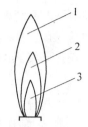 

(a) 酒精灯的构造　　　　　　(b) 酒精灯的灯焰　　　　　(c) 加热方法
1—灯帽；2—灯芯；3—灯壶　　1—外焰；2—内焰；3—焰心

图1.2　酒精灯的构造及其使用

(6) 添加酒精时应先熄灭灯焰,然后借助漏斗把酒精加入灯内。灯内酒精的储量不能超过酒精灯容积的2/3。

酒精易挥发、易燃烧,使用时须注意安全,万一洒出的酒精在灯外燃烧,可用湿布或石棉布扑灭。

2.电热恒温干燥箱

电热恒温干燥箱是利用电热丝隔层加热使物体干燥的设备。它适用于比室温高5～200℃范围的恒温烘焙、干燥、热处理等,灵敏度通常为±1℃。电热恒温干燥箱一般由箱体、电热系统和自动恒温控制系统三部分组成。其电热系统一般由两组电热丝构成,一组为辅助电热丝,用于短时间内急剧升温和120℃以上恒温时辅助加热。另一组为恒温电热丝,受温度控制器控制。

3.酒精喷灯

酒精喷灯有挂式与座式两种,其构造如图1.3所示。挂式喷灯的酒精储存在悬挂于高处的储罐内,而座式喷灯的酒精则储存于作为灯座的酒精壶内。

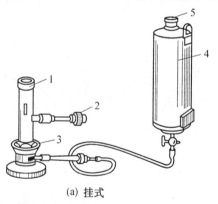 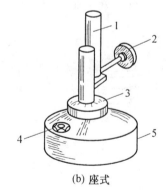

(a) 挂式　　　　　　　　　　　　　　　(b) 座式
1—灯管；2—空气调节器；3—预热盘；　　1—灯管；2—空气调节器；3—预热盘；
4—酒精储罐；5—盖子　　　　　　　　　4—铜帽；5—酒精壶

图1.3　酒精喷灯的类型和构造

使用挂式喷灯时,打开挂式喷灯酒精储罐下口开关,并先在预热盘中注入适量的酒精,然后点燃盘中的酒精,以加热灯管,待盘中酒精将近燃完时,开启空气调节器,这时由于酒精在灼热的灯管内汽化,并与来自气孔的空气混合,燃烧并形成高温火焰(温度可达

700~1 000 ℃)。调节空气调节器阀门可以控制火焰的大小。用毕时,关紧调节器即可使灯熄灭,此时酒精储罐的下口开关也应关闭。座式喷灯使用方法与挂式喷灯基本相同,但熄灭时需要用盖板将灯焰盖灭,或用湿抹布将其闷灭。

使用酒精喷灯的注意事项。

(1)在开启调节器、点燃管口气体以前,必须充分地灼热灯管,否则酒精不能全部汽化,会有液体酒精由管口喷出,导致"火雨"(尤其是挂式酒精喷灯)。这时应关闭开关,并用湿抹布熄灭火焰,重新向预热盘添加酒精,重复上述操作点燃,但若连续两次预热后仍不能点燃,则需要用探针疏通酒精蒸气出口,让出气顺畅后,方可再预热。

(2)座式酒精喷灯灯内酒精储量不能超过酒精壶体积的2/3,当连续使用时间较长(一般在30 min以上),酒精用完时应暂时熄灭喷灯,待冷却后,添加酒精,再继续使用。

(3)挂式酒精喷灯酒精储罐出口至灯具进口之间的橡皮管应连接好,不能有漏液现象,否则容易失火。

4. 电炉、电加热套、电加热板

电炉可以代替酒精灯或酒精喷灯用于一般加热。加热时,容器和电炉之间应隔一层石棉网,保证受热均匀。

如图1.4(a)所示,电加热套和电加热板的特点是有温度控制装置,能够缓慢加热和控制温度,适用于分析试样的处理。

5. 管式电炉与箱式电炉

实验室进行高温灼烧或反应时,常用管式电炉和箱式电炉,如图1.4(b)和(c)所示。管式电炉有一个管状炉膛,内插一根耐高温瓷管或石英管,瓷管内再放入盛有反应物的瓷舟,反应物可在真空、空气或其他气氛下受热,温度可从室温到1 000 ℃以上。箱式电炉一般用电炉丝、硅碳棒或硅、硅钼棒做发热体,温度可调节控制,最高使用温度分别可达950 ℃、1 300 ℃和1 500 ℃左右。温度测量一般用热电偶。

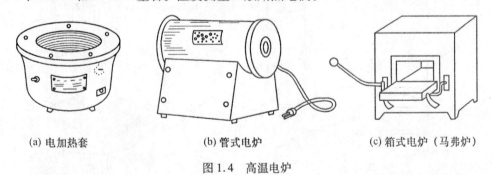

(a) 电加热套　　　　(b) 管式电炉　　　　(c) 箱式电炉(马弗炉)

图1.4　高温电炉

6. 微波炉

(1)微波炉的工作原理。微波炉的加热完全不同于常见的明火加热或电加热。工作时,微波炉的主要部件磁控管辐射出2 450 MHz的微波,在炉内形成微波能量场,并以24.5亿次/s的速度不断地改变着正、负极性。当待加热物体中的极性分子,如水、蛋白质等吸收微波能后,也以高频率改变着方向,使分子间相互碰撞、挤压、摩擦而产生热量,将电磁能转化成热能。可见工作时微波炉本身不产生热量,而是待加热物体吸收微波能后,内部的分子相互摩擦而自身发热,简单地讲是摩擦起热。

微波是一种高频率的电磁波,它具有反射、穿透、吸收三种特性。微波碰到金属会被反射回来,而对一般的玻璃、陶瓷、耐热塑料、竹器、木器则具有穿透作用,它能被碳水化合物(如各类食品)吸收。由于微波的这些特性,微波炉在实验室中可用来干燥玻璃仪器,加热或烘干试样,如用重量法测定可溶性钡盐中的钡时,可用微波干燥恒重玻璃坩埚及沉淀,亦可用于有机化学中的微波反应。

微波炉加热有快速、能量利用率高、被加热物体受热均匀等优点,但不能恒温,不能准确控制所需的温度,因此,只能通过试验决定所要用的功率、时间,以达到所需的加热程度。

(2)使用微波炉的方法及注意事项。

①将待加热器皿均匀地放在炉内玻璃转盘上。

②关上炉门,选择加热方式。

③金属器皿、细口瓶或密封的器皿不能放入炉内加热。

④炉内无待加热物体时,不能开机;待加热物体很少时,不能长时间开机,以免空载运行(空烧)而损坏机器。

⑤不要将炽热的器皿放在冷的转盘上,也不要将冷的带水器皿放在炽热的转盘上,以防转盘破裂。

⑥前一批干燥物取出后,不要关闭炉门,让其冷却 5~10 min 后才能放入后一批待加热的器皿。

7. 集热式磁力搅拌器

图 1.5 为集热式磁力搅拌器,是实验室用于加热、控温、搅拌有机制备所需的装置。使用时接通电源,将盛有反应物的烧瓶放置不锈钢容器中间,往不锈钢容器中加入导热油或硅油至恰当高度,将搅拌子放入烧瓶溶液中。开启电源开关,指示灯亮,将调速电位器慢慢打开,搅拌转速由慢到快,调节到要求转速为止。要加热时,连接温度传感器探头,将探头夹在支架上,移动支架使温度传感器探头插入溶液中不少于 5 cm,但不能影响搅拌,开启控温开关,设定所需温度,表头数字显示的数值为烧瓶中实际温度,达到设定温度后加热停止,自动恒温,集热式磁力搅拌器可长时间连续加热恒温。

图 1.5 集热式磁力搅拌器

1.2.4 称量技术

1. 天平的称量原理

天平是根据杠杆原理设计而成的,如图 1.6 所示,在杠杆 ABC 中,B 在中间为支点,受一向上支承力,两端 A 与 C 受被称量物体和砝码向下作用的力 P 和 Q。当杠杆处于平衡状态时,根据杠杆原理,支点两边的力矩相等,即

$$P \cdot \overline{AB} = Q \cdot \overline{BC}$$

若天平的两臂相等,即

$$\overline{AB} = \overline{BC}$$

则

$$P = Q$$

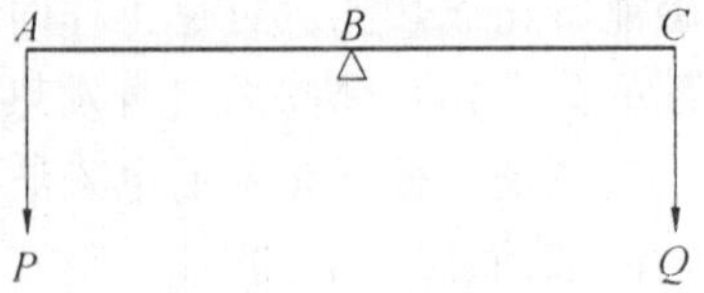

图 1.6　天平原理图

也就是被称量物体的质量与砝码的质量相等,砝码的质量是已知的,因此,可用砝码的质量来表示被称量物体的质量。

2. 天平的种类

天平根据其准确度的高低可分为两类:一类为台秤,其称量的准确度较低,用于一般的化学实验;另一类为分析天平,其称量的准确度较高。分析天平的种类很多,根据其称量原理,主要可分为等臂天平、不等臂天平及电子天平等几种类型。常用的等臂天平有摆动式天平、空气阻尼式天平、半机械加码电光天平(半自动电光天平)、全机械加码电光天平(全自动电光天平)等;常用的不等臂天平有单盘电光天平、单盘减码式全自动电光天平、单盘精密天平等;常用的电子天平有无梁电子数字显示天平等。

分析天平的分类方法还可根据天平的精度分级命名。过去天平的分级,单纯以能称准的最小质量来确定。例如,能称到 0.1 mg 或 0.2 mg 的天平称为"万分之一天平"或"分析天平";能称到 0.01 mg 的天平称为"十万分之一天平"或"半微量分析天平";能称到 0.001 mg 的天平称为"百万分之一天平"或"微量分析天平"。这实际上是单纯以分度值(感量)来分类的。但是分度值与载量是有密切关系的。只讲分度值而不提载量是不能全面反映天平性能的。

如果把分度值和载量两项指标联系起来考虑,可用相对精度分类的方法,即以分析天平的感量与最大载量之比来划分精度级别。目前我国采用的就是这种分类方法。根据 1972 年中国计量科学研究院按精度级别分类的规定,将分析天平分为 10 级,分级标准如表 1.4。

表 1.4　分析天平精度分级表

级　别	1	2	3	4	5
感量/最大载量	1×10^{-7}	2×10^{-7}	5×10^{-7}	1×10^{-6}	2×10^{-6}
级　别	6	7	8	9	10
感量/最大载量	5×10^{-6}	1×10^{-5}	2×10^{-5}	5×10^{-5}	1×10^{-4}

1 级分析天平精度最好,10 级分析天平精度最差。常用的分析天平最大载量为 200 g,感量为 0.1 mg,其精度为

$$\frac{0.1\times10^{-3}}{200}=5\times10^{-7}$$

即相当于 3 级分析天平。在选用天平时,不仅要注意天平的精度级别,还必须注意最大载量。在常量分析中,一般使用最大载量为 100～200 g 的分析天平,属于 3～4 级。在微量分析中,常用最大载量为 20～30 g 的分析天平,属于 1～3 级。

3.台秤的结构及其使用方法

台秤又称托盘天平或架盘天平,一般能称准到 0.1～0.5 g,最大称量有 100 g,500 g,1 000 g 数种,用于精度不很高的称量。台秤的构造如图 1.7 所示。

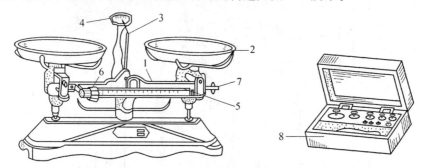

图 1.7 台秤的构造
1—横梁;2—托盘;3—指针;4—刻度盘;5—游码标尺;6—游码;7—平衡调节螺丝;8—砝码及砝码盒

台秤在使用前应先将游码拨至刻度尺的零刻度处,观察指针摆动情况。如果指针在标尺的左右摆动格数相等,即表示台秤处于平衡,可以使用;如果指针在标尺的左右摆动距离相差较大,应调节平衡调节螺丝,使之平衡。

称量时,应将物品放在天平的左盘,砝码放在右盘。加砝码时应先加大砝码再加小砝码,最后(在 5 g 或 10 g 以内)用游码调节至指针在标尺左右两边摆动的格数相等为止。台秤的砝码和游码读数之和即是被称物品的质量。记录时小数点后保留 1 位小数,如 12.4 g。称毕,用镊子将砝码夹回砝码盒,游码拨回"0"位处。

称量药品时,应在天平的左盘放上已经称过质量的洁净干燥的容器,如表面皿、烧杯等,再将药品加入容器中,然后进行称量。或者在台秤的两边放上等质量的称量纸后再称量。

称量时应注意以下几点。

(1)不能称量热的物品。

(2)化学试剂不能直接放在托盘上,而应放在称量纸上或表面皿等容器中。

(3)称量完毕,应将砝码放回砝码盒中,将游码拨回到"0"位处,并将托盘放在一侧或用橡皮圈架起。

(4)保持台秤整洁,如不小心把药品洒在托盘上,必须立即清除。

4.半自动电光天平

半自动电光天平的构造如图 1.8 所示,它主要有以下部件。

(1)天平横梁。这是天平的主要部件,如图 1.9 所示,梁上有三个玛瑙刀口,中间的刀口向下,用来支承天平梁;左右两边的刀口向上,用来悬挂吊耳。横梁上的三个玛瑙刀口应该互相平行并且位于同一水平面上。横梁由立柱上的翼翅板托住,翼翅板可以通过升降旋钮上下起落。横梁上的玛瑙刀口是天平最重要的部件,刀口尖锐程度决定天平称量的精度,使用中要尽可能保护刀口。

(2)吊耳。在横梁两端玛瑙刀口上各悬有一个吊耳(或称为蹬),如图 1.10 所示,用以承挂天平盘。

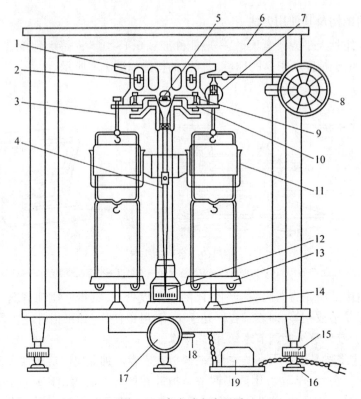

图1.8 半自动电光天平

1—横梁;2—平衡调节螺丝;3—吊耳;4—指针;5—支点刀;6—框罩;7—环码;8—指数盘;9—支柱;10—托叶;11—阻尼器;12—投影屏;13—天平盘;14—盘托;15—螺旋脚;16—垫脚;17—微动调零杆;18—升降旋钮;19—变压器

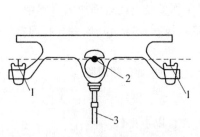

图1.9 天平横梁

1—力点刀口;2—支点刀口;3—指针

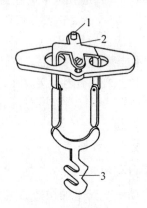

图1.10 吊耳

1—十字架支脚螺丝;
2—十字架;3—吊耳钩

(3)指针和标尺。指针固定在天平梁中央,当天平梁摆动时,指针随着摆动。指针下端有标尺,标尺位置可通过投影屏直接读出,从而确定天平横梁的平衡位置。

(4)升降旋钮。为了保护玛瑙刀口,在不使用天平或加减砝码时,用旋钮控制升降旋钮将天平横梁托起,使刀刃架空(也叫休止状态),避免磨损刀口。在使用时轻轻旋转旋钮

(顺时针旋转),使天平梁落下,天平即处于工作状态。

(5)空气阻尼器。为使工作状态的天平尽快地静止,提高称量速度,在秤盘上方装有两只筒式空气阻尼器,当横梁摆动时,由于空气阻力关系,使横梁较快地停止摆动而达到平衡。

(6)天平盘(或秤盘)。天平盘是放置被称物体和砝码用的,挂在吊耳的上层挂钩上。应注意的是,天平的吊耳、阻尼器盒及天平盘一般都有左"1"右"2"或左"."右".."的标记。

(7)盘托。天平休止时,盘托托住天平盘以减轻横梁的负载。

(8)感量调节螺丝。在指针或横梁中部适当位置上安装有感量调节螺丝,它通过调节天平重心与横梁支点间的距离,以调整天平的灵敏度。

(9)平衡调节螺丝。在横梁两端各有一个平衡调节螺丝用于调节天平空载时的零点。

(10)光学读数装置。是利用后面电灯发出的光线,先通过聚光管射至透明刻度标尺上,再通过物镜筒使刻度放大 10~20 倍,光射到两反射镜上,经两次反射,在投影屏上即可读出刻度标尺上的读数。

刻度标尺偏转 1 大格,相当于 1 mg;偏转 1 小格,相当于 0.1 mg。由于采用了光学方法放大读数,提高了读数的准确度,可读准至 0.1 mg。因此,这种天平也被称为"万分之一"的分析天平。

(11)微动调零杆。安装在投影屏下方,用于调节天平的零点。

(12)天平足和水平仪。天平有三个足,下面有垫脚,前两足带有螺丝,可以调天平到水平位置。立柱后面装有气泡式水平仪,用以指示天平是否为水平位置。

(13)机械加码装置(加环码旋钮)。1 g 以下、10 mg 以上的砝码称为环码。环码一般有 8 个,其质量分别为 10 mg,10 mg,20 mg,50 mg,100 mg,100 mg,200 mg 和 500 mg。各个环码分别挂在固定的环码钩上,使用时利用圈码指数盘(图 1.11)将环码加在右边吊耳的窄片上。圈码指数盘外圈的数字对应着几百毫克,内圈对应着几十毫克。加在窄片上环码的总质量可由圈码指数盘的刻度直接读出,图 1.11 所示质量为 230 mg。

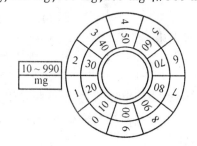

图 1.11　圈码指数盘

(14)砝码。砝码是天平的一个重要组成部分,物体质量是根据砝码的质量来确定的。砝码的组成系统为 5,2,2,1 制,即砝码是 100 g,50 g,20 g,20 g,10 g,5 g,2 g,2 g,1 g 共 9 个。质量相同的砝码,一般都附有不同记号,以便互相区别。称量时,应该使用相同的砝码,以减少由砝码而引起的称量误差。

5. 全自动电光天平

TG-328A 型分析天平是全机械加码电光天平,其结构如图 1.12 所示。它的结构和半自动电光天平基本相同。其不同之处有以下几点。

(1)所有的砝码均通过自动加码装置添加。

(2)加码装置一般都在天平的左侧,砝码分成三组,即 10 g 以上、1~9 g 和 10~

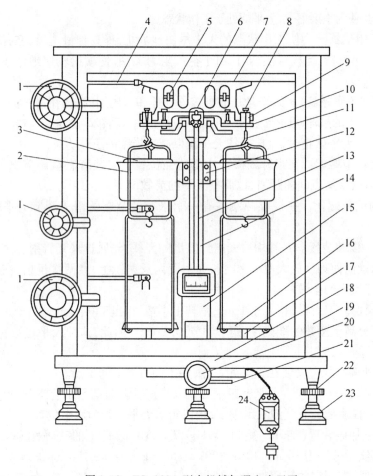

图 1.12 TG-328A 型全机械加码电光天平

1—指数盘；2—阻尼器外筒；3—阻尼器内筒；4—加码杆；5—平衡螺丝；6—中刀；7—横梁；8—吊耳；9—边刀盒；10—翼托；11—挂钩；12—阻尼架；13—指针；14—立柱；15—投影屏座；16—天平盘；17—盘托；18—底座；19—框罩；20—开关旋钮；21—调零杆；22—螺旋脚；23—脚垫；24—变压器

990 mg。10 mg 以下，微分标牌经放大后在投影屏上直接读数。

(3) 悬挂系统的秤盘不同，在左盘的盘环上有三根挂砝码承受架，供承受相应的三组挂砝码。

(4) 全自动与半自动电光天平的砝码盘和称量盘正好相反。

(5) 微分标尺左右各 10 大格。

当天平在使用过程中遇到下列问题时，可按下列方式进行调整。

(1) 零点调整。若零点偏离较远，可由横梁上的平衡螺丝来调节，较小的零点调节可拨动底板下的调零杆。一般零点在 ±2 个分度内即可。

(2) 灵敏度的调整。若天平的灵敏度不符合要求时，旋转重心球进行调整。但是旋转重心球后，必须重新调整天平零点。这一操作应在教师指导下进行。

(3) 天平横梁或吊耳脱落。此时应请教师帮助调整。

(4) 光源不强。将灯罩上的定位螺丝旋松，前后移动或旋转灯罩，使光源处在光轴上,直至投影屏上亮度最大时为止,然后旋紧定位螺丝。

(5)影像不清晰。松开物镜筒上的紧固螺丝,前后移动物镜筒,至投影屏上的刻度清晰为止,然后紧固螺丝。

(6)投影屏有黑影缺陷。可调整两片反光镜的相对位置和灯罩,直至投影屏无黑影为止。

(7)灯泡不亮。一般由下列原因引起:变压器插孔插错,以及输出电压与灯泡电压不符,造成灯泡烧坏;插头内电线断落,电源插头或变压器插孔接触不良,以致电路不通;附在开关轴上的电源开关失灵等。

6. 分析天平的计量性能

天平的计量性能是从天平的灵敏性、准确性和稳定性等几方面来衡量的。

(1)天平的灵敏性。天平的灵敏性常用灵敏度表示。天平的灵敏度是指天平载重增加 1 mg 时所引起指针偏移的程度,以格/mg 表示,即

$$灵敏度 = \frac{指针偏移的格数}{质量(mg)}$$

指针偏移的距离越大,表示天平越灵敏。

天平的灵敏度与天平横梁的质量、臂长、支点到重心的距离有关。横梁质量越大,灵敏度越低;臂越长,灵敏度越高。但增加了天平的臂长,相对也增加了天平横梁的质量,并使载重时的变形增大,灵敏度反而降低。天平横梁的重心越高,天平越灵敏。可以通过调节天平的重心来调节天平的灵敏度。当天平灵敏度太低时,可将重心螺丝向上调节使天平横梁的重心提高。如天平的灵敏度太高,可将重心螺丝向下调节,使天平横梁的重心下降。天平的灵敏度既不能太低也不能太高,太低,称量误差增大,太高,则指针摆动不容易静止,且不便于称量。

在实际应用中常用"感量"来表示灵敏度。感量是灵敏度的倒数,是使指针位移 1 格时所需要增加的质量,以"mg/格"来表示

$$感量 = 1/灵敏度 = 质量(mg)/指针偏移的格数$$

例如,某天平的灵敏度为 2.5 格/mg,则其感量为 0.4 mg/格,这类天平称为"万分之四"的天平;又如半自动电光天平的感量为 0.1 mg/格,则其灵敏度为 10 格/mg,表示 1 mg 砝码使投影屏上有 10 小格的偏移。

(2)天平的准确性。天平的准确性是对于天平的等臂性而言的。一架完好的天平,虽不能要求其两臂完全相等,但两臂之差应符合一定的要求(长度差值相对于臂长不超过 1/40 000),以控制天平不等臂所引起的误差不超过一定的程度。

用等臂天平称量时,天平不等臂性引起的误差是难免的,这种误差属于系统误差。在分析工作中使用同一架天平进行重复称量时,这种误差往往可以相互抵消。

(3)天平的稳定性。天平梁在平衡状态受到扰动后能自动回到初始平衡位置的能力,称为天平的稳定性。天平不仅要有一定的灵敏性,而且要有相当的稳定性,才能完成准确的称量。灵敏性和稳定性是相互矛盾的两种性质。一台天平,其灵敏度和稳定性的积是一个常数,两者都兼顾到,才能使天平处于最佳状态。

天平稳定的条件是横梁的重心在支点的下方,重心越低,则越稳定;重心越高,则越不稳定。不稳定的天平是无法称量的。

在不改变天平状态的情况下多次开关天平,天平平衡位置的重复性,称做示值变动性。稳定性只与天平横梁的重心位置有关,示值变动性不仅与横梁重心有关,还与温度、气流、震动以及横梁的调整状态等因素有关。因此,示值变动性可包括稳定性。

天平的示值变动性实际上就表示了衡量结果的可靠程度。它是用多次测定天平空载时指针在标牌上平衡位置的最大值与最小值之差来表示的。天平的示值变动性不应大于 0.2 mg。使用很久的天平灵敏度下降,可以在保证示值变动性合格的范围内,调节重心螺丝,增大其灵敏度。使天平既有高的灵敏度,又不致引起过大的变动性,两者数值上应保持一定的比例关系。

7. 分析天平的使用规则

(1)称量前取下天平罩,须折叠好放在天平箱上面或一侧。

(2)天平箱内、秤盘上必须保持清洁,如有灰尘,须用毛刷刷净。

(3)每人只能用指定的天平和砝码完成一次实验的全部称量,中途不能更换天平。

(4)天平前门不能随意打开(修天平时例外),称量物和砝码只能由边门取放。

(5)不准在天平开启时取放称量物和砝码。开启或关闭天平要轻缓,切勿用力过猛,以免刀口受撞击而损伤。

(6)粉末状、潮湿、有腐蚀性的物质绝对不能直接放在秤盘上,必须用干燥、洁净的容器(称量瓶、坩埚等)盛好,才能称量。

(7)称量物应放在秤盘中央,其外部必须清洁,质量不得超过天平最大载荷,外形尺寸也不宜过大,温度须与天平箱内温度相等。

(8)必须用砝码专用镊子按量值大小依次取换砝码,严禁用手直接拿取砝码。砝码应轻放在秤盘中央,大砝码在中心,小砝码在大砝码四周,不要侧放或堆叠在一起。砝码除放在砝码盒内及天平秤盘上外,不得放在其他地方。砝码不用时应放回砝码盒原空穴内,并随时盖好盒盖,以防止灰尘落入。

砝码和天平是配套检定的,同一砝码盒中的各个砝码的质量,彼此间都保持一定的比例关系,因此,不能将不同砝码盒内的砝码相互调换。称量中应遵循"最少砝码个数"的原则。

(9)使用机械加码装置时,不要将箭头对着两个读数之间,指数盘可以按顺时针或逆时针方向旋转,转动读数指数盘的动作应轻缓,以免造成圈码变形、互相重叠、圈码或砝码脱钩等现象。估计称量物的质量,按"由大到小,中间截取"的原则选用砝码。先微微开启天平进行观察,当指针的偏转在标牌范围内时,方可完全开启天平。

(10)读数时,应将天平完全打开,并关闭天平的门(以免指针摆动受空气流动的影响)。

(11)称量结束时关闭天平,取出称量物、砝码,指数盘恢复到"0.00"位置,关好天平门,罩好天平罩,填写天平使用登记卡,经教师同意后,方可离开天平室。

8. 分析天平的使用方法

(1)检查。称量前要检查天平是否处于正常状态,如,天平是否水平、吊耳和圈码有无脱落、圈码指数盘是否指示在 0.00 的位置、天平盘上是否有异物、箱内是否清洁等。

(2)调节零点。接通电源,缓慢开启升降旋钮,当天平指针静止后,观察投影屏上的标线与缩微标尺上的 0.0 mg 刻度线是否重合。如未重合,可调节位于升降旋钮下面的调零杆,移动投影屏的位置,使二者重合,即调好零点。如已将调零杆调到尽头仍不能重合,则需要关闭天平,调节天平横梁上的平衡螺丝(初学者应在教师指导下进行)。

(3)天平灵敏度的测定。首先调节天平的零点,即使投影屏上的标线与刻度标尺的"0.0"线重合。然后在天平的称物盘上放一个校准过的 10 mg 片码,观察天平的平衡点,标尺应移至 98~102 小刻度(即 9.8~10.2 mg)范围内,即灵敏度为(10±0.2)格/mg。如不符合要求,则应调节灵敏度。若为全自动电光天平,在天平的左边加上 10 mg 的圈码,打开天平,若微分标尺上显示质量在 -102~-98 小刻度范围内,即天平的灵敏度合格。

(4)称量。打开天平升降旋钮,把在台秤上粗称过的被称量物放在天平左盘中央,在右盘上按粗称的质量加上砝码和圈码。关好天平门,慢慢开启升降旋钮,根据指针或微分标尺偏转的方向(指针偏转方向与微分标尺相反),决定加减砝码和圈码。如指针向左偏转(标尺向右偏转),则表示砝码比物体重,应立即关闭升降旋钮,减少砝码或圈码后再称量。如指针向右偏转,且微分标尺上 10.0 mg 的刻度线已超过投影屏上的标线,则表示砝码比物体轻,应关闭升降旋钮,增加砝码或圈码。这样反复调整,直到开启升降旋钮时,投影屏上的标线与微分标尺上的刻度线重合在 0.0~10.0 mg 之间为止。加减砝码的原则是由大到小,中间截取。

(5)读数。当微分标尺稳定后,即可读出投影屏标线与标尺重合处的数值。其中一大格为 1 mg,一小格为 0.1 mg,若刻度线在两小格之间,则按四舍五入的原则取舍。读取投影屏上的读数后,立即关闭升降旋钮。被称量物的质量为

被称量物质量=砝码质量+圈码质量+投影屏上的读数

例如,某次称量结果是:砝码质量 25 g,圈码质量 230 mg,投影屏上的读数为 1.3 mg(图 1.13,不能读为 1.29 mg),则被称量物的质量为

25 g+0.230 g+0.0013 g=25.2313 g

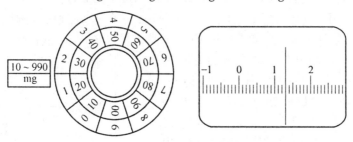

图 1.13 圈码指数盘和投影屏上的读数

称量结果要立即如实地记录在记录本上。

(6)复原。称量完毕,取出被称量物,把砝码放回砝码盒内,圈码指数盘恢复到 0.00 的位置,拔下电源插头,罩好天平的布罩,填写天平使用登记簿。

9.称量方法

天平称量可采用直接称量法、固定质量称量法和差减称量法。

(1)直接称量法。先把天平零点调整好,然后将表面皿洗净干燥后称其质量。再将适

量的试样放入表面皿中,称量质量。两次质量之差即为试样质量(试样倒入烧杯或其他容器时,要用蒸馏水将表面皿上的试样洗净,洗涤水并入烧杯中)。

称量液体试样时,为防止其挥发损失应采用安瓿瓶称量。先称安瓿瓶质量,然后在酒精灯上小火加热安瓿瓶球部,驱除球中空气,立即将毛细管插入液体试样中,待吸入试样后,封好毛细管口再称其质量。两次称量之差即为试样质量。

(2)固定质量称量法。固定质量称量法即称量规定质量法。例如,称取 0.100 0 g 样品,可在称量表面皿得到平衡点之后,改变指数盘位置,增加 100 mg 环码,然后在半开天平的情况下,在天平左盘的表面皿中间处用牛角匙慢慢加入样品,这时,既要注意试样抖入量,同时也要注意微分标牌的读数,当所加试样能在微分标尺上显示时,将天平完全打开,继续加入试样,当微分标尺正好移动到所需要的刻度时,立即停止抖入试样,在此过程中右手不要离开天平的开关旋钮,以便及时开关天平。若不慎多加了试样,应将天平关闭,再用牛角匙取出多余的试样(不要放回原试样瓶中)。称好后,用干净的小纸片衬垫取出表面皿,将试样全部转移到接受的容器内。试样若为可溶性盐类,可用少量蒸馏水将沾在表面皿上的粉末吹洗进容器。亦可用称量纸(俗称硫酸纸)称量,但每次倒出样品后都应称一次纸重,以防纸上有残留物而改变称量纸的质量。

上述两种称量方法适用于不吸湿,在空气中不发生变化的物质的称量。

1.2.5 常见度量仪器的使用

实验室中常用于度量液体体积的量器有量筒、吸量管、滴定管、容量瓶和移液管等。能否正确使用这些量器,直接影响到实验结果的准确度。因此,必须了解各种量器的特点、性能,掌握正确的使用方法。

1. 量筒

量筒为量出容器,即倒出液体的体积为所量取的溶液体积。量筒是化学实验中最常用的度量液体体积的仪器,其规格有 5 mL,10 mL,50 mL,100 mL,500 mL 等多种,可根据不同需要选择使用。例如需要量取 8.0 mL 液体时,为了提高测量的准确度,选用 10 mL 量筒(测量误差为±0.1 mL)。如果选用 100 mL 量筒量取 8.0 mL 液体体积,则将产生至少±1 mL 的误差。使用时,把要量取的液体注入量筒中,手拿量筒的上部,让量筒竖直,使量筒内液体凹面的最低处与视线保持水平,如图 1.14 所示,然后读出量筒上所对应的刻度,即得液体的体积。倾倒完毕后要停留一会,使液体全部流出。

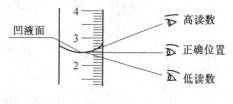

图 1.14 量筒的读数方法

2. 移液管

移液管是精确量取一定体积液体的仪器,是一种量出容器。移液管的种类很多,通常分为无分度移液管和分度移液管两类,如图 1.15 所示。无分度移液管的中腰膨大,上下两端细长,上端刻有环形标线,膨大部分标有其容积和标定时的温度(一般温度为 20 ℃)。使用时将溶液吸入管内,使液面与标线相切,再放出,则放出的溶液体积就等于管上标示的容积。常用无分度移液管的容积有 5 mL,10 mL,25 mL,50 mL 等多种。由于读数部分管颈小,其准确性较高。其缺点是只能用于量取一定体积的溶液。另一种是带有分度的移液管,可以准确量取所需要的刻度范围内某一体积的溶液,但其准确度差一些,其容积有 0.5 mL,1 mL,2 mL,5 mL,10 mL 等多种,这种有分度的移液管也称为吸量管。

移液管在使用前,先用自来水洗至内壁不挂水珠(若内壁有水珠,须用洗液洗涤后,再用自来水冲洗至内壁不挂水珠为止),再用蒸馏水洗涤 2~3 遍,最后用少量被移取的溶液洗涤 2~3 次,以保持转移的溶液浓度不变。然后把管插入溶液液面下约 1.5 cm 处,不应伸入太多(注意:绝不能让移液管下部尖嘴接触容器底部,以免损坏尖嘴),以免外壁沾有溶液过多;也不应伸入太少,以免液面下降时吸入空气。一般用右手的拇指和中指捏住移液管的标线上方,用左手持洗耳球,先把洗耳球内空气压出,然后把洗耳球的尖端压在移液管上口,慢慢松开左手使溶液吸入管内,当液面升高到刻度以上时移去洗耳球,立即用右手的食指按住管口。将移液管提离液面,使管尖端靠着储瓶内壁,略为放松食指并用拇指和中指轻轻转动移液管,让溶液慢慢流出。当液面平稳下降至变月面最低点与标线相切时,立即用食指压紧管口。取出移液管,移入准备接受液体的容器中,使移液管尖端紧靠容器内壁,容器倾斜而移液管保持直立,放开食指让液体自然下流,待移液管内液体全部流出后,停 15 s 再移开移液管,如图 1.15 所示。切勿把残留在管尖的液体吹出,因为在校正移液管时,已经考虑了尖端所保留液体的体积。若移液管上面标有"吹"字,则应将留在管端的液体吹出。

3.容量瓶

容量瓶是一种细颈梨形的平底瓶,带有磨口玻璃塞或橡皮塞。瓶颈上刻有标线,瓶上标有其体积和标定时的温度。在标定温度下,当液体充满到标线位置时,所容纳的溶液体积等于容量瓶上标示的体积,即容量瓶为量入容

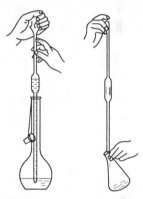

图 1.15 移液管的使用

器。容量瓶主要用来配制标准溶液,或稀释一定量溶液到一定的体积。容量瓶通常有 10 mL,25 mL,50 mL,100 mL,250 mL,500 mL,1 000 mL 等多种规格。

容量瓶在使用前要检查是否漏水,方法是将容量瓶装入 1/2 体积的水,盖上塞子,左手按住瓶塞,右手拿住瓶底,倒置容量瓶,观察是否有漏水现象,若不漏水,即可使用。容量瓶应洗干净后使用。

用固体配制溶液时,称量后先在小烧杯中加入少量水把固体溶解(必要时可加热),待冷却到室温后,将杯中的溶液沿玻璃棒小心地注入容量瓶中(图 1.16),再从洗瓶中挤出少量水淋洗玻璃棒及烧杯 2~3 次,并将每次淋洗液注入容量瓶中,再加水至容量瓶标线处。但要注意,当液面将接近标线时,应使用滴管,小心地逐滴加水至弯月面最低点恰好与标线相切。塞紧瓶塞,将容量瓶倒转数次(必须用手指压紧瓶塞,以防脱落),并在倒转时加以振荡,以保证瓶内溶液浓度上下各部分均匀。

容量瓶是磨口瓶,瓶塞不能张冠李戴,一般可以用橡皮筋系在瓶颈上,避免沾污、打碎或丢失。

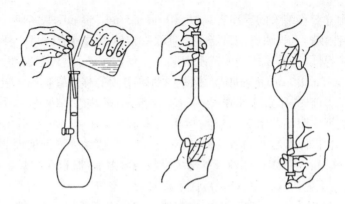

图 1.16　容量瓶的使用

4.滴定管

滴定管是滴定时用来准确测量流出液体体积的量器,分酸式和碱式两种。滴定管的结构及分类如图 1.17 所示。

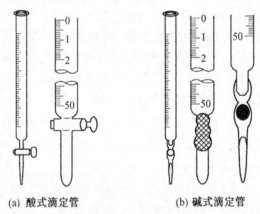

(a) 酸式滴定管　　　　(b) 碱式滴定管

图 1.17　滴定管

酸式滴定管是一种准确测量流出液体体积的量器,如图 1.17(a)所示,它是具有精确刻度、内径均匀的细长玻璃管,它的下端有一玻璃旋塞(如何保护?),开启旋塞,滴定液即自管内滴出。酸式滴定管通常用来装酸性溶液或氧化性溶液,但不适用于装碱性溶液(为什么)。

常量分析的滴定管容积一般有 50 mL 和 25 mL 两种,其最小刻度为 0.1 mL,最小刻度间可估计到 0.01 mL,一般读数误差为 ±0.01 mL。50 mL 酸式滴定管上端是 0.00 mL,下端是 50.00 mL。另外,还有容积为 10 mL,5 mL,2 mL 的微量滴定管。

(1)酸式滴定管的操作规程

①检漏。检查滴定管是否漏水时,关闭旋塞,将管内充满水,夹在滴定管夹上,观察管口及活塞两端是否有水渗出,将活塞旋转180°再观察一次,无漏水现象即可使用,若有漏水现象,则重新涂油。

②涂油。酸式滴定管在使用前,应检查活塞旋转是否灵活,如不合要求,旋塞应重新

涂油。旋塞涂油是起密封和润滑作用,最常用的油是凡士林油。涂油的方法是将滴定管平放在台面上,抽出旋塞,用滤纸将旋塞及塞槽内的水擦干,用手指蘸少许凡士林在旋塞的两端涂上薄薄的一层,如图 1.18(a)所示,在旋塞孔的两旁少涂一些,以免凡士林堵住塞孔。涂好凡士林的旋塞插入旋塞槽内,沿同一方向旋转旋塞,直到旋塞部位的油膜均匀透明,如图 1.18(b)所示。如发现转动不灵活或旋塞上出现纹路,表示油涂得不够;若有凡士林从旋塞缝挤出,或旋塞孔被堵,表示凡士林涂得太多。遇到这些情况,都必须把旋塞和塞槽擦干净后重新处理。在涂油过程中,滴定管始终要平放、平拿,不要直立,以免擦干的塞槽又沾湿。涂好凡士林后,用橡皮筋把旋塞固定在滴定管上,以防活塞脱落破损。

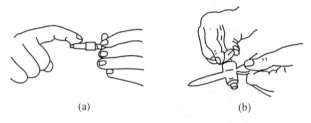

图 1.18　旋塞涂油

③洗涤。滴定管在使用前先用自来水洗,然后用少量蒸馏水在管内转动淋洗 2～3 次。洗净的滴定管内壁应不挂水珠。如挂水珠则说明有油污,需要用洗涤剂刷洗,或用洗液洗涤。用洗液洗酸管时,关闭旋塞,加入洗液,两手分别拿住管上下部无刻度的地方,边转动边使管口倾斜,让洗液布满全管内壁,然后竖起滴定管,打开旋塞,让洗液从下端尖嘴流回原洗液瓶中。停一段时间后,用自来水洗至流出液无色,再用少量蒸馏水润洗 2～3 次。润洗时应将管子倾斜转动,使水润湿整个内壁,然后直立从管尖放出。润洗后管内应不挂水珠。

④润洗、装液、排气泡。为了避免管中的水稀释标准溶液,应用少量标准溶液(约 10 mL)润洗滴定管 2～3 次。润洗的操作要求是:先关好旋塞,倒入溶液,两手平端滴定管,即右手拿住滴定管上端无刻度部位,左手拿住旋塞无刻度部位,边转边向管口倾斜,使溶液流遍全管,然后打开滴定管的旋塞,使标准溶液由下端流出。润洗之后,随即装入溶液。向滴定管装入标准溶液时,宜由储液瓶直接倒入,不宜借助其他器皿,以免标准溶液浓度改变而引起误差。装满溶液的滴定管,应检查其尖端部分有无气泡,如有气泡必须排除。酸式滴定管可迅速地旋转活塞,使溶液快速流出,将气泡带走。若该法不能将气泡排出,应将酸式滴定管倾斜一定角度,打开旋塞,并用手指轻轻敲击旋塞处,至气泡排出为止。

⑤旋塞的控制及滴定速度。使用酸式滴定管滴定时,一般用左手控制活塞,将滴定管卡于左手虎口处,用拇指与食指、中指转动活塞,如图 1.19 所示。旋转活塞时要轻轻向手心用力,以免活塞松动而漏液。在滴定时,滴定管嘴伸入瓶口约 1 cm,如图 1.20 所示。边滴边摇动锥形瓶(利用手腕的转动,使锥形瓶按顺时针方向运动),滴定的速度也不能太快(不快于 3～4 滴/s),否则易超过终点。滴定过程中,要注意观察液滴落点周围溶液颜色的变化,以便控制溶液的滴速。一般在滴定开始时,可以采用滴速较快的连续式滴加(溶液不能成线流下)。接近终点时,则应逐滴滴入,每滴一滴都要将溶液摇匀,并注意观

察终点颜色的突变。由于滴定过程中溶液因锥形瓶旋转搅动会附到锥形瓶内壁的上部，故在接近终点时，要用洗瓶吹出少量蒸馏水冲洗锥形瓶内壁，然后再继续滴定。在快到终点时溶液应逐滴(甚至半滴)滴下。滴加半滴的方法是使液滴悬挂在管尖而不让液滴自由滴下，再用锥形瓶内壁将液滴擦下，然后用洗瓶吹入少量水，将内壁附着的溶液冲下去，摇匀，如此重复，直至终点为止。

  滴定操作常在锥形瓶中进行，也可在烧杯中进行(需要用玻璃棒搅拌)。滴定时所用操作溶液的体积应不超过滴定管的容量，因为多装一次溶液就要多读一次读数，从而使误差增大。

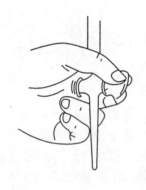 

图1.19 旋转活塞的方法　　　　　图1.20 酸式滴定管的操作

⑥读数。准确读出滴定管液面位置，须掌握两点：一是读数时滴定管要保持垂直。通常可将滴定管从滴定管夹取下，用右手拇指和食指拿住管身上部无刻度的地方，让其自然下垂时读数；二是读数时，眼睛的视线应与液面处于同一水平线，然后读取与弯月面相切的刻度，如图1.21(a)所示。读数时对无色或浅色溶液应读出滴定管内液面弯月面最低处的位置，对深色溶液(如高锰酸钾溶液、碘液)，由于弯月面不清晰，可读取液面最高点的位置。读数应估计到小数点后面第二位数。为帮助读数，可使用读数衬卡，它由贴有黑

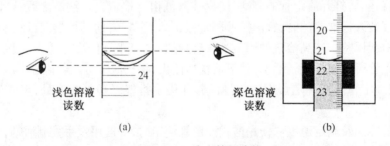

图1.21 滴定管的读数

纸条或涂有黑色长方形(约3 cm×1.5 cm)的白纸制成。读数时，手持读数衬卡，将其放在滴定管背后，使黑色部分在弯月面下约1 mm处，此时弯月面反射成黑色，读此黑色弯月面的最低点即可，如图1.21(b)所示。此外还应注意，读数时要待液面稳定不再变化后再读(装液或放液后，必须静置30 s后再读数)；同时滴定管尖嘴处不应留有液滴，尖管内不应留有气泡。

⑦滴定管的处理。滴定结束后,将管内剩余滴定液倒入废液桶或回收瓶(注意,不能倒回原试剂瓶),然后用水洗净滴定管。如还要继续使用,则可将滴定管垂直夹在滴定管夹上,下嘴口伸入锥形瓶内,并用滴定管帽盖住管口,或将滴定管倒置后夹于滴定台上。如滴定完后不再使用,则洗净后应在酸管旋塞与塞槽之间夹一纸片(为什么),然后保存备用。

(2)酸式滴定管的使用步骤

①检查酸管的活塞是否转动灵活。

②检查旋塞是否漏水。

③洗涤酸管。

④润洗、装标准溶液和排气泡。

⑤调节液面在0刻度附近(在0刻度以下),读取初始读数。

⑥滴定。

⑦读取终点读数。

(3)滴定终点的判断

在滴定分析中,化学反应的计量点是用指示剂确定的,当溶液由一种颜色突变到另一种颜色时,就称为滴定终点。也就是说,在滴定终点前溶液是一种颜色,当我们用肉眼观察到溶液的颜色刚好由这种颜色转变为另一种颜色时,即颜色发生了突变,就是滴定终点。滴定时,在滴加的溶液液滴的周围,一般会出现终点后指示剂所表现的颜色。在滴定的起始阶段,这种颜色的消失比较快,当这种颜色消失比较缓慢的时候,就可以判断接近了滴定终点,滴定速度就应该减慢,每加一滴都应该观察一下颜色的变化,然后再加第二滴,必要时应半滴半滴地加入,以防滴定过量。

甲基橙指示剂的pH值变色范围为3.1~4.4,即pH≤3.1时,溶液为红色;pH≥4.4时,溶液为黄色;pH值在3.1~4.4之间时,溶液的过渡颜色为橙色。若用0.1 mol·L^{-1}的HCl溶液滴定20 mL 0.1 mol·L^{-1}的NaOH溶液,化学计量点的pH值为7.0,其滴定突跃范围为9.7~4.3,因此,使用甲基橙指示剂时,其滴定终点为溶液刚好由黄色转变为橙色。

(4)碱式滴定管的操作技能

①检漏。碱式滴定管下端的乳胶管很容易老化,因此,在使用时也要检查其是否漏溶液。检查碱管是否漏液是将管内充满水,将滴定管夹在滴定管夹上,观察乳胶管和下边尖嘴是否有水渗出,若无漏水现象即可使用,若漏溶液,则需要更换乳胶管。乳胶管的长度一般为6 cm,内径与玻璃珠的大小要适中,内径太大,容易漏溶液;内径太小,控制滴定操作比较困难。装玻璃珠时应先用水将其润湿,再挤压进乳胶管中部。然后在乳胶管的一端装上尖嘴,另一端套在碱管的下口部,并检查滴定管是否漏水,液滴是否能灵活控制。如不合要求,须重新装配。

②洗涤。碱式滴定管的洗涤方法和酸管一样,如洗涤后内壁挂水珠则说明有油污,应用洗涤剂刷洗,或用洗液洗涤。用洗涤液洗碱管时,先取去下端的乳胶管和尖嘴玻管,接上一小段塞有玻棒的橡胶管,然后按洗酸管的方法洗涤。必要时,也可在滴定管内加满洗液,浸泡一段时间,这样效果会更好。用洗液洗完后,再用自来水冲洗,直至流出的水为无

色且管内壁不挂水珠,再接上乳胶管和尖嘴玻管,最后用蒸馏水淋洗2~3次。

③润洗、装液、排气泡。碱式滴定管润洗和装液的要求与酸管一样。装满溶液的碱式滴定管,应检查其乳胶管及尖端部分有无气泡,如有气泡必须排除。排气泡时可将乳胶管稍向上弯曲,挤压玻璃球,使溶液从玻璃球和橡皮管之间的隙缝中流出,气泡即被逐出,如图1.22所示。然后将多余的溶液滴出,使管内液面处在"0.00"刻度线(或0.00刻度线稍下)处。

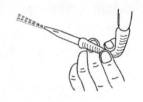

图1.22 碱式滴定管排气泡方法

④滴定操作。使用碱式滴定管时左手拇指在前,食指在后,捏住乳胶管中的玻璃球所在部位稍上处,向手心捏挤乳胶管,使其与玻璃球之间形成一条缝隙,溶液即可流出,如图1.23所示。应注意,不能捏挤玻璃球下方的乳胶管,否则易进入空气形成气泡。为防止乳胶管来回摆动,可用中指和无名指夹住尖嘴的上部。滴定操作及速度的控制与酸式滴定管的要求相同。若在烧杯中进行滴定,需要用玻璃棒搅拌。对于滴定碘法,则需要在碘量瓶中进行反应和滴定。碘量瓶是带有磨口玻璃塞,与喇叭形瓶口之间形成一圈水槽的锥形瓶。槽中加入纯水可形成水封,防止瓶中被测组分(如I_2、Br_2等)的挥发损失。反应完成后,打开瓶塞,水即流下并可冲洗瓶塞和瓶壁。

图1.23 碱式滴定管操作

⑤读数与滴定结束后滴定管的处理。方法与酸式滴定管相同。

(5)碱式滴定管的使用步骤

①检查碱管的玻璃珠是否能灵活控制液滴及碱管是否漏水。

②洗涤碱管。

③润洗、装标准溶液和排气泡。

④调节液面在0刻度附近(在0刻度以下),读取初始读数。

⑤滴定。

⑥读取终点读数。

(6)酚酞指示剂终点的判断

酚酞指示的pH值变色范围为8.0~10.0,即pH≤8.0时,溶液为无色;pH≥10.0时,溶液为红色;pH值在8.0~10.0之间时,溶液为微红色。若用0.1 mol·L^{-1}的NaOH溶液滴定20 mL 0.1 mol·L^{-1}的HCl溶液,化学计量点的pH值为7.0,其滴定突跃范围为4.3~9.7,因此,使用酚酞指示剂时,其滴定终点为溶液刚好由无色转变为微红色,该红色越浅,终点误差越小。由于空气中含有二氧化碳,其溶解于水后能够使酚酞的红色变浅,因此,滴定到终点时,在不断摇动的条件下,微红色若能保持30 s不消失,即为滴定终点。

1.2.6 试剂的取用

1.固体试剂的取用

固体试剂一般用药勺取用,其材质有牛角、塑料和不锈钢等。药勺两端有大小两个勺,取用大量固体时用大勺,取用少量固体时用小勺。药勺要保持干燥、洁净,最好专勺专用。取用固体试剂时,先将试剂瓶盖取下倒放在实验台上,试剂取用后,要立即盖上瓶盖,并将试剂瓶放回原处,标签向外。

取用一定量固体时,可将固体放在纸上(不能放在滤纸上)或表面皿上,根据要求在台秤或天平上称量。具有腐蚀性或易潮解的固体不能放在纸上,应放在玻璃容器内进行称量。称量后多余的试剂不能放回原瓶,以防把原试剂污染。

往试管(特别是湿试管)中加入固体试剂时,可先将盛有药品的药勺伸进试管适当深处(图1.24),然后再将试管及药勺慢慢竖起。或将取出的药品放在对折的纸片上,再按上述方法将药品放入试管(图1.25)。加入块状固体时,应将试管倾斜,使其沿管壁慢慢滑下(图1.26),以免碰破试管底部。固体颗粒较大时应在干燥的研钵中研磨成小颗粒或粉末状,研钵中所盛固体量不得超过研钵容积的1/3。

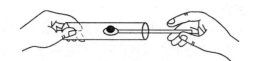
图1.24 用药勺将固体试剂加入试管

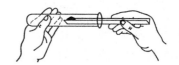
图1.25 用对折纸将固体试剂加入试管

2.液体试剂的取用

从细口瓶中取用液体试剂时,取下瓶盖把它倒放在实验台上,用左手拿住容器(如试管、量筒等),右手握住试剂瓶,掌心对着试剂瓶上的标签,倒出所需量的试剂,倒完后,应该将试剂瓶口在容器上靠一下,再将瓶子慢慢竖起,以免液滴沿外壁流下,如图1.27(a)所示。

将液体从试剂瓶中倒入烧杯时,用右手握住试剂瓶,左手拿玻璃棒,使棒的下端斜靠在烧杯内壁上,将瓶口靠在玻璃棒上,使液体沿着玻璃棒流下,如图1.27(b)所示。

图1.26 块状固体沿试管壁慢慢滑下

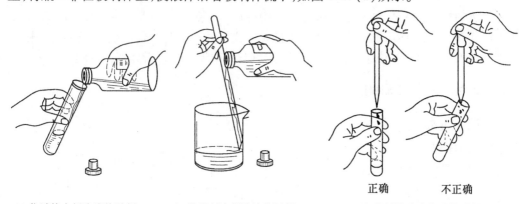

(a)往试管中倒取液体试剂　　(b)往烧杯中倒取液体试剂　　(c)往试管中滴加液体试剂

图1.27 试剂的取用方法

从滴瓶中取少量试剂时,提起滴管,使管口离开液面,用手指轻捏滴管上部的橡皮头排去空气,再把滴管伸入试剂瓶中,吸取试剂。往试管中滴加试剂时,只能把滴管尖头垂直放在管口上方滴加,如图1.27(c)所示,严禁将滴管伸入试管中。滴完试剂后,应将滴管中剩余的试剂挤回原滴瓶,然后放松胶头滴管,插回原滴瓶,切勿插错。一只滴瓶上的滴管不能用来移取其他试剂中的试剂,也不能用其自身的吸管伸入试剂瓶吸取试液以免污染试剂。吸有试剂的滴管必须保持橡皮胶头在上,不能平放、斜放,更不能放在桌面上或胶头向下倒置,以防滴管中试剂流入胶头而使橡皮胶头腐蚀、损坏。

从滴瓶中取用液体试剂时,有时要估计其取用量,此时可通过计算滴下的滴数来估计,一般滴出 20~25 滴为 1 mL。若需要准确取液体试剂,则需用移液管移取液体试剂,并按移液管的使用方法进行操作。

1.2.7 干燥器的使用方法

干燥器又称保干器,其结构如图1.28所示,它是有磨口盖子的厚质玻璃器皿,磨口上涂有一薄层凡士林,使其更好地密合。底部放有适当的干燥剂,其上架有洁净的带孔瓷板,以便放置坩埚、称量瓶等盛有被保干物质的容器。干燥器用以防止物质在空气中吸潮。化学分析中常用于保存基准物质。开启干燥器时,应左手按住干燥器的下部,右手握住盖的圆顶,向前小心地平推,便可打开盖子(图1.28),盖子必须仰面放稳。搬动干燥器时,应用两手同时拿着干燥器和盖子的沿口,如图1.29所示。

图 1.28 干燥器的开启与关闭

图 1.29 干燥器的搬移

灼热的物体放入干燥器前,应先在空气中冷却 30~60 s。放入干燥器后,为防止干燥器内空气膨胀将盖子顶落,应反复将盖子推开一道细缝,让热空气逸出,直至不再有热空气排出后再盖严盖子(若盖上盖子较早,停一段时间则无法打开干燥器,为什么)。

1.2.8 常用器皿的加热方法及注意事项

1. 试管的加热

(1)液体和固体均可在试管中加热,但样品高度一般不得超过试管高度的1/3。若固体为块状或粒状,应先将其研细,并在试管内铺平,而不要堆集于试管底部。

(2)加热试管时可用试管夹夹在试管口1/3处加热。若长时间加热,可将试管用铁夹固定起来再加热。加热液体时,试管应与实验台面保持40°~60°倾斜角(为什么);对固体加热,试管必须稍微向下倾斜(为什么),如图1.30所示。

(3)加热时火焰必须从试管内容物的上部反复向下慢慢移动(尤其是液体),不能一开始就在底部固定一个地方加热。不要把试管底部及液面以下部分用火全部包住,否则液面上下由于温差很大会引起试管在液面位置爆裂。加热液体时试管还要不时地摇动,以使其受热均匀,避免局部过热爆沸而导致液体迸溅。

(4)加热时,试管口不能对着别人或自己(为什么)。

2.蒸发皿、坩埚的加热

(1)蒸发皿可用"直接火"加热,但必须先移动火焰均匀地将蒸发皿预热,然后才能把火焰固定下来。

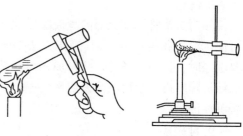

(a)加热试管中的液体　(b)加热试管中的固体

图1.30　加热试管的方法

(2)坩埚一般放在泥三角上加热,加热过程中若要移动坩埚,必须用预热过的坩埚钳。加热后的坩埚必须在泥三角上放冷后才可取下来。

(3)坩埚钳不用时钳口应向上放置。

(4)加热坩埚时,必须使用外火焰(无色或浅蓝色)加热,以免坩埚外表积炭变黑。

3.烧杯和烧瓶的加热

(1)烧杯和各种烧瓶必须垫着石棉网加热。

(2)各种烧瓶加热时都必须在铁架台上用铁夹将其上部固定起来(锥形瓶除外)。

(3)固体药品不能在烧杯和烧瓶中加热。

4.一般注意事项

(1)有刻度的仪器、试剂瓶、广口瓶、抽滤瓶等各种容量器和表面玻璃等不准加热。

(2)加热前器皿外部必须干净,不能有水滴或其他污物,刚刚加热过的容器不能马上放在桌面或其他温度较低的地方(为什么)。

(3)加热液体过程中,若有沉淀存在,必须不断搅拌,看守加热仪器时,不得离开现场。

(4)加热液体时,其高度不能超过容器主要部分高度的2/3。

(5)加热液体过程中,不能直接俯视液体,以免迸溅等意外情况发生。

(6)加热时要远离易燃、易爆物。

1.2.9　固液分离

在化学反应中,如果生成的物质不溶于水或在水中的溶解度很小,我们就会看到有沉淀生成。沉淀的类型一般有两种:晶形沉淀和无定形沉淀。晶形沉淀的颗粒比较大,易沉淀于容器的底部,便于观察和分离;无定形沉淀的颗粒比较小,不容易沉降到容器的底部,当沉淀的量比较少时,不便于观察,此时溶液呈浑浊现象,分离时也比较困难。沉淀颗粒的大小决定于生成物的本性和沉淀的条件,固液分离在化学实验中具有重要的地位。沉淀的分离方法一般有三种,即倾泻法、过滤法和离心分离法。

1.倾泻法

当沉淀的颗粒较大或相对密度较大时,静止后容易沉降至容器底部,可用倾泻法进行分离或洗涤。

倾泻法是将沉淀上部的清液缓慢地倾入另一容器中,即可使沉淀物和溶液分离,其操作方法如图1.31所示。如需要洗涤时,可在转移完清液后,加入少量洗涤剂充分搅拌,待沉淀沉降后再用倾泻法倾去清液,重复此操作2~3次,即能将沉淀洗净。

2.过滤法

过滤法是固液分离最常用的方法。过滤时,沉淀在过滤器内,而溶液则通过过滤器进入容器中,所得到的溶液称为滤液。

图1.31 倾泻法

过滤方法有常压过滤、减压过滤和热过滤三种。

(1)常压过滤。在常压下用普通漏斗过滤的方法称为常压过滤法。其所用的仪器主要是漏斗、滤纸和漏斗架(也可用带有铁圈的铁架台代替)。当沉淀物为胶体或微细的晶体时,用此法过滤较好。其缺点是过滤速度较慢。过滤前应根据漏斗的大小选择滤纸的大小。

①漏斗的选择。漏斗通常分为长颈漏斗和短颈漏斗两种。在热过滤时,必须用短颈漏斗;在重量分析时,一般用长颈漏斗。普通漏斗的规格按内径划分,常用的有30 mm,40 mm,60 mm,100 mm,120 mm等几种。过滤前,按固体物质的多少选择合适的漏斗。

若滤液对滤纸有腐蚀作用,则用烧结过滤器过滤,如过滤高锰酸钾溶液,则用玻璃漏斗。烧结过滤器是一类由颗粒状的玻璃、石英、陶瓷或金属等经高温烧结并具有微孔的过滤器。最常用的是玻璃滤器,它的底部是用玻璃砂在873 K烧结成的多孔片,又称为玻璃砂芯漏斗。根据烧结玻璃孔径的大小,玻璃漏斗分为6种规格,见表1.5。

表1.5 玻璃漏斗的规格及用途

滤 片 号	孔径/μm	用 途
1	80~120	过滤粗颗粒沉淀
2	40~80	过滤较粗颗粒沉淀
3	15~40	过滤一般结晶沉淀
4	6~15	过滤细颗粒沉淀
5	2~5	过滤极细颗粒沉淀
6	<2	过滤细菌

新的玻璃漏斗使用前需要经酸洗、抽滤、水洗及烘干后使用。过滤时常配合抽滤瓶使用。玻璃漏斗用过后需要及时洗涤,洗涤时需要选择能溶解沉淀的洗涤剂或试剂。注意,玻璃漏斗一般不宜过滤较浓的碱性溶液、热浓磷酸和氢氟酸溶液,也不宜过滤能堵塞砂芯漏斗的浆状沉淀。重量分析中玻璃漏斗常作为坩埚使用。

②滤纸的选择。滤纸按孔隙大小分为"快速"、"中速"和"慢速"三种;按直径大小分为7 cm,9 cm,11 cm等几种。应根据沉淀的性质选择滤纸的类型,如$BaSO_4$细晶形沉淀,

应选用"慢速"滤纸;NH_4MgPO_4粗晶形沉淀,应选用"中速"滤纸;$Fe_2O_3 \cdot nH_2O$为胶状沉淀,应选用"快速"滤纸过滤。根据沉淀量的多少选择滤纸的大小,一般要求沉淀的总高度不得超过滤纸锥体高度的1/3。滤纸的大小还应与漏斗的大小相适应,一般滤纸上沿应低于漏斗上沿 0.5~1 cm。

③滤纸的折叠。圆形滤纸(图1.32)两次对折(正方形滤纸对折两次,并剪成扇形),拨开一层即折成圆锥形(一边3层,另一边1层),放于漏斗内。为保证滤纸与漏斗密合,第二次对折时不要折死,先把圆锥形滤纸拨开,放入洁净且干燥的60°角的漏斗中,如果上边缘不十分密合,可以稍稍改变滤纸的折叠角度,直到与漏斗密合为止,此时才把第二次的折边折死,为保证滤纸与漏斗之间在贴紧后无空隙,可在3层滤纸的那一边将外层撕去一小角,用食指把滤纸紧贴在漏斗内壁上,用少量水润湿滤纸,再用食指或玻璃棒轻压滤纸四周,挤出滤纸与漏斗间的气泡,使滤纸紧贴在漏斗壁上(图1.32)。若漏斗与滤纸之间有气泡,则在过滤时不能形成水柱而影响过滤速度。

④过滤和转移。过滤时,将贴有滤纸的漏斗放在漏斗架上,并调节漏斗架高度,使漏斗颈末端紧贴接受器内壁,将溶液沿玻璃棒靠近3层滤纸一边缓慢转移到漏斗中(图1.33)。若沉淀为胶体,应加热溶液破坏胶体,趁热过滤。

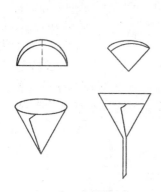
图1.32 滤纸的折叠

图1.33 常压过滤

注意,应先倾倒溶液,后转移沉淀,转移时应使用搅拌棒。倾倒溶液时,应使搅拌棒轻贴于三层滤纸处,漏斗中的液面高度应略低于滤纸边缘。

如沉淀需洗涤,应先转移溶液,后用少量洗涤剂洗涤沉淀。充分搅拌并静置一段时间,沉淀下沉后,将上方清液倒入漏斗,如此重复洗涤2~3遍,最后再将沉淀转移到滤纸上。沉淀转移的方法是先用少量洗涤液冲洗杯壁和玻璃棒上的沉淀,再把沉淀搅起,将悬浮液小心转移到滤纸上,每次加入的悬浮液不得超过滤纸高度的2/3。如此反复几次,尽可能地将沉淀转移到滤纸上。烧杯中残留的少量沉淀,则可按图1.34所示方法,用左手将烧杯倾斜放在漏斗上方,杯嘴朝向漏斗。用左手食指按住架在烧杯嘴上的玻璃棒上方,其余手指拿住烧杯,杯底略朝上,玻璃棒下端对准三层滤纸处,右手拿洗瓶冲洗杯壁上所粘附的沉淀,使沉淀和洗液一起顺着玻璃棒流入漏斗中(注意勿使溶液溅出)。烧杯和滤纸上的沉淀,还必须用蒸馏水再洗涤至干净。粘着在烧杯壁和玻璃棒上的沉淀,可用淀带自上而下刷至杯底,再转移到滤纸上。最后在滤纸上将沉淀洗至无杂质。洗涤时应先使洗瓶出口管充满液体后,用细小缓慢的洗涤液流从滤纸上部沿漏斗壁螺旋向下冲洗(图1.35),绝不可骤然浇在沉淀上。待上一次洗涤液流完后,再进行下一次洗涤。在滤纸上洗涤沉淀主要是洗去杂质,并将黏附在滤纸上部的沉淀冲洗至下部。

沉淀是否洗涤干净,可通过检查最后流下的滤液进行判断。

图1.34　沉淀的转移　　　图1.35　沉淀的洗涤

(2)减压过滤(吸滤或抽滤)。为了加速大量溶液与沉淀的分离,常用抽气过滤的方法加快过滤速度。减压过滤的漏斗有布氏漏斗和砂芯漏斗两种。减压过滤的真空泵一般为玻璃抽气气管或水循环式真空泵。若用玻璃抽气气管抽真空,全套仪器装置如图1.36所示。它是由吸滤瓶、布氏漏斗(中间有许多小孔的瓷板)、安全瓶和玻璃抽气气管组成。玻璃抽气管(这种装置容易损坏,且浪费大量水资源,因此,现已被水循环式真空泵所取代)一般装在实验室的自来水龙头上,安全瓶连接在抽滤瓶与真空泵中间,防止抽气管中的水倒流入吸滤瓶。这种抽气过滤装置的原理是利用真空泵把吸滤瓶中的空气抽出,造成部分真空,而使过滤速度大大加快。若使用水循环真空泵,则应在其与吸滤瓶之间加以能控制压力的缓冲瓶(在图1.36的安全瓶上再加以导管通大气,用自由夹控制其通道),以免将滤纸抽破。

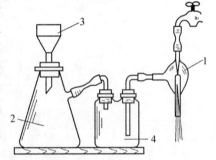

图1.36　减压过滤
1—水泵;2—抽滤瓶;3—布氏漏斗;4—安全瓶

过滤前,先将滤纸剪成直径略小于布氏漏斗内径的圆形,平铺在布氏漏斗的瓷板上,再从洗瓶挤出少许蒸馏水润湿滤纸,并慢慢打开自来水龙头,稍微抽吸,使滤纸紧贴在漏斗的瓷板上,然后进行抽气过滤。

过滤完后,应先把连接吸滤瓶的橡皮管拔下,然后关闭水龙头,以防倒吸。取下漏斗后把它倒扣在滤纸上或容器中,轻轻敲打漏斗边缘,使滤纸和沉淀脱离漏斗,滤液则从吸滤瓶的上口倾出,不要从侧口尖嘴处倒出,以免弄脏滤液。

(3)热过滤。如果某些溶质在温度降低时很容易析出晶体,而又不希望它在过滤时析出,通常使用热过滤法过滤。热过滤时可把玻璃漏斗放在铜质的热漏斗内,热漏斗内装有热水以维持溶液温度(图1.37)。

3. 离心分离法

离心分离法操作简单而迅速,适用于少量溶液与沉淀混合物的分离。离心分离法的仪器是离心机(图1.38)和离心试管。800台式离心机最多能放置8支离心试管,每一支离心套管处都有对应编号。放置离心试管时,应在对称位置上放置同规格等体积的溶液,以确保离心试管的重心在离心机的中心轴上(否则转动时会出现强烈振动)。若只有一支离心试管中有需要分离的沉淀,则需要用另一支盛有同体积水的离心试管与之平衡。

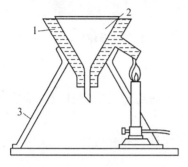

图1.37 热过滤
1—铜漏斗套;2—短径漏斗;3—三角架

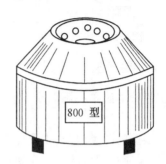

图1.38 800台式离心机

800台式离心机的使用方法如下。

(1)打开离心机顶盖,在对称的离心套管内放入离心试管后,再盖上离心机顶盖。

(2)打开电源开关,调节所需要的转速(一般可调节至每分钟2 000转左右)。

(3)离心机完全停止后,打开离心机顶盖(切勿在离心机运行时打开顶盖,以免出现危险),取出离心试管。

在离心过程中,若离心机出现异常振动现象,一般是离心试管放置不对称或离心试管的规格及所装溶液的体积不相等所致,此时应立即按停止按钮或切断电源开关使其停止运行,查出原因并改正错误后重新离心分离。

通过离心作用,沉淀紧密聚集在离心试管的底部,上方得到澄清的溶液。用滴管小心地吸取上方清液(图1.39),但注意不要使滴管接触沉淀,而且要尽量吸出上部清液。如果沉淀物需要洗涤,可以加入少量水或洗涤液,搅拌,再进行离心分离,按上法吸出上层清液,重复洗涤2~3次即可。

4. 循环水真空泵

图1.40为循环水式真空泵,又叫水五泵。最初用于自吸水泵,而后逐渐用于石油、化工、机械、矿山、轻工、医药及食品等部门。在许多工艺过程中,如真空过滤、真空引水、真空送料、真空蒸发、真空浓缩、真空回潮和真空脱气等,水环泵得到广泛的应用。由于真空应用技术的飞跃发展,水环泵在粗真空方面一直被人们重视。由于水环泵中气体压缩是等温的,故可抽除易燃、易爆的气体,此外还可抽除含尘、含水的气体,因此应用日益增多。

图1.39 用滴管吸取上层清液

图1.40 循环水式真空泵

1.2.10 离子交换分离

离子交换分离法是利用离子交换剂与溶液中的离子发生交换反应而实现分离的方法。

离子交换剂的种类很多,主要分为无机离子交换剂和有机离子交换剂,后者又称为离子交换树脂,是应用较多的离子交换剂。

离子交换树脂是具有可交换离子的有机高分子化合物,分为阳离子交换树脂和阴离子交换树脂,分别能与溶液中的阳离子和阴离子发生交换反应。例如,磺酸型阳离子交换树脂 R—SO_3H 和伯胺型阴离子交换树脂 R—$NH_3^+OH^-$,就分别具有与阳离子交换的 H^+ 和与阴离子交换的 OH^-。当天然水流经这些树脂时,其中阳离子 Na^+、Mg^{2+} 和 Ca^{2+} 等就与 H^+ 发生交换反应(正向交换),如

$$R—SO_3H + Na^+ \longrightarrow R—SO_3Na + H^+$$

阴离子 Cl^-、HCO_3^- 和 SO_4^{2-} 等与 OH^- 发生交换反应(正向交换),如

$$R—NH_3OH + Cl^- \longrightarrow R—NH_3Cl + OH^-$$

在水中

$$H^+ + OH^- \Longleftrightarrow H_2O$$

经过多次交换,最后得到含离子很少的水,常称为去离子水。

同其他离子互换反应一样,上述离子交换反应也是可逆的,故若用酸或碱浸泡(反向交换)使用过的离子交换树脂,就可以使其"再生"继续使用。

离子交换分离的步骤包括:①树脂的预处理;②离子交换;③洗脱与分离;④树脂再生。

1.2.11 质量分析基本操作

1. 沉淀条件的选择

沉淀颗粒的大小不仅决定着过滤速度的快慢,而且还决定着过滤后沉淀的纯度。一般情况下,沉淀的颗粒越大,过滤越快,吸附杂质越少,即沉淀的纯度越高。太细的沉淀不仅容易吸附杂质,难于洗涤,且容易形成胶体溶液而通过滤纸,以致实验失败。因此,在重量分析中一般希望得到较大颗粒的沉淀。沉淀的类型不同,生成沉淀的条件不同。

(1)晶形沉淀的条件

①在适当稀溶液进行沉淀操作;②沉淀时将溶液加热有利于生成大颗粒的沉淀;③沉淀速度要慢,边滴加沉淀剂边搅拌溶液,以防沉淀剂局部过浓而形成的沉淀太细;④沉淀生成后要放置陈化。陈化操作是将沉淀和母液放置过夜或在水浴上保温一定时间。陈化的目的是使小晶粒转化成大晶粒,不完整的晶体转变成完整的晶体。

(2)无定形沉淀的条件

①沉淀在较浓的溶液中进行;②沉淀在热溶液中进行有利于得到含水量少结构紧密的沉淀;③沉淀时注意防止生成胶体溶液,即沉淀时应加入大量电解质或能引起胶体溶液凝聚的试剂;④不能陈化。沉淀时应将沉淀剂沿着烧杯内壁加到溶液中去,边加边搅拌。

沉淀过程中若需加热,则不得使溶液沸腾(最好在水浴中加热)。沉淀完全后,用洗瓶吹洗表面皿和杯壁,以免溶液损失。

沉淀后应检查沉淀是否完全。检验的方法是待沉淀下沉后,在上层清液中,沿容器内壁缓缓滴加几滴沉淀剂,仔细观察是否有新的沉淀形成。若仍有沉淀形成,则应补加足量的沉淀剂使沉淀完全。

2.沉淀的过滤和洗涤

沉淀的过滤和洗涤是重量分析成败的关键步骤,应根据沉淀的性质选用适当的滤纸或玻璃滤器。重量分析法使用的定量滤纸称为无灰滤纸,每张滤纸的灰分质量约为 0.08 mg 左右,可以忽略。用滤纸过滤时一般先采用倾泻法过滤,再将沉淀转移到滤纸上进行洗涤,以增加过滤速度。

3.沉淀的烘干、灼烧及恒重

(1)瓷坩埚的准备。将洗净的瓷坩埚斜放在泥三角上,如图1.41(a)所示,坩埚盖斜靠在坩埚口和泥三角上,用小火(必须是氧化焰)小心加热坩埚盖,如图1.41(b)所示,使热空气流反射到坩埚内部将其烘干。稍冷,用硫酸亚铁铵溶液(或硝酸钴溶液)在坩埚和盖上编号,小心烘干。灼烧温度和时间应与灼烧沉淀时相同。在灼烧过程中,要用热坩埚钳慢慢转动坩埚数次,使其灼烧均匀。

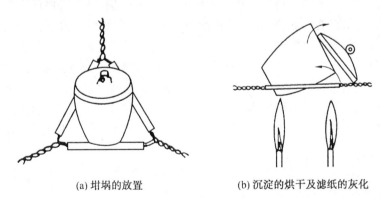

(a)坩埚的放置　　　(b)沉淀的烘干及滤纸的灰化

图1.41　沉淀和滤纸在坩埚中烘干、炭化和灰化的火焰位置

空坩埚第一次的灼烧时间为 15~30 min,稍冷,用热坩埚钳夹取后放入干燥器内(不

要过早将干燥器盖密封),冷却至室温后称量。等二次再灼烧 15 min,冷却、称量(每次冷却时间要相同),直至两次称量相差不超过 0.2 mg,即为恒重。将恒重后的坩埚放在干燥器中备用。

若使用马弗炉灼烧,可将编好号、烘干的瓷坩埚,用长坩埚钳逐渐移入规定温度的马弗炉中(坩埚直立并盖上坩埚盖,但留有空隙)。每次灼烧的时间、冷却和称量条件与上述酒精喷灯的灼烧相同。

(2)沉淀的包裹。若沉淀为晶形沉淀,体积一般较小,可用清洁的玻璃棒将滤纸的三层部分挑起,再用洗净的手将滤纸小心取出,按图 1.42(a)所示打开成半圆形,自右边半径的 1/3 处向左折叠,再从上边向下折,然后自右向左卷成小卷,将滤纸放入已恒重的坩埚中,包卷层数较多的一面朝上,以便于炭化和灰化。

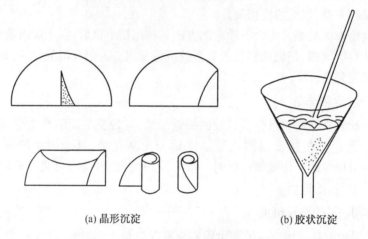

(a) 晶形沉淀　　　　　　　(b) 胶状沉淀

图 1.42　包裹沉淀方法

若沉淀为胶状沉淀,沉淀的体积一般较大,不宜用上述包裹方法,而应用玻璃棒从滤纸的三层部分将其挑起,然后用玻璃棒将滤纸向中间折叠,将三层部分的滤纸折在最外面,包成锥形滤纸包,如图 1.42(b)。用玻璃棒轻轻按住滤纸包,旋转漏斗颈,慢慢将滤纸包从漏斗的锥底移至上沿。将滤纸包移至恒重的坩埚中,尖头向上,再仔细检查原烧杯嘴和漏斗内是否残留沉淀。如有沉淀可用准备漏斗时撕下的滤纸再擦拭,一并放入坩埚内,此法也可以用于包裹晶形沉淀。

(3)沉淀的烘干、炭化、灰化、灼烧和恒重。按图 1.41(a)放置好坩埚及盖,用酒精喷灯小火加热坩埚盖,这时热空气流反射到坩埚内部,使滤纸和沉淀烘干,并利于滤纸的炭化。炭化是指将烘干后的滤纸灼烧成灰的过程。炭化时温度不宜升得太快,以防滤纸着火,否则会将一些微粒扬出。如万一着火,应立即将坩埚盖盖住,同时移去火源使其熄灭,不可用嘴吹灭。

灰化是使呈炭黑状的滤纸灼烧成灰的过程。灰化时先用小火使滤纸大部分灰化后,再逐渐加大火焰把炭完全烧成灰,如图 1.41(b)所示。

炭粒完全消失后,可改用喷灯灼烧沉淀片刻,如 $BaSO_4$ 沉淀一般第一次灼烧 30 min,按空坩埚冷却方法冷却、称量,然后进行第二次灼烧(只需 15 min)、冷却、称量,直至恒重。

使用马弗炉灼烧沉淀时,沉淀和滤纸的干燥、炭化和灰化过程,一般先在酒精喷灯上或电炉上进行,然后将坩埚移入适当温度的马弗炉中。在与灼烧空坩埚相同的温度和条件下灼烧至恒重。若直接放入马弗炉中,必须先在低温进行烘干、炭化,灰化后,再将温度升至规定温度灼烧。

4. 基本计算公式

$$w_B = \frac{Fm_{称量形式}}{m_样} \times 100\%$$

式中,F 为被测组分与称量形式之间的换算因数;$m_{称量形式}$ 为称量形式的重量;$m_样$ 为样品重量;w_B 为被测组分的质量分数。

1.2.12　有机实验常用的玻璃仪器

1. 烧瓶(图1.43)

①平底烧瓶。适用于配制和储存溶液,但不能用于减压实验。

②圆底烧瓶。能耐热和反应物(或溶液)沸腾以及其所引发的冲击振动。

③短颈圆底烧瓶。瓶口结构结实,在有机化合物的合成实验中最常使用;水蒸气蒸馏实验中,通常用长颈圆底烧瓶。

④锥形烧瓶。用于容量分析和有机溶剂进行重结晶的操作,因为这时瓶内固体物质容易取出;也可用做常压蒸馏实验的接受器,但不能用做减压蒸馏实验的接受器。

⑤三口烧瓶。在需要进行搅拌的实验中最常使用,中间瓶口装搅拌器,两个侧口装回流冷凝管、滴液漏斗或温度计等。

(a)平底烧瓶　　(b)长颈圆底烧瓶　　(c)短颈圆底烧瓶　　(d)锥形烧瓶　　(e)三口烧瓶

图1.43　烧瓶

2. 蒸馏烧瓶

图1.44(a)为蒸馏烧瓶,在蒸馏时最常使用。

图1.44(b)为克氏蒸馏烧瓶,常用于减压蒸馏实验,正口安装毛细管,带支管的瓶口插温度计。容易产生泡沫或暴沸的蒸馏,也常使用它。

(a)蒸馏烧瓶　　(b)克氏蒸馏烧瓶

图1.44　蒸馏烧瓶

3. 冷凝管

图 1.45(a)为直形冷凝管的内管和套管是用玻璃熔接的。蒸馏物质的沸点在 140℃以下时,要在套管内通水冷却,但超过 140℃时,直形冷凝管往往会在内管和套管的接合处炸裂。

图 1.45(b)为空气冷凝管,当蒸馏物质的沸点高于 140℃时,常用它代替通冷却水的直形冷凝管。

图 1.45(c)为球形冷凝管,其内管的冷却面积较大,对蒸气的冷凝有较好的效果,适用于加热回流的实验。

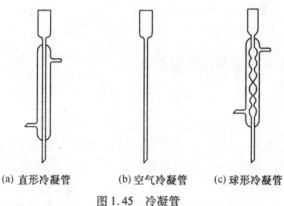

(a) 直形冷凝管　　(b) 空气冷凝管　　(c) 球形冷凝管

图 1.45　冷凝管

4. 漏斗

在图 1.46 中,(a)为长颈漏斗,(b)为短颈漏斗,(c)、(d)、(e)为分液漏斗,普通过滤时使用长颈和短颈漏斗,分液漏斗用于液体的萃取、洗涤和分离,有时还可用于滴加试液。(f)为滴液漏斗,能把液体一滴一滴地加入反应器中,使漏斗的下端浸没在液面下,能够明显地看到滴加的速度。(g)为保温漏斗,也称热滤漏斗,用于需要保温的过滤,是在普通

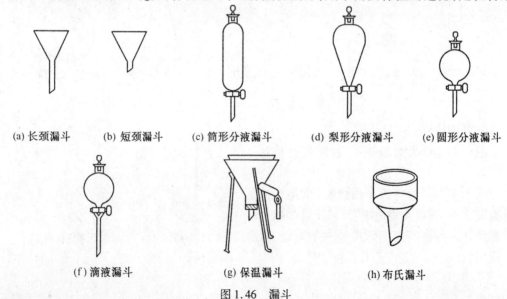

(a) 长颈漏斗　(b) 短颈漏斗　(c) 筒形分液漏斗　(d) 梨形分液漏斗　(e) 圆形分液漏斗

(f) 滴液漏斗　　(g) 保温漏斗　　(h) 布氏漏斗

图 1.46　漏斗

漏斗的外面装上一个铜质外壳,外壳与漏斗之间装水,用煤气灯加热侧面的支管,以保持所需要的温度。布氏(Buchner)漏斗,如图1.46(h),是瓷质的多板漏斗,在减压过滤时使用。

5. 有机化学合成仪

有机化学合成仪是由系列标准接口号玻璃仪器(图1.47)组成的,包括烧瓶、冷凝管等各种有机化学合成常用玻璃仪器及不同口径的转换接口,分为常量、中量和微量三种。

有机化学实验室玻璃仪器可分为普通玻璃仪器和磨口玻璃仪器两种。标准接口玻璃仪器是具有标准化磨口和瓶塞磨砂的玻璃仪器的统称。由于仪器口塞尺寸的标准化、系统化以及磨砂密合,凡属于同类规格的接口,均可任意连接,各部件能组装成各种配套仪器。与不同类型规格的部件无法直接组装时,可使用转换接头连接。使用标准接口玻璃仪器,既可免去配塞子的麻烦,又能避免反应物或产物被塞子污染的危险,口塞磨砂性能良好,使密合性可达较高真空度,对蒸馏尤其是减压蒸馏有利,对于毒物或挥发性液体的实验较为安全。

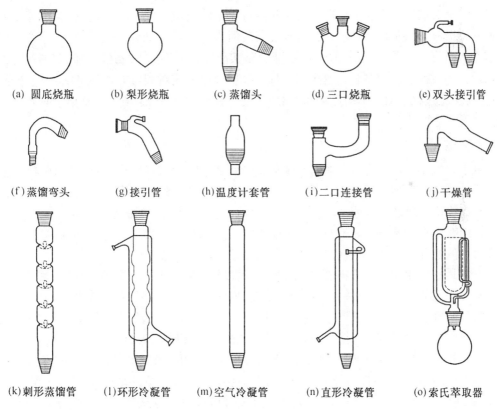

(a) 圆底烧瓶　(b) 梨形烧瓶　(c) 蒸馏头　(d) 三口烧瓶　(e) 双头接引管

(f) 蒸馏弯头　(g) 接引管　(h) 温度计套管　(i) 二口连接管　(j) 干燥管

(k) 刺形蒸馏管　(l) 环形冷凝管　(m) 空气冷凝管　(n) 直形冷凝管　(o) 索氏萃取器

图1.47　有机合成磨口玻璃仪器

标准接口玻璃仪器,均按国际通用的技术标准制造,当某个部件损坏时,可以选购。标准口仪器的每个部件在其口塞的上或下显著部位均具有烤印的白色标志,用以表明规格。常用的有10,12,14,16,19,24,29,34,40等。有的标准接口玻璃仪器有两个数字,如10/30,10表示磨口大端的直径为10 mm,30表示磨口的高度为30 mm。磨口套管和磨塞应该是由同种耐热玻璃制成的。

使用标准接口玻璃仪器应注意以下几点。

(1)磨口塞应经常保持清洁,使用前宜用软布揩拭干净,但不能附上棉絮。

(2)使用前在磨砂口塞表面涂以少量凡士林或真空油脂,以增强磨砂口的密合性,避免磨面的相互磨损,同时也便于接口的装拆。

(3)装配时,把磨口和磨塞轻轻地对旋连接,不宜用力过猛。但不能装得太紧,只要达到润滑密闭要求即可。

(4)用后应立即拆卸洗净,分开存放。否则,对接处常会粘牢,以致拆卸困难。

(5)装拆时应注意相对的角度,不能在角度偏差时进行硬性装拆,否则极易造成破损。

1.2.13 回流和蒸馏装置

1. 回流

回流是反应过程中反应液既能长时间维持一定的反应温度,又能减少反应物挥发的一种实验操作,它通过回流装置实现,垂直安装回流冷凝器,将反应液中蒸发成分冷凝成液态重新回到反应器中。例如,乙酸乙酯制备实验中,由于产品(乙酸乙酯)和原料(乙醇)都是挥发性大的有机物,而这个制备反应又要经过一定时间方能达到平衡,为了提高产量,在反应过程中减少乙酸乙酯和乙醇的挥发,因而采用回流装置。注意记录时间应从有回滴液产生时算起。

2. 蒸馏

由于有机化合物反应时存在副反应及某些其他原因,大多数合成的有机化合物都含有杂质,它能改变化合物的物理及化学性质,造成应用上的困难。因此,不管是反应原料、溶剂及产物都需要经过提纯,以符合要求,这是合成有机化合物的极重要的工作。

提纯有机物的方法一般是利用物理性质的不同(如挥发度、溶解度、被吸附能力及离子交换剂的亲和力等)来提纯,最常用的有蒸馏、萃取、重结晶、升华等方法。

蒸馏是分离和提纯有机物最常用的方法,用以精制在大气压下沸腾而不分解的液体。常用的是普通蒸馏(常压蒸馏),其过程是加热液体使其汽化,再冷凝得到较纯净的液体。

蒸馏装置主要由蒸馏瓶、冷凝器和接收器三部分组成。或选用合成仪中圆底烧瓶、蒸馏头、冷凝器、温度计套管和接收器等有关标准磨口仪器组装成蒸馏装置。

蒸馏瓶是作为液体沸腾和气化的最常用的容器。选用蒸馏瓶的大小是由被蒸馏液体的体积决定的,通常所蒸馏液体的体积应占蒸馏容器容积的1/3~2/3。如果装入液体过多,加热沸腾后,液体容易冲出支管口,如果装入液体过少,在蒸馏结束时,相对地会有较多的液体残留在瓶内蒸不出而损失掉。

温度计的水银球的上部应与蒸馏瓶支管口在同一水平线上,使上升的蒸气将温度计水银球包围住,这样才能正确测定蒸气的温度。

蒸馏瓶的支管要和冷凝管紧密连接,支管必须插入冷凝管膨大部分的1/2处左右。铁夹应调节正好夹在冷凝管的中央部分。

冷凝管用做冷凝蒸气,被冷凝液体的温度在140℃以下,一般用直形冷凝管和冷水冷凝蒸气;被冷凝液体的温度在140℃以上,则用空气冷凝管,它是借助于管外的空气来冷凝蒸气;被冷凝液体的温度低于室温以下,则需用冰水冷凝器。

有机合成回流、蒸馏装置如图1.48所示。

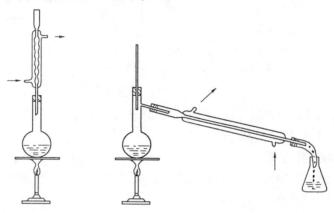

图1.48 有机合成回流、蒸馏装置

1.2.14 萃取

(1)萃取的原理。无机盐易溶于水,形成水合离子,这种性质叫做亲水性。如果要将金属离子由水相转移到有机相中,必须设法将其由亲水性转化为疏水性。只有中和金属离子的电荷,并且用疏水基团取代水合金属离子的水分子,才能使水相中的金属离子转移到有机相中。这个过程叫做萃取过程。

萃取是利用物质在不同溶剂中溶解度的差异使其分离的,其过程为某物质从其溶解或悬浮的相中转移到另一相中。

重要的萃取体系包括螯合物、离子缔合物、溶剂化合物和无机共价化合物四种。在这些体系中,金属离子分别通过生成螯合物、离子缔合物、溶剂化合物,由亲水性转化为疏水性,来实现无机离子由水相向有机相的转移。

液-液萃取分离法,就是利用与水不相溶的有机相同含有多种金属离子的水溶液在一起振荡,使某些金属离子由亲水性转化为疏水性,同时转移到有机相中,而另一些金属离子仍留在水相中,以达到分离的目的。

液-液萃取是用分液漏斗进行的,常用的分液漏斗如图1.49所示。在萃取前应选择大小合适、形状适宜的漏斗。选择的漏斗应使加入液体的总体积不超过其容积的3/4,漏斗越细长,振摇后溶液分层的时间越长,但分离较彻底。

(2)分液漏斗的使用

①检查分液漏斗是否漏水,在其中装入少量水,检查旋塞芯处是否漏水;将漏斗倒转过来,检查玻璃塞是否漏水,待确认不漏水后方可使用。

②若分液漏斗漏水,应取下旋塞,用滤纸吸干水,薄薄地涂上一层凡士林,将旋塞插进旋塞槽内,旋转数圈,使凡士林均匀分布后将旋塞关闭好,再在旋塞的凹槽处套上一个直径合适的橡皮圈,以防旋塞芯在操作过程中松动。

(a) 圆球形　　　(b) 梨形　　　(c) 圆筒形

图 1.49　分液漏斗

③分液漏斗中全部液体的总体积不得超过其容量的 3/4。盛有液体的分液漏斗应正确地放在支架上,如图 1.50 所示。

(3)萃取操作方法

①在分液漏斗中加入溶液和一定量的萃取溶剂后,塞上玻璃塞(操作装置如图 1.50 所示)。注意:玻璃塞上若有侧槽必须将其与漏斗上端颈部上的小孔错开。

②振荡方法。把分液漏斗横置(图 1.51),令其上口略向下,左手握住旋塞,其拇指和食指控制旋塞柄,中指垫在分液漏斗下,这样既可防止振荡时旋塞转动或脱落,又能灵活控制旋塞。右手握住分液漏斗上口颈部,掌心压紧玻璃塞,防止其脱落。振荡时开始要慢,且每振荡几次就要打开旋塞放气。

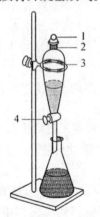 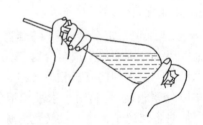

图 1.50　分液漏斗的操作装置　　　图 1.51　振荡时的操作手势
1—玻璃塞;2—玻璃塞上侧槽;3—铁圈
(缠有线绳);4—旋塞

③放气方法。将漏斗倒置,使漏斗下颈导管向上,不要对着自己和别人。慢慢开启旋塞,排放可能产生的气体以解除超压。待压力减小后,关闭旋塞。振摇和放气应重复几次。振摇完毕,将漏斗如图 1.51 放置,静置分层。

④待两相液体分层明显、界面清晰,移开玻璃塞或旋转带侧槽的玻璃塞,使侧槽对准上口径的小孔。开启活塞,放出下层液体,收集在适当的容器中。当液层即将放完时要放慢速度,一旦放完则要迅速关闭旋塞。

⑤取下漏斗,打开玻璃塞,将上层液体由上端口径倒出,收集到指定容器中。

⑥假如一次萃取不能满足分离的要求,可采取多次萃取的方法,但一般不超过5次,将每次的有机相都收集到一个容器中。

1.3 常见仪器使用简介

1.3.1 酸度计

1.酸度计的构造

酸度计也称pH计,是用来测量溶液pH值的仪器。实验室常用的酸度计有雷磁25型、pHS-2型和pHS-3型等。它们的原理相同,结构略有差别。下面详细介绍pHS-2型酸度计(图1.52),其他型号酸度计的使用可查阅有关使用说明书。

酸度计测pH值的方法是电位测定法。它除测量溶液的酸度外,还可以测量电池的电动势(mV)。酸度计主要是由参比电极(甘汞电极)、测量电极(玻璃电极)和精密电位计三部分组成。

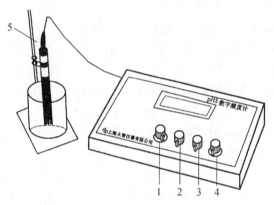

图1.52 pHS-2型酸度计

1—温度补偿器;2—定位调节器;3—斜率调节器;4—pH/mV功能选择;5—复合电极

复合电极将玻璃电极和甘汞电极合二为一,其外壳下端较玻璃球泡长,避免玻璃球泡的损坏。饱和甘汞电极和玻璃电极的结构如图1.53所示。

饱和甘汞电极由金属汞、Hg_2Cl_2和饱和KCl溶液组成。它的电极反应是

$$Hg_2Cl_2 + 2e^- \rightleftharpoons 2Hg + 2Cl^-$$

甘汞电极的电极电势不随溶液pH值变化而变化,在一定温度下有一定值。25℃饱和甘汞电极的电势为0.245 V。玻璃电极(图1.53(b))的电势随溶液pH值的变化而改变。它的主要部分是头部的球泡,球泡是由特殊的敏感玻璃薄膜构成。薄膜对氢离子有敏感作用,当它浸入被测溶液内,被测溶液的氢离子与电极球泡表面水化层进行离子交换,

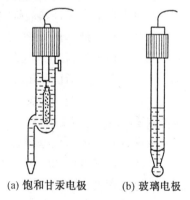

(a) 饱和甘汞电极　(b) 玻璃电极

图1.53 电极的结构

球泡内层也同样产生电极电势。由于内层氢离子浓度不变,而外层氢离子浓度在变化,因此内外层的电势差也在变化,所以该电极电势随待测溶液的 pH 值变化而改变,即

$$\varphi_{玻} = \varphi_{玻}^0 + 0.0592 \lg [H^+] = \varphi_{玻}^0 - 0.0592 \text{pH}$$

将玻璃电极和饱和甘汞电极一起浸在被测溶液中组成电池,并连接上精密电位计,即可测定电池电动势 E,在 25℃时

$$E = \varphi_+ - \varphi_- = \varphi_{甘汞} - \varphi_{玻} = 0.2438 - \varphi_{玻}^0 + 0.0592 \text{pH}$$

整理上式得

$$\text{pH} = (E + \varphi_{玻}^0 - 0.2438)/0.0592$$

$\varphi_{玻}^0$ 可用已知 pH 值的缓冲溶液代替待测溶液而求得。为了省去计算手续,酸度计把测得的电池电动势直接用 pH 刻度值表示出来,因而从酸度计上可以直接读出溶液的 pH 值。

2. pHS-2 型数字酸度计的使用方法

(1)接通电源。电源为交流电,应预热 15 min 以上。

(2)电极安装。将复合电极夹在电极夹上;若不用复合电极,需要一个转换器,将玻璃电极夹在夹子上,玻璃电极的插头插在转换器插口内,并将小螺丝旋紧,甘汞电极夹在另一夹子上,甘汞电极引线连接在另一转换器插口内,注意使用时应把上面的小橡皮塞和下端橡皮塞拔去,以保持液位压差,不用时要把它们套上。

(3)校正。用温度计测量被测溶液的温度,调节温度补偿器到被测溶液的温度值;旋转斜率调节器 3,使其指在"%"上。

(4)定位。仪器附有三种标准缓冲溶液(pH 值分别为 4.00,6.86,9.20),可选用一种与被测溶液的 pH 值较接近的缓冲溶液对仪器进行定位。仪器定位操作步骤如下。

①向烧杯中倒入标准缓冲溶液,按溶液温度查出该温度时溶液的 pH 值。根据这个数值,将定位调节器放在合适的位置上。

②将电极插入缓冲溶液轻轻摇动,读数。

③调节定位调节器,使数字指在缓冲溶液的 pH 值。

④将电极上移,移去标准缓冲溶液,用蒸馏水清洗电极头部,并用滤纸将水吸干。这时,仪器已定好位,后面测量时不得再动定位调节器。

(5)测量。放上盛有待测溶液的烧杯,移下电极,将烧杯轻轻摇动,读出溶液的 pH 值。如果数字不稳定,重复读数,待读数稳定后,放开读数开关,移走溶液,用蒸馏水冲洗电极,将电极保存好。关上电源开关,套上仪器罩。

应注意玻璃电极的维护。

玻璃电极的主要部分为下端的玻璃泡,该球泡极薄,切忌与硬物接触,一旦发生破裂,则完全失效,取用和收藏时应特别小心。安装时,玻璃电极球泡下端应略高于甘汞电极的下端,以免碰到烧杯底部;新的玻璃电极在使用前应在蒸馏水中浸泡 48 h 以上,不用时最好浸泡在蒸馏水中;在强碱溶液中应尽量避免使用玻璃电极,如果使用应迅速操作,测完

后立即用水洗涤,并用蒸馏水浸泡(为什么);电极球泡有裂纹或老化(久放两年以上),则应调换,否则会反应缓慢,甚至造成较大的测量误差。

1.3.2 单盘天平、电子天平

1. 单盘电光天平

单盘电光天平属于不等臂天平,天平中只有一个天平盘。天平盘挂在天平梁的一臂上,同时所有的砝码也都挂在盘的上部;另一臂上装有固定的重锤和阻尼器,使天平保持平衡状态。称量时采取减码式,将称量物放在盘内,必须减去与称量物质量相同的砝码,才能使天平恢复平衡。显而易见减去砝码的质量就是称量物的质量,其数值仍由投影屏上显示的刻度数读出。

单盘电光天平有阻尼和电光装置,加减砝码全部用旋钮控制。称量物体简便快速,而且灵敏度不受负载变化的影响。尽管盘上的载重不同,但臂上的载重不变,故天平的灵敏度不变。此外,单盘天平还消除了双盘天平由于两臂不等臂而引起的称量误差。所以,单盘天平是一种比较精密的天平。

2. 电子天平

最新一代的天平是电子天平,它是利用电子装置完成电磁力补偿的调节,使物体在重力场中实现力的平衡,或通过电磁力矩的调节,使物体在重力场中实现力矩的平衡。常见电子天平的结构都是机电结合式的,由载荷接受与传递装置、测量与补偿装置等部件组成。可分成顶部承载式和底部承载式两类,目前常见的电子天平大多数是顶部承载式的上皿天平。从天平的校准方法来分,有内校式和外校式两种。前者是标准砝码预装在天平内,启动校准键后,可自动加码进行校准。后者则需要人工取拿标准砝码放到秤盘上进行校正。图1.54为FA1004电子天平的外形图。

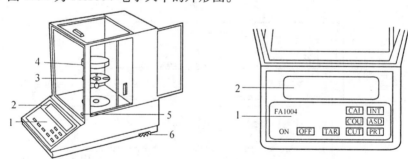

图1.54 FA1004电子天平外形图
1—键盘(控制板);2—显示器;3—盘托;4—秤盘;5—水平仪;6—水平调节脚

(1)电子天平的使用方法

①查看水平仪,如不水平,要通过水平调节脚调至水平。

②接通电源,预热60 min后方可开启显示器进行操作使用。

③轻按ON显示器键,等出现0.0000 g称量模式后方可称量。

④将称量物轻放在秤盘上,这时显示器上数字不断变化,待数字稳定并出现质量单

位 g 后,即可读数,并记录称量结果。

(2)电子天平的称量方法

①直接称量法 先称出干燥洁净的表面皿或油光纸的质量,按去皮键 TAR,显示"0.0000"后,打开天平门,缓缓往表面皿中加入试样,当达到所需质量时停止加样,关上天平门,显示平衡后即可记录所称试样的净质量。

②差减称量法 与 TG-328 型电光天平的差减称量法相同。

③减量法 称出称量瓶(装有试样)的质量后,按去皮键 TAR,取出称量瓶向容器中倒出一定量的试样(倒出试样的方法和注意事项与差减称量法相同),再将称量瓶放在天平上称量,如果所示质量(数字前负号表示质量减少)达到要求范围,即可记录数据。再按去皮键 TAR,称取第二份试样。

(3)使用电子天平的注意事项

①电子天平开机时,通电预热、校准均应由实验室技术人员负责完成。学生称量时只需按 ON 键、TAR 键及 OFF 键就可使用,其他键不要乱按。

②电子天平自身质量较小,容易被碰撞移位,造成不水平,从而影响称量结果。所以在使用时要特别注意,动作要轻、缓,并要经常查看水平仪。

③其他注意事项与使用电光天平时基本相同。

1.3.3 分光光度计

1.721 型分光光度计的使用方法

使用前应了解 721 型分光光度计(图 1.55)的工作原理以及各操作旋钮功能。

(1)调整仪器。仪器未接通电源前,电表上的指针应位于"0"刻度上。若不在,则可用电表的校正螺丝进行调节。

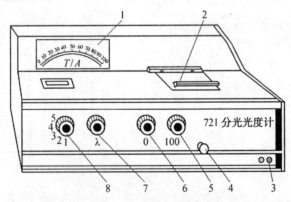

图 1.55　721 型分光光度计外形
1—读数表头;2—比色皿暗箱;3—电源开关;4—比色皿座架拉杆;
5—光量调节器;6—调"0"电位器;7—波长调节器;8—灵敏度挡

(2)预热仪器。接通电源,打开仪器的电源开关及比色皿暗箱盖,选择所需的波长,预热 20 min。

(3)灵敏度的选择。灵敏度有五挡,由"1"到"5"灵敏度逐步增加。其选择原则是在保证能使参比溶液透光度调到"100%"的情况下,尽可能采用灵敏度较低挡,这时仪器具有较高的稳定性。因此,一般使用"1"挡灵敏度,灵敏度不够时再逐渐升高,但改变灵敏度时须重新校正"0%"和"100%"。

(4)调节零点。打开比色皿暗箱盖,轻轻旋转"0"电位器旋钮,使读数表头的指针指在"0"处。

(5)调节透光度为100%。将装有参比溶液的比色皿放入比色皿架的第一格处,装有待测溶液的比色皿放入其他格内,轻轻盖上比色皿暗箱盖,旋转仪器"100% T"旋钮,使读数表头的指针指在"100%"处。

按步骤(4)、(5)连续几次调整"0%"和"100%",仪器即可进行测定工作。如果大幅度改变测试波长,在调整"0%"和"100%"后稍停片刻(钨丝灯在急剧改变亮度后需要一段热平衡时间),当指针稳定后重新调整"0%"和"100%"即可工作。

(6)测定。轻轻拉动比色架拉杆,使待测溶液进入光路,读取吸光度数值。

重复上述测定操作1~2次,读取相应的吸光度值,取平均值。

(7)清洁仪器。实验完毕后,做好仪器的卫生工作,如应将比色皿洗涤干净、擦干净仪器表面、倒掉废液等。

2.722型光栅分光光度计

722型分光光度计(图1.56)采用数字显示器直接显示测定数据,波长范围为330~800 nm,灵敏度高,使用方便。

仪器的使用方法如下。

(1)接通电源。接通电源前应首先了解仪器的结构和工作原理。对照仪器或仪器外形图(图1.56),熟悉各个操作旋钮的功能。将灵敏度旋钮调置"1"挡后,开启电源开关(图1.56中7)。

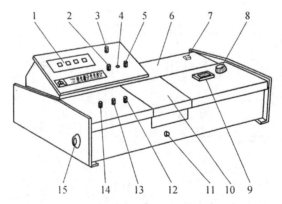

图1.56 722型光栅分光光度计仪器外形图

1—数字显示器;2—吸光度调零旋钮;3—选择开关;4—吸光度调斜率电位器;5—浓度旋钮;6—光源室;7—电源开关;8—波长手轮;9—波长刻度窗;10—比色皿箱盖;11—试样架拉手;12—100% T 旋钮;13—0% T 旋钮;14—灵敏度调节旋钮;15—干燥剂存放处

(2)预热。选择开关(图1.56中3)置于"T",用波长手轮将波长调至测试用波长。

仪器预热 20 min。

(3)调透光率。打开比色皿箱盖,调节"0%"T旋钮(图1.56中13),使数字显示"00.0",盖上比色皿箱盖。将比色皿架处于蒸馏水校正位置,使光电管受光,调节透过率"100%"T旋钮(图1.56中12),使数字显示为"100.0"。连续几次调整"0%"和"100%"直至稳定,仪器即可进行测定工作。

如果显示不到"100.0",则可适当增加灵敏度调节旋钮14,但不可调节过高,否则仪器的稳定性较差。灵敏度改变后必须按步骤③重新校正"0%"和"100%"。

(4)吸光度A的测量。将选择开关(图1.56中3)置于"A",调节吸光度调零旋钮(图1.56中2),使得数字显示为"00.0",然后将被测试样移入光路,显示值即为被测试样的吸光度值。

(5)物质的量浓度c的测量。选择开关由"A"旋置"c",将已标定浓度的试样放入光路,调节浓度旋钮,使得数字显示值为标定值,将被测试样放入光路,即可读出被测样品的浓度值。

如果大幅度改变测试波长时,在调整"0%"和"100%"后稍等片刻,当仪器稳定后,重新调整"0%"和"100%"即可工作。

注意,每台仪器所配套的比色皿,不能与其他仪器上的比色皿单个调换。

1.3.4 电导率仪

DDS-11A电导率仪是一种数字显示台式电导率仪,其结构如图1.57所示,电导的单位是 $S \cdot cm^{-1}$(西门子/厘米),$1\ S \cdot cm^{-1} = 10^3\ mS \cdot cm^{-1} = 10^6\ \mu S \cdot cm^{-1}$,电导率与离子浓度、迁移率、价态和温度等有关,因此可以作为水中电解质含量或溶解度的参考指标,也是评价水质的指标之一。

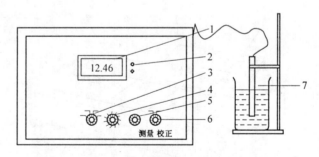

图 1.57 DDS-11A 型电导率仪
1—显示屏;2—指示灯;3—量程开关;4—温度补偿旋钮;
5—常数补偿旋钮;6—功能选择开关

用DJS-1型光亮电导电极测量蒸馏水的电导率,其他试液用DJS-1型铂黑电极测量。每测一种试样都要用蒸馏水冲洗电极并用吸水纸吸干水再用。

DDS-11A电导率仪的使用方法如下。

(1)打开电源开关,预热。

(2)温度补偿钮置25℃刻度值。将仪器测量开关置"校正"挡,调节常数校正钮,使仪器显示电导池实际常数(系数)值。如当 $J_实 = J_0$ 时,仪器显示 1.000;$J_实 = 0.950 J_0$ 时,仪器显示 0.950(新电极出厂时,其 $J_实$ 一般在电极相应位置上)。

(3)将测量开关置"测量"挡,选用适当的量程,将清洁电极插入被测液中,仪器显示该被测液在溶液温度下的电导率。

(4)测量完毕,将铂黑电极用蒸馏水荡洗数次,并将其浸入蒸馏水中。

测定电导率时应使试样在 25℃ 的恒温环境下进行,如果没有恒温设备,应将测定结果换算成 25℃ 时的数值,其换算公式为

$$25℃ 时的电导率 = 测定温度下试液的电导率 \times 温度校正值 f_t$$

电导率的温度校正值见表 1.6。

表 1.6 电导率的温度校正值

温度/℃	校正值	温度/℃	校正值	温度/℃	校正值	温度/℃	校正值
3.0	1.709	20.0	1.112	25.0	1.000	30.0	0.907
4.0	1.666	20.2	1.107	25.2	0.996	30.2	0.904
5.0	1.613	20.4	1.102	25.4	0.992	30.4	0.901
6.0	1.569	20.6	1.097	25.6	0.988	30.6	0.897
7.0	1.528	20.8	1.092	25.8	0.983	30.8	0.894
8.0	1.488	21.0	1.087	26.0	0.979	31.0	0.890
9.0	1.448	21.2	1.082	26.2	0.975	31.2	0.887
10.0	1.411	21.4	1.078	26.4	0.971	31.4	0.884
11.0	1.375	21.6	1.073	26.6	0.967	31.6	0.880
12.0	1.341	21.8	1.068	26.8	0.964	31.8	0.877
13.0	1.309	22.0	1.064	27.0	0.960	32.0	0.873
14.0	1.277	22.2	1.060	27.2	0.956	32.2	0.870
15.0	1.247	22.4	1.055	27.4	0.953	32.4	0.867
16.0	1.218	22.6	1.051	27.6	0.950	32.6	0.864
17.0	1.189	22.8	1.047	27.8	0.947	32.8	0.861
18.0	1.163	23.0	1.043	28.0	0.943	33.0	0.858
18.2	1.157	23.2	1.038	28.2	0.940	34.0	0.843
18.4	1.152	23.4	1.034	28.4	0.936	35.0	0.829
18.6	1.147	23.6	1.029	28.6	0.932	36.0	0.815
18.8	1.142	23.8	1.025	28.8	0.929	37.0	0.801
19.0	1.136	24.0	1.020	29.0	0.925	38.0	0.788
19.2	1.131	24.2	1.016	29.2	0.921	39.0	0.775
19.4	1.127	24.4	1.012	29.4	0.918	40.0	0.763
19.6	1.122	24.6	1.008	29.6	0.914	41.0	0.750
19.8	1.117	24.8	1.004	29.8	0.911		

1.3.5 精密电位差计

如图 1.58 所示,SDC 型数字电位差综合测定仪测量范围为 $-5 \sim +5$ V;分辨率为 10 μV(六位显示);精度为 0.05% F.S;使用条件为温度:$-20 \sim 50$℃,相对湿度 <85% RH,

电源:220 V,50 Hz。

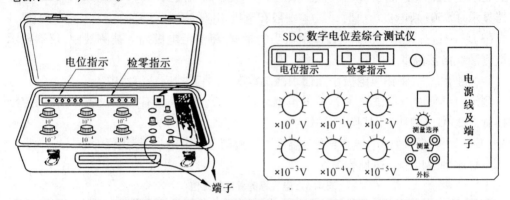

图1.58　SDC数字电位差综合测试仪

SDC型数字电位差综合测定仪使用方法如下。

(1)将被测电动势按正负极性与测量端子对应连接好。

(2)接好电源预热5 min。

(3)不外接标准电池,用内标时,将"测量选择"置于"内标"位置,将10^0位旋钮置1,其余旋钮和补偿旋钮逆时针旋到底,此时"电位指示"窗口显示"1.00000" V,待"检零指示"稳定后,按下"采零"键,此时检零指示应显示"0000"。

注意:若上述电位不为"1.00000" V,可将$10^0 \sim 10^{-4}$五个旋钮和补偿电位器一起配合调节使指示为"1.00000" V。

(4)采用"外标"时,将外标准电池正负极与"外标"端子接好,测量选择置于"外标",调节$10^0 \sim 10^{-4}$五个旋钮和补偿电位器,使电位指示数值与外标电池值相同。待"检零指示"数值稳定后,按下"采零"键,此时检零指示应显"0000"。

(5)用"内标"或"外标"校验后,将待测电池按正负极与测量端子连接好,将测量旋钮置于"测量",补偿旋钮逆时针旋到底。调节$10^0 \sim 10^{-4}$五个旋钮,使"检零指示"数值为负,且绝对值最小,再调节补偿电位器,使"检零指示"数值为零,此时电位指示即待测电动势大小。

注:测量过程中"电位显示"值与被测电动势相差过大,检零指示将显示"OU.L"溢出信号。

1.3.6　数显恒温槽装置

SYC-15超级恒温水浴槽与SWQ智能数字恒温控制器配套使用,使用温度范围为室温至95 ℃,稳定后温度波动范围0.02~0.5 ℃,结构如图1.59所示。

SYC-15超级恒温水浴槽使用方法如下。

(1)向水浴槽内注入清水,其体积约为水浴槽容积的3/4,将SWQ智能数字恒温控制器的传感器插入水中。

(2)根据所需温度和加热速率选择水浴前的面板"开"、"关",搅拌"快"、"慢"、"强"、"弱"等开关,在智能数字恒温控制器上设置所需的温度和回差要求。

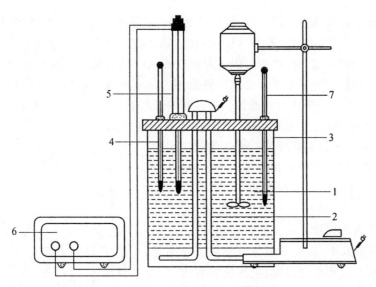

图 1.59 超级恒温水浴槽

1—浴槽;2—加热器;3—搅拌器;4—温度计;5—感温元件;6—继电器;7—贝克曼温度计

(3)开始加热时,将加热器置于"强"的位置,当温度接近所设定温度前,将加热器置于"弱"的位置,以减缓升温速度,使温度上升平缓,以达理想的控温效果。

1.3.7 阿贝折光仪

一般地说,光在两个不同介质中的传播速度是不相同的,所以光线从一个介质进入另一介质,当它的传播方向与两个介质的界面不垂直时,则在界面处的传播方向发生改变,这种现象称为光的折射现象。根据折射定律,波长一定的单色光线,在确定的外界条件(如温度、压力等)下,从一个介质 A 进入另一介质 B 时,入射角 α 和折射角 β(图 1.60)的正弦之比和这两种介质的折射率 N(介质 A)与 n(介质 B 的)成反比,即

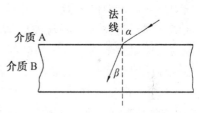

图 1.60 光通过界面时的折射

$$\frac{\sin \alpha}{\sin \beta} = \frac{V_A}{V_B} = n_{A,B}$$

若介质 A 是真空,则定其 $N=1$,n 为介质的绝对折光率,则

$$n = \frac{\sin \alpha}{\sin \beta}$$

所以一个介质的折光率就是光线从真空进入这个介质时的入射角与折射角正弦之比。

阿贝(Abbe)折光仪可直接测定液体的折光率,定量地分析溶液的组成,鉴定液体的纯度。同时,物质的摩尔折射度、摩尔质量、密度、极性分子的偶极矩等也都可与折光率相关连,因此它也是物质结构研究工作的重要工具。折光率的测量,所需样品量少,测量精密度高,重现性好,所以阿贝折光仪是教学和科研工作中常见的光学仪器。近年来,由于

电子技术和电子计算机技术的发展,该仪器品种也在不断更新。折光率常用于确定液体混合物的组成。在蒸馏两种或两种以上的液体混合物且当各组分的沸点彼此接近时,就可利用折光率来确定馏分的组成。因为当组分的结构相似和极性相近时,混合物的折光率和物质的量组成之间常呈线性关系。例如,由 1 mol 四氯化碳和 1 mol 甲苯组成的混合物,n_D^{20} 为 1.482 2,而纯甲苯和纯四氯化碳在同一温度下 n_D^{20} 分别为 1.494 4 和 1.465 1。所以,要分馏此混合物时,就可利用这一线性关系求得馏分的组成。

图 1.61 是一种典型的阿贝折光仪的结构示意图。其中心部件是由两块直角棱镜组成的棱镜组,下面一块是可以启闭的辅助棱镜,其斜面是磨砂的,液体试样夹在辅助棱镜与测量棱镜之间,展开成一薄层。光由光源经反射镜反射至辅助棱镜,磨砂的斜面发生漫反射,因此从液体试样层进入测量棱镜的光线各个方向都有,从测量棱镜的直角边上方可观察到临界折射现象。转动棱镜组转轴的手柄,调节棱镜组的角度,使临界线正好落在测量望远镜视野的 X 型准丝交点上。从读数放大镜中读出刻度盘上液体折光率数字。

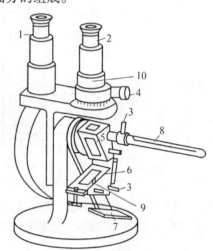

图 1.61 阿贝折光仪
1—目镜;2—读数放大镜;3—恒温水接头;4—消色补偿器;5—测量棱镜;6—辅助棱镜;7—平面反射镜;8—温度计;9—加样品孔;10—校正螺丝

阿贝折光仪使用方法如下。

(1)仪器的安装。将折光仪置于靠窗的桌子或白炽灯前。但勿使仪器置于直照的日光中,以避免液体试样迅速蒸发。用橡皮管将测量棱镜和辅助棱镜上保温夹套的进水口与超级恒温槽串联起来,恒温温度以折光仪上的温度计读数为准。

(2)加样。松开锁钮,开启辅助棱镜,使其磨砂的斜面处于水平位置,用滴定管加少量丙酮清洗镜面,促使难挥发的有机污物逸走,用滴定管时注意勿使管尖碰撞镜面。必要时可用擦镜纸轻轻吸干镜面,但切勿用滤纸。待镜面干燥后,滴加数滴试样于辅助棱镜的毛镜面上,闭合辅助棱镜,旋紧锁钮。若试样易挥发,则可在两棱镜接近闭合时从加液小槽中加入,然后闭合两棱镜,锁紧锁钮。

(3)对光。转动手柄,使刻度盘标尺上的示值为最小,调节反射镜,使入射光进入棱镜组,同时从测量望远镜中观察,使视场最亮。调节目镜,使目镜中出现明暗临界线。

(4)粗调。转动手柄,使刻度盘标尺上的示值逐渐增大,直至观察到视场中出现彩色光带或黑白临界线为止。

(5)消色散。转动消色散手柄,使视场内呈现一条清晰的明暗临界线。

(6)精调。转动手柄,使临界线正好处在 X 型准丝交点上,若此时又呈微色散,必须重调消色散手柄,使临界线明暗清晰。

(7)读数。为保护刻度盘的清洁,现在的折光仪一般都将刻度盘装在罩内,读数时先打开罩壳上方的小窗,使光线射入,然后从读数望远镜中读出标尺上相应的示值。由于眼睛在判断临界线是否处于准丝点交点上时容易疲劳,为减少偶然误差,应转动手柄,重复测定三次,三个读数相差不能大于0.0002,然后取其平均值。试样的成分对折光率的影响是极其灵敏的,由于试样中易挥发组分的蒸发,致使试样组分发生微小的改变,会导致读数不准,因此测一个试样应重复取三次样,测定这三个样品的数据,再取其平均值。

(8)测量完毕后,打开棱镜,并用擦镜纸拭净镜面。

1.3.8 气相色谱仪

1.气相色谱仪的主要结构

进行气相色谱法分析时,载气(一般用氮气或氢气)由高压钢瓶供给,经减压阀减压后,载气进入净化管干燥净化,然后由稳压阀控制载气的流量和压力,并由流量计显示载气进入柱之前的流量后,以稳定的压力进入气化室、色谱柱、检测器后放空。当气化室中注入样品时,样品立即被气化并被载气带入色谱柱进行分离。分离后的各组分,先后流出色谱柱进入检测器,检测器将其浓度信号转变成电信号,再经放大器放大后在记录器上显示出来,就得到了色谱的流出曲线。利用色谱流出曲线上的色谱峰就可以进行定性、定量分析,这就是气相色谱法分析的过程。

气相色谱仪的组成如图1.62所示,主要包括气路系统、进样系统、分离系统和检测系统等。

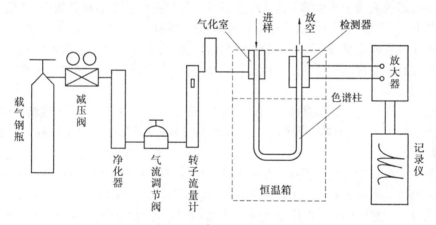

图1.62 气相色谱流程示意图

(1)气路系统。获得纯净、流速稳定的载气,包括压力计、流量计及气体净化装置。

载气要求:载气具有化学惰性,不与有关物质反应,载气的选择除了要求考虑对柱效的影响外,还要与分析对象和所用的检测器相配。

净化器:多为分子筛和活性碳管的串联,可除去水、氧气以及其他杂质。

压力表:多为两级压力指示,第一级,钢瓶压力(总是高于常压)指示;第二级,柱头压力指示。

流量计:在柱头前使用转子流量计,但不太准确。通常在柱后,以皂膜流量计测流速。许多现代仪器装置有电子流量计,并以计算机控制其流速保持不变。

(2)进样系统。常以微量注射器(穿过隔膜垫)或六通阀将液体或气体样品注入汽化室(汽化室温度比样品中最易蒸发的物质的沸点高约50℃),通常六通阀进样的重现性好于注射器。

进样要求:进样量或体积适宜;在最短时间内,以"塞子"形式打入一定量的试样,通常都用注射器打针法进样。液体样品一般用 1 μL,5 μL,10 μL 和 50 μL 微量注射器进样,气体样品常用医用 0.25 mL,1 mL,3 mL,5 mL,10 mL 注射器进样,体积过大或进样过慢,将导致分离变差(拖尾)。

(3)柱分离系统。柱分离系统是色谱分析的心脏部分,分离柱包括填充柱和开管柱(或称毛细管柱)。柱材料包括金属、玻璃、融熔石英等。

填充柱:多为 U 形或螺旋形,内径 2~4 mm,长 1~3 m,内填固定相。

开管柱:分为涂壁、多孔层和涂载体开管柱。内径 0.1~0.5 mm,长达几十至 100 m。通常弯成直径 10~30 cm 的螺旋状。开管柱因渗透性好、传质快,因而分离效率高、分析速度快、样品用量小。

过去主要使用填充柱,现在除了特定的分析之外,填充柱被更高效、更快速的开管柱所取代。

柱温:影响分离的最重要的因素,选择柱温主要考虑样品中待测物沸点和对分离的要求。柱温通常等于或略高于样品的平均沸点,对宽沸程的样品应使用程序升温方法。

(4)检测系统。它的功能是把从色谱柱内随载气流出的各组分浓度或量的变化,以不同的方式转换成易于测量的电压或电流信号。气相色谱检测器种类繁多,这里主要介绍电子捕获、热导池、氢火焰、火焰光度和氮磷五种检测器。

①电子捕获检测器(ECD)。ECD 主要对含有卤素,O,S,N,P 等较大电负性原子或基团的有机化合物有很高的灵敏度,特别适合于环境样品中卤代农药和多氯联苯等微量污染物的分析。

原理及工作过程:从色谱柱流出的载气(N_2 或 Ar)被 ECD 内腔中的 β 放射源电离,形成次级离子和电子(此时 β 电子减速),在电场作用下,离子和电子发生迁移而形成电流(基流)。

当含较大电负性有机物被载气带入 ECD 内时,将捕获已形成的低速自由电子,生成负离子并与载气正离子复合成中性分子,此时基流下降形成"倒峰"。

②热导检测器(TCD)。TCD 是一种应用较早的通用型检测器,又称导热析气计,现仍广泛应用。

原理:由于不同气态物质所具有的热传导系数不同,当它们到达处于恒温下的热敏元件(如 Pt,Au,W,半导体)时,其电阻发生变化,将引起的电阻变化通过某种方式转化为可以记录的电压信号,从而实现其检测功能。

③氢火焰离子化检测器(FID)。FID 是以氢气在空气中燃烧的火焰为能源,当有机物进入火焰时发生离解,生成碳正离子。在电场作用下,离子定向运动形成离子流,通过测定离子强度而进行定性和定量。氢火焰离子化检测器只对含碳有机化合物产生信号,所以主要用于有机物的分析。它具有灵敏度高、线性范围广、响应快、结构简单等优点。

④火焰光度检测器(FPD)。FPD 是对含 S、P 化合物具有高选择性和高灵敏度的检测器,因此也称硫磷检测器。主要用于 SO_2、H_2S、石油精馏物的含硫量、有机硫、有机磷的农药残留物分析等,在环境保护检测中应用广泛。

FPD 结构为喷嘴+滤光片+光电管,实际上是一个简单的发射光谱仪。含硫磷化合物在 H_2-Air 焰中燃烧时(温度可达 2 000 ~ 3 000 K),硫和磷化合物分别发出 350 ~ 430 nm 和 526 nm 的特征光,分别用适当波长的滤光片(硫用 394 nm 滤光片,磷用 526 nm 滤光片)就能很好分开,然后经光电倍增管把光强度变为电信号而进行测量。

⑤氮磷检测器(NPD)。氮磷检测器也称为热离子检测器,其结构与 FID 类似,只是在 H_2-Air 焰中燃烧的低温热气再被一硅酸铷电热头加热至 600 ~ 800℃,从而使含有 N 或 P 的化合物产生更多的离子。

2. 气相色谱的定性与定量方法

(1)定性方法

①利用保留时间或保留体积定性。这种方法简单方便,测定时只要在相同的操作条件下,分别测出色谱图中已知纯物质和被测物质的保留时间(t_R)或保留体积(V_R)。在色谱图中,如果被测物质中某一组分与已知纯物质的 t_R 或 V_R 一样,在确认无干扰的情况下,可以判断该组分就是与已知纯物质相同的物质。

②利用相对保留值定性。由于保留时间或体积不但与固定相性质有关,而且还与柱长、柱温、流动相线速等操作条件有关,必须严格控制操作条件。如果采用被测物质与另一基准物质的相对保留值来定性,则会消除某些操作条件的影响,使用也较方便。因为用相对保留值定性时,只需控制柱温而与其他操作条件无关,但需要选择一个合适的基准物质,它的保留值在各待测组分的保留值之间。常用苯、正丁烷、对二甲苯、甲乙酮、环己酮、环己烷等。

③加入已知物增加峰高法定性。如果样品较复杂,组分的色谱峰很接近,或操作条件不易控制稳定,要准确定出保留值有一定困难,这时最好用峰高增加法定性。

具体作法:将已知纯物质直接加入被测样品中,一起进行色谱分析,然后比较已知纯物质加入前后,同一色谱峰的高低。如果某色谱峰相对增高,且半峰宽并不相应增加,则表示被测样品中可能含有该已知纯物质的成分。

④与其他仪器配合定性。利用相对保留值和峰高增加法定性,是最常用、最方便的定性方法。但有时,几种物质在同一根色谱柱上有相同的保留值,这时就要用双柱、多柱或改变柱温等方法定性。对复杂样品,则要和化学反应或其他仪器配合定性。在联用技术中应用最广泛的是气相色谱和质谱(即 GC/MS)的联用。GC/MS 联用技术,即充分利用了色谱的高效分离能力,又利用了质谱的准确给出被测组分摩尔质量等特点,使该法成为鉴定复杂多组分混合物的非常有力的工具。

(2)定量方法。GC 分析是根据检测器对待测物的响应(峰高或峰面积)与待测物的量成正比的原理进行定量的。因此必须准确测定峰高 h 或峰面积 A。

对称峰:峰高 h 与半峰宽的积,$A = 1.065 \times h \times W_{1/2}$

不对称峰:峰高与平均峰宽的积,$A = 1/2 \times h \times (W_{0.15} + W_{0.85})$

①归一化法。要求试样中所有 n 个组分全部流出色谱柱,并全部出峰!则其中组分 i 的含量为

$$P_i = \frac{f_i A_i}{f_1 A_1 + f_2 A_2 + \cdots + f_n A_n} \times 100\%$$

式中,P_i 为 i 组分的质量分数;f_i 为 i 组分的相对定量校正因子;A_i 为其峰面积,mm。

此法简单、准确,操作条件影响小,但应用不多。因为一般不知道试样有多少组分,应该出多少峰才叫全部出峰。

② 标准曲线法或外标法。这是一种常用的较准确的定量方法,在一定操作条件下,将一系列不同浓度的标准溶液,以一定体积分别进样,并从色谱图上测出峰高(h)或峰面积(A),以标准溶液的浓度或含量为横坐标,以峰高(h)或峰面积(A)为纵坐标,绘制标准曲线。然后以同样体积进被测分析水样,同样测出峰高(h)或峰面积(A),在标准曲线上查出被测组分的浓度或含量。该法不需校正因子,但进样量和操作条件必须严格控制。外标法适于日常分析和大批量同类样品分析。

③ 内标法。选择一内标物,以固定的浓度分别加入一系列被测组分的纯物质配成的标准溶液中,分别测定 A_i 和 A_s,以 A_i/A_s 为纵坐标,以标准溶液的浓度或含量为横坐标绘制的标准曲线为内标标准曲线。然后以相同浓度的同一内标物质加入被测样品溶液中,测出 $A_{样}/A_s$,在内标标准曲线上查出被测组分的浓度或含量。

对内标物的要求:样品中不含内标物,无反应,与各待测物保留时间和浓度相差不大。

1.4 实验数据处理方法

1.4.1 有效数字

有效数字是能够测量到的数字,代表着一定的物理意义。有效数字不仅表示数值的大小,而且反映了测量仪器的精密程度及数据的可靠程度。

1. 确定有效数字位数的规则

(1) 非零数字都是有效数字。

(2) "0"既可是有效数字,也可不是有效数字。在其他数字之间或之后的"0"为有效数字;在第一个非零数字之前起定位作用的"0"不是有效数字。例如

1.000 8	4.318 1	5 位
0.100 0	10.51%	4 位
0.038 2	1.96×10^{-10}	3 位
54	0.004 0	2 位
0.05	2×10^5	1 位

2. 有效数字的运算规则

(1) 计算中应先修约后计算。

(2) 几个有效数字相加或相减时,和或差的有效数字位数应以各数中小数点后位数最少(绝对误差最大)的为准。例如

$$0.123\ 5+15.34+2.455+11.375\ 89=0.12+15.34+2.46+11.38=29.30$$

(3)乘除运算中几个有效数字相乘除时,积或商的有效数字位数应以各数中有效数字位数最少(相对误差最大)的为准。例如

$$\frac{0.032\ 5\times5.103\times60.06}{139.8}=\frac{0.032\ 5\times5.10\times60.1}{140}=0.071\ 2$$

1.4.2 实验数据记录

记录实验数据时,应根据使用仪器的精度(表1.7),只保留一位不准确数字。如用万分之一的分析天平称量时,以g为单位,小数点后应保留4位数字。用酸碱滴定管测量溶液的体积,以mL为单位时,小数点后应保留2位。

表1.7 常用仪器的精度及记录要求

仪器名称	仪器精度	记录示例	有效数字
台秤	0.1 g	11.3 g	3位
电光天平	0.000 1 g	1.236 7 g	5位
10 mL 量筒	0.1 mL	7.6 mL	2位
100 mL 量筒	1 mL	45 mL	2位
移液管	0.01 mL	25.00 mL	4位
滴定管	0.01 mL	24.57 mL	4位
容量瓶	0.01 mL	100.00 mL	5位

实验记录是评价学生实验操作的依据,不能随意涂改,若确实有误时,应报告教师并经教师批准后方可改动实验记录。修改实验记录时,不能在原来的记录上修改,而应该重新书写(在原记录上画一横线以示作废)。

记录实验数据时不仅要求字迹工整,而且内容应简单明了,便于教师检查实验数据的好坏。如差减法称量某样品的质量时,可按下列形式记录。

     称量瓶质量   样品质量

$W_1=30\ \text{g}+240\ \text{mg}+3.5\ \text{mg}=30.243\ 5\ \text{g}$

$W_2=29\ \text{g}+700\ \text{mg}+2.4\ \text{mg}=29.702\ 4\ \text{g}$ $W_1-W_2=0.541\ 1\ \text{g}$

$W_3=29\ \text{g}+200\ \text{mg}+5.0\ \text{mg}=29.205\ 0\ \text{g}$ $W_2-W_3=0.497\ 4\ \text{g}$

$W_4=28\ \text{g}+680\ \text{mg}+8.9\ \text{mg}=28.688\ 9\ \text{g}$ $W_3-W_4=0.516\ 1\ \text{g}$

滴定分析时,消耗标准溶液的体积可按下列形式记录

测定次数	1	2	3	4
初读数/mL	0.02	0.12	0.15	0.05
终读数/mL	25.45	25.56	25.58	25.45
消耗体积/mL	25.43	25.44	25.43	25.40

1.4.3 实验数据处理

在化学实验中,尤其是测定实验中,经常需要对大量实验数据进行处理和计算,为了明确、直观地表达这些数据的内在关系,常将实验结果用列表法、作图法及线性回归法来表示。

1. 列表法

用列表法处理实验数据时,应注意以下几点。

(1)表格名称。每一表格均应用简练的文字给予适当的名称。

(2)行名与量纲。在对应数据的行或列上写出变量的名称与量纲。

(3)各列数据的小数点应对齐。

表格法的优点是简单,但它不能表示出数据间连续变化的规律和实验数值范围内任意自变量与因变量的对应关系,故列表法常用于组织数据,并与作图法及代数法混合应用。

2. 作图法

将实验数据用几何图形表示出来的方法称为作图法。作图法能简明地揭示各变量之间的关系,例如数据中的极大值、极小值、转折点、周期性等都很容易从图象上找出来。有时进一步分析图象还能得到变量间的函数关系。用作图法处理数据时,应注意以下要点。

(1)坐标标度的选择。最常用的坐标纸是直角毫米坐标纸,习惯上以横坐标表示自变量,纵坐标表示因变量。坐标轴比例尺的选择一般应遵循下列原则:

能表示出全部有效数字,从图中读出的物理量的有效数字应与测量的有效数字一致;图纸中每一小格所对应的数值要方便易读,即每单位坐标格最好是1、2或5的倍数,而不要采用3、7的倍数;在不违反上述两条件的前提下,坐标纸的大小必须能包括所有必需的数据且略有宽余。若无特殊需要就不一定把变量的零点作为原点,可以从稍低于最小测量值的整数开始。这样可以充分利用图纸,而且有利于保证图的准确度。

坐标标度选定后,在纵横坐标轴旁应注明轴变量的名称及单位,并在纵轴左面和横轴下面、图纸逢5或逢10的粗线上标注该变量对应的值,以便作图和读数。

(2)点和线的描绘。

①点的描绘。代表某一读数的点可用○●△▲▽▼◇◆□■等不同的符号表示,符号的重心对应着该数据的纵横坐标,整个符号的大小应与图的大小相适应。在曲线的极大、极小或转折处应多取一些点,以保证曲线所表示规律的可靠性。

②点的连接。在定量分析中,自变量和因变量有确定的线性关系,将各点连接起来时,连接线要尽量平滑,不一定必须通过每一个点,但要照顾到各点。在一般的性质测定时,连接线一般要尽量通过每一个点。

如果发现个别点远离曲线,又不能判断被测物理量在此区域会发生什么突变,就要充分分析一下是否有过失误差存在,如果确属这一情况,描线时可不考虑此点。但是,如果重复实验仍有同样情况,就应在这一区间重复进行仔细的测量,搞清在此区域内是否存在某些必然的规律,并严格按照上述原则描线。总之,切不可毫无理由地舍弃远离曲线的点。

若在同一图上绘制多条曲线时,每条曲线的代表点和对应曲线要用不同的符号来表示,并应在图上说明。

(3)图名和说明。曲线作好后应在图上标注图名、注坐标轴代表的物理量和比例尺以及主要测量条件(温度、压力、浓度、时间等)。

3.用计算机软件绘制工作曲线

用计算机软件(如常用的 Excel 和 Origin 软件)进行实验数据的处理、画图,已经是一门比较成熟的技术,其快速、准确的特点是其他方法所不具备的,如今已广泛地应用在科研、教学中。在仪器分析中,经常用工作曲线法测定被测组分的含量,工作曲线的好坏直接影响着测量结果的准确度,因此,正确地绘制工作曲线是保证测量结果准确的重要步骤之一。如用分光光度法测定铁质量浓度时,在绘制工作曲线时,首先按与试样测定相同的实验方法配制一系列浓度由低到高的标准溶液,然后测定系列标准溶液的吸光度,数据见表 1.8。

表 1.8 吸光度 A 与 Fe^{2+} 质量浓度之间的关系

Fe^{2+} 的质量浓度/(mg·L^{-1})	0.00	0.40	0.80	1.20	1.60	2.00
吸光度 A	0.00	0.081	0.162	0.236	0.314	0.392

(1)使用 Excel 软件画图。Excel 是 Microsoft Office 的套件之一,用于表格处理、画图、数据分析。在 Excel 中能方便地将表格中的数据转化为图。

以吸光度为纵坐标,溶液的质量浓度为横坐标,作出吸光度-质量浓度曲线,即得工作曲线,如图 1.63 所示。若同时测出试样的吸光度,就可从工作曲线求出其浓度。

横坐标既可以为比色管内溶液的物质的质量浓度(mg·L^{-1}),也可以为比色管内量取标准溶液的体积(mL)。若横坐标为比色

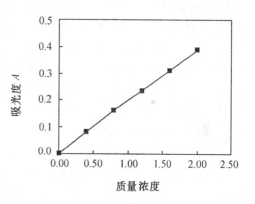

图 1.63 吸光度 A 与 Fe^{2+} 质量浓度之间的关系

管内溶液的质量浓度,则由样品溶液的吸光度在工作曲线上查出的对应于横坐标的数值为被测组分在比色管内的物质的质量浓度;若横坐标为比色管内量取标准溶液的体积,则由样品溶液的吸光度在工作曲线上查出的对应于横坐标的数值为被测组分相当于标准溶液的体积;若横坐标为比色管内量取标准溶液的质量,则由样品溶液的吸光度在工作曲线上查出的对应于横坐标的数值为被测组分在比色管内的质量。

其处理过程如下。

①启动 Excel 后,出现自动创建一个新的工作簿文件,取名为 Book1。

②将实验数据按"列"输入,Fe^{2+} 的质量浓度输入 A 列,吸光度输入 B 列。

③点"插入"菜单,选择"图表",出现"图表类型"对话框,选择"图表类型"中的"XY 散点图",点"下一步"。

④出现"图表源数据"对话框,在"数据区域"中填上"A:B",并在"系列产生"框中选"列",点"下一步"。

⑤出现"图表选项"对话框,在"图表标题"中填入"吸光度 A 与 Fe^{2+} 质量浓度之间的关系";在"数轴(X)轴"中填入"质量浓度";在"数轴(Y)轴"中填入"吸光度 A",点"完成"即得到图。

⑥将鼠标移至图中任一点,单击右键,可以对"网格线"、"图案颜色"等进行修改。

⑦将鼠标移至图中任一数据点,单击右键选中此列数据点,并在出现的对话框中选择"添加趋势曲线",然后在"类型"页中选"线性(L)",在"选项"页中的"显示公式"和"显示 R 平方值"前打"√",按"确定"键,可得到回归方程 $A=0.195\,2c+0.002\,3, R^2=0.999\,8$。

(2)使用 Origin 软件画图。Origin 是在 Windows 平台下用于数据分析和工程绘图的软件,它功能强大,应用很广,最基本的功能是曲线拟合。现以对表中实验数据的处理为例,介绍 Origin 6.0 软件曲线的拟合过程(图1.64)。

①启动 Origin 后,出现"Data1"。

②将数据按"列"输入,Fe^{2+} 的含量输入 $A(X)$ 列,吸光度 A 输入 $B(Y)$ 列。

③将光标移至 $B(Y)$ 列,单击右键,选择"Plot",再选择"Scantter",即得到图形文件 Graph1。

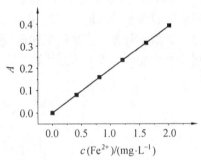

图1.64 吸光度 A 与 Fe^{2+} 质量浓度之间的关系

④点击"Tools"菜单,选择"Linear Fit",出现"Linear Fit"对话框,点击"Fit",在 Graph1 中就显示出得到拟合曲线 Results Log 窗口出现拟合后的有关参数,所得到的回归系数 $A=0.002\,29, B=0.195\,21$,相关系数 $R=0.999\,91$。

⑤双击图中"x Axis Title"处,出现"Text control",输入"$c(Fe^{2+})/(mg \cdot L^{-1})$",点击"OK";双击图中"$y$ Axis Title",输入"A",点击"OK"。

⑥双击 Y 轴坐标,出现"y Axis Title"对话框,可以对坐标刻度、数字大小进行修改。

用 Origin 软件同样也可以画出曲线,方法类似于直线的绘制。

第2部分 实验内容

2.1 无机及普通化学实验

实验1 天平的构造及使用

一、实验目的

(1)了解称量仪器的基本原理和构造,学习各种天平的使用方法;
(2)熟练掌握直接称量法和减量法称量试样。

二、天平的构造和原理

天平是进行化学实验不可缺少的重要的称量仪器。称量过程中,由于对称量准确度的要求不同,需要使用不同的天平进行称量。常用的天平有托盘天平、电光天平等。它们都依据杠杆原理设计而成,而20世纪90年代开始使用的电子天平则精确地用电磁力平衡样品的重力,从而测定样品的精确质量,以其称量准确、方便、易操作等优点,逐渐得到广泛应用。

1. 电光分析天平的使用常识

分析天平一般指能准确称量到 0.001 g(即 1 mg)的天平,可读数至 0.000 1 g,所以又称万分之一天平。电光分析天平是其中的一类,有半自动机械加码天平(图 1.8)和全自动机械加码天平(图 1.12)两种。使用电光分析天平应注意:

(1)在天平实验室,禁止大声喧哗,应放轻脚步,保持安静。天平要做到"三防":防风、防潮、防强光照射。防止外界如水汽、空气流动等对称量产生影响,以及保护天平不受腐蚀。

(2)电光分析天平有三个玻璃门,左右两侧用于称量时取放物品及砝码,中间玻璃门供安装、维修使用,一般不打开。称量时,一定要保证三个门关好,以避免水汽及空气的流动对称量产生影响。

(3)砝码装在专用的砝码盒中,圈码是通过机械加码装置加减的。半自动天平 1 g 以上的砝码自砝码盒中用镊子夹取,10~990 mg 的砝码通过转动指数盘将圈码自动加减。全自动天平直接通过转动指数盘加减环码。砝码的规格是"1,2,2,5",即 1 g,2 g,2 g,5 g,10 g,20 g,20 g,50 g,一共 110 g。

(4)每个分析天平配一个干燥器,里面放置要称量的对象;还配一个台秤,用于粗称样品。

(5)半自动天平左边托盘放待称物品,右边托盘放砝码。全自动天平因为环码已经固定于左侧,所以待称物品放于右侧托盘中。

(6)每位学生按编号找到自己的天平,称量时应正对天平,不得移动天平。

2. 称量步骤

(1)检查。称量之前要先检查天平是否处于水平,指数盘是否均处于零位,圈码是否齐全、有无跳落,托盘上是否空着,还应用毛刷把托盘清扫干净。

(2)调零。接通电源,轻轻开启升降枢(完全打开),此时灯泡亮,在光屏上可看到标尺在移动。当标尺停止移动,光屏上的刻线应和标尺零位相重合。若不重合,可移动调零螺杆,进行调整;若偏离较远,可利用横梁上的平衡螺母进行调整(一般应由指导老师调整,学生请勿自己动手)。

(3)称量。先将待称物品放在托盘天平上粗称其质量,然后放在分析天平的托盘中央,加上相应的砝码或圈码,慢慢打开升降枢,观察指针的偏移方向。若指针移向左侧,则表示左侧较轻,右侧较重。然后关闭升降枢,增加砝码(全自动天平)或减少砝码(半自动天平)。当增减1 g砝码仍不能使天平平衡读数时,可转动指数盘增减环码。如此反复试称,直至天平接近平衡,完全打开升降枢,关好天平门,待天平停止摆动时,即可读取数据。

称量的方法分为直接法和减量法。减量法是分析实验中应用最普遍的一种方法。特别是做几个平行测定需称取多份样品时,应用更为方便。减量法适用于称取易吸湿、易氧化、易与二氧化碳反应的物质,其操作方法是用干净纸带套住装试样的称量瓶,手持纸带两头,如图2.1(a)所示。将称量瓶放在天平盘中央,拿去纸带,称量质量。称量完毕后,在砝码端先减去需称量质量范围的上限(如需称量0.4~0.5 g范围内的样品,可先减去0.4 g的砝码),再用纸带套住称量瓶取出,放在接受试样的容器上方,用一干净纸片包着称量瓶盖上的把柄。打开瓶盖,将称量瓶倾斜(瓶底略高于瓶口),用瓶盖轻轻敲动瓶口上方,使试样落到容器中,如图2.1(b)所示。注意不要让试样洒落到容器外。当试样量接近要求时,边敲动瓶口上沿边将称量瓶缓慢竖起,使粘在瓶口的试样落入称量瓶或容器中,盖好瓶盖,放回称量盘中,判断倒出的样品是否超过称量范围的上限(0.4 g),若没有,继续倾倒,至超过称量范围的上限(0.4 g)后,完全打开天平,称出最后质量,两次质量之差即为取出试样的质量。

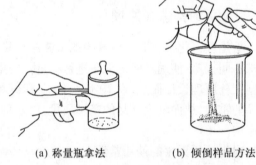

(a) 称量瓶拿法　　(b) 倾倒样品方法

图2.1　称量瓶拿法及倾倒样品方法

(4)读数

待称物质量(g)= 砝码质量+指数盘读数+标尺读数×10^{-3}

光屏上的刻线与标尺重合处即为标尺读数。标尺上最小分度为0.1 mg,要注意标尺上的刻度有正有负。

称量完毕后,在实验报告上记下物品质量,取出物品,将砝码放回盒中,指数盘转到零位,关好天平门,罩好天平,拔掉电源。

3. 电子天平使用方法

电子天平是最新发展起来的一类天平,它称量快捷,使用方法简便,是目前最好的称量仪器之一。其特点是性能稳定,操作简便,称量速度快,灵敏度高,能进行自动校正、去皮及质量电信号输出。其具体使用方法如下。

(1)水平调节。水泡应位于水平仪中心。

(2)接通电源,置开关于 ON,使显示器亮,并显示称量模式 0.0000 g。

(3)称量按 TAR 键,显示为零后,将称量物放入盘中央,待读数稳定后,该数字即为所称物体的质量。

(4)去皮称量。按 TAR 键清零,将空容器放在盘中央,按 TAR 键显示零,即去皮。将称量物放入空容器中,待读数稳定后,此时天平所示读数即为所称物体的质量。

三、仪器与试剂

1. 仪器

TG-328A 型全机械加码电光分析天平,干燥器,托盘天平,称量瓶,50 mL 小烧杯。

2. 试剂

无水碳酸钠,镁条,牛角勺。

四、实验内容

1. 直接法

直接法用于所称物品在空气中性质比较稳定、洁净、干燥、不易潮解和升华,并无腐蚀性。方法步骤:天平零点调好以后,关闭天平,把被称物用一干净的纸条套住,放在天平左盘中央。调整砝码使天平平衡,所得读数即为被称物的质量。本实验是练习用直接称量法称取镁条质量。

2. 减量法

适于称取多份易吸水、易氧化或易于和 CO_2 反应的物质。方法步骤如下。

(1)用小纸条夹住已干燥好的装有试样的称量瓶,用台秤粗称其质量。

(2)将称量瓶放到天平左盘中央,在右盘上加适量的砝码或环码使之平衡,称出称量瓶及试样的准确质量(精确到 0.1 mg),记下读数,设此时质量为 $m_1(g)$。

(3)关闭天平,将右盘砝码或环码减去需称量的最小值。将瓶身慢慢向下倾斜,并用瓶盖轻轻敲击瓶口,使试样慢慢落入容器内(不要把试样撒在容器外)。

(4)准确称取称量瓶及剩余试样质量,设此时质量为 $m_2(g)$,则倒入接受器中的质量为 $(m_1-m_2)(g)$。重复以上操作,可称取多份试样。

本实验是练习用减量法称取 0.2~0.25 g 无水碳酸钠两份。用电光分析天平称取无水碳酸钠,试样取在小烧杯中,并用电子天平校验,数据记录在表 2.1 中。

表 2.1 减量法称取无水碳酸钠数据记录表

名　　称	第一份质量	第二份质量
称量瓶和 Na_2CO_3 的质量/g		
取样后称量瓶和 Na_2CO_3 的质量/g		
称出 Na_2CO_3 的质量/g		
小烧杯净重/g		
取样后小烧杯和 Na_2CO_3 的质量/g		
烧杯中 Na_2CO_3 的质量/g		

五、注意事项

(1) 走进天平室,禁止大声喧哗,应放轻脚步,保持安静。
(2) 将台秤砝码与天平砝码分清,称量时要用镊子夹取砝码。
(3) 每次旋动指数盘和取放称量瓶,一定要关好升降旋钮,使天平梁托起。
(4) 天平读数时要关闭左、右窗,禁止打开前窗。
(5) 称量时须正对天平坐直,砝码和称量物应尽量放在秤盘正中央。
(6) 称量完毕后,将各部件恢复原状,关闭好升降旋钮,将天平罩好并在天平使用登记簿上登记。

六、思考题

(1) 称量结果应记录至几位有效数字？为什么？
(2) 使用天平时,为什么要强调轻开轻关天平旋钮？

实验 2　化学反应热效应的测定

一、实验目的

(1) 通过测定 NaOH-HCl 的中和热,了解测定反应热效应的一般原理和方法;
(2) 掌握温度计、移液管及秒表的使用方法。

二、实验原理

在化学反应过程中,体系吸收或放出的热量称为反应热。

酸碱中和反应放出热量。在一定温度、压力、浓度下,1 mol H^+(aq) 和 1 mol OH^-(aq) 起反应生成 1 mol H_2O(l),所放出的热量叫中和热。

$$H^+(aq) + OH^-(aq) = H_2O(l) \quad \Delta_r H_m^{\ominus}(298) = -55.95 \text{ kJ} \cdot \text{mol}^{-1}$$

式中,$\Delta_r H_m^{\ominus}(298)$ 为 298 K 时标准状态下的中和热。

测量中和热的实验方法有很多,本实验采用自制简易量热计进行测量。

使用量热计测量化学反应热效应,首先要知道量热计的热容,因为在量热计中进行化学反应所产生的热量,除了使溶液温度升高,同时也使量热计的温度升高。因此反应产生的总热量为

$$Q = (C_p + C'_p)\Delta T$$

式中,C_p 为量热计的热容;C'_p 为溶液的热容;ΔT 为反应前后温度的变化。

量热计热容的测定,本实验采用下面的方法。

在量热计中先注入一定量 $m(g)$ 的冷水(温度为 T_1),再注入相同量的热水(温度为 T_2),混合后,水温为 T_3,已知水的比热为 C,则

$$热水失热 = mC(T_2 - T_3)$$
$$冷水得热 = mC(T_3 - T_1)$$
$$量热计的热 = mC(T_2 - T_3) - mC(T_3 - T_1)$$

所以量热计的热容 C_p 为

$$C_p = \frac{mC(T_2 - T_3) - mC(T_3 - T_1)}{T_3 - T_1} = m\frac{C(T_2 + T_1 - 2T_3)}{T_3 - T_1}$$

在本实验中能否测得准确的温度值是实验成败的关键,为了获得较准确的温度变化 ΔT,必须对影响 ΔT 的因素进行校正。校正的方法是:在反应过程中,每隔 15 s 记录一次温度,然后以温度(T)对时间(t)做图,绘制 $T - t$ 曲线,如图 2.2 所示。将曲线 AB 和 CD 线段分别延长,再做垂线 EF,与曲线交与 G 点,且使 CEG 和 BFG 所围二块面积相等,此时 E 和 F 对应的 T 值之差即为校正后的温差 ΔT。

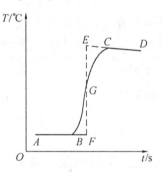

图 2.2 外推法绘制 $T - t$ 曲线

溶液的热容为

$$C'_p = dVc$$

式中,d 为溶液的密度;V 为溶液的体积;c 为溶液的比热容。

本实验中所用 HCl 溶液为 n mol,即反应生成 n mol 的 H_2O,则中和热可表示为

$$\Delta_r H_m^{\ominus} = -\frac{Q}{n} = -\frac{(C_p + C'_p)\Delta T}{n}$$

三、仪器与试剂

1. 仪器
热量计,量筒(50 mL),移液管(50 mL),烧杯(100 mL)。

2. 试剂
1.0 mol·L^{-1}(NaOH),1.00 mol·L^{-1}(HCl)。

四、实验内容

1. 测定量热计热容 C_p
用移液管移取 50.00 mL 自来水于干燥的量热计中,盖好塞子缓缓摇动,几分钟后观

察温度,若连续 3 min 温度无变化,可认为已处于热平衡状态,记下此时温度 T_1。

再用移液管移取 50.00 mL 热水于 100 mL 烧杯中,测量热水温度(必须用同一温度计)T_2,迅速将热水倒入量热计中,盖好盖子并摇动。在倒热水的同时开始计时,每 15 s 记录一次温度,当温度升到最高点后,再继续观测 2 min。

时间/s	
温度/℃	

以温度对时间作图求 T_3。

2. 测定 NaOH-HCl 的中和热

倒出量热计中的水,用滤纸擦干量热计。用移液管移取 50.00 mL 1.00 mol·L⁻¹(HCl)于量热计中,盖好塞子并缓缓摇动,达热平衡后记录温度 T_4。

用量筒取 52 mL 1.0 mol·L⁻¹(NaOH)溶液于 100 mL 烧杯中。从量热计中取出温度计,用水冲去残留的酸,再用滤纸擦干,测量碱的温度,要求与酸的温度相同。若不同,可用手温热或用自来水冷却烧杯,使之相同。然后迅速且小心地将碱液一次倒入量热计中,并立即装上温度计,盖好塞子并不断摇动。在倒碱液的同时开始计时,每 15 s 记录一次温度,当温度升到最高点后,再继续观测 2 min。

时间/s	
温度/℃	

以温度对时间作图求 T_5。

五、实验记录与结果

1. 量热计热容的计算

冷水温度 T_1 _____ ℃

热水温度 T_2 _____ ℃

冷热水混合后的温度 T_3 _____ ℃

冷水质量(同热水质量)m _____ g

水的比热容 $c = 4.18 \text{ J·g}^{-1}\text{·K}^{-1}$

量热计的热容 $C_p = m\dfrac{C(T_2+T_1-2T_3)}{T_3-T_1} =$ _____ J·K⁻¹

2. 中和热的计算

起始温度 T_4 _____ ℃

反应后温度 T_5 _____ ℃

$\Delta T = T_5 - T_4$ _____ ℃

溶液总体积 V _____ mL

溶液密度 d _____ g⁻¹·mL⁻¹

溶液比热容 $c = 4.18 \text{ J·g}^{-1}\text{·K}^{-1}$

溶液热容 $C'_p = dVc$ _____ J·K^{-1}
生成水的物质的量 n _____ mol

中和热 $\Delta_r H_m^\ominus = -\dfrac{Q}{n}$ _____ kJ·mol^{-1}

六、思考题

（1）对于 ΔT 的数值，为什么不取混合后溶液的最高温度作为温度的上限值，而采用时间-温度图的外推法求得？

（2）试分析实验误差及产生原因。

实验3　摩尔气体常数的测定

一、实验目的

（1）了解测定摩尔气体常数的方法，掌握理想气体状态方程和分压定律的应用；
（2）学习量气管和压力计的使用方法。

二、实验原理

理想气体是指在任何温度和压力下，分子本身不具有体积且分子间无相互作用力的气体。

这一模型是一种理想的状况，实际上是不存在的。对于一般的气体，在高温低压下，一定量的气体所占据的体积相对是很大的，这样分子自身的体积相对于分子运动的空间是微不足道的。因而，气体在高温低压下近似认为是理想气体，可以运用理想气体的状态方程进行相关运算。

理想气体状态方程指出了气体的分压 p(Pa)、气体的体积 V(m^3)、气体的物质的量 n(mol)及气体的温度 T(K)之间的相互关系，即

$$pV = nRT$$

则只要测出一定温度下气体的压力、体积和物质的量，摩尔气体常数 R 的值就可以计算出来。

本实验通过金属镁置换出盐酸中的氢来测定 R 的值。其反应式为

$$Mg + 2HCl =\!=\!= MgCl_2 + H_2\uparrow$$

取已知准确质量的镁与过量的盐酸反应，在一定温度和压力下，用排水集气法测出反应所放出氢气的体积。H$_2$ 的物质的量可以通过反应中镁的质量来求得，即

$$n(H_2) = \dfrac{m_{氢}}{M_{氢}} = \dfrac{m_{镁}}{M_{镁}}$$

实验时的温度 T 和压力 p 可以分别由温度计和压力计测得。

由于氢气是在水面上收集的，故量气管内的总压 p（等于大气的压力）是氢气的分压 $p(H_2)$ 与实验温度时饱和水蒸气的分压 $p(H_2O)$ 的总和，即 $p = p(H_2) + p(H_2O)$。将以上

所得各项数据代入 $R=\dfrac{pV}{nT}$ 中，即可求出 R 值。

三、仪器与试剂

1. 仪器

分析天平，压力计，温度计，长颈漏斗，量气管（或碱式滴定管），水准瓶（漏斗），铁架台，铁夹，铁圈等。

2. 试剂

HCl（2 mol·L^{-1}），镁条。

四、实验内容

1. 镁条的处理和称量

用砂纸将镁条表面打磨光亮，再用干净纸片将镁条表面擦净。在分析天平上准确称取 0.030 0～0.035 0 g 的镁条。

2. 量气装置的安装和检查

按图 2.3 把量气装置安装好。取下量气管的橡皮管，从水准瓶（漏斗）注入自来水，使量气管内液面略低于刻度"0"。上下移动水准瓶以赶尽附着在胶管和量气管内壁的气泡，最后塞紧装置中各连接处的橡皮塞。

为了准确量出生成氢气的体积，整个装置不能有漏气的地方。检查装置是否漏气的方法为：在橡皮塞塞紧后，将水准瓶向上（或向下）移动一段距离，并固定在某一位置上，如果量气管中水面开始时稍有上升（或下降），就说明装置不漏气。如果水准瓶固定后，量气管中水面不断上升或下降，则表明装置漏气。这就要检查各接口处是否严密，经检查和调整后，再重复上述检验，直至确保装置不漏气为止。

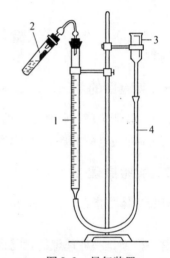

图 2.3　量气装置
1—量气管；2—反应试管；3—漏斗（水准瓶）；
4—橡皮管

3. 量气操作步骤

（1）取下试管，调整水准瓶的位置，使量气管中的水面略低于刻度"0"，用 10 cm^3 量杯取 5 cm^3 的 2 mol·dm^{-3} 的 HCl，通过长颈漏斗（或滴管）加入到试管底部（切勿使 HCl 沾在试管壁的上半部），稍微倾斜试管，将已知质量的镁条沾少许水，贴在试管壁上部，如图 2.4 所示。确保镁条不与盐酸接触，然后小心地装好试管，并塞紧橡皮塞，注意不要振动试管，以防镁条与盐酸接触或落入酸中。

（2）用前面所述方法，再检查一次装置是否漏气，确保不漏气后，进行如下操作。

图 2.4　反应装置示意图

（3）调整水准瓶位置，使量气管的液面与水准瓶的液面在同一水平上。然后准确读出量气管内液面的弯月面底部所在的位置（要求读出小数点后两位数字）。

（4）轻轻振动试管，使镁条落入盐酸中，这时反应产生的氢气进入量气管，并使液面下降。为避免量气管内因气压增大而漏气，水准瓶也应同时慢慢向下移动，使量气管内液面大体相平。反应完毕后，再将水准瓶固定，并仍使两者液面大致保持在同一水平面上。

（5）待试管冷却到室温后，移动水准瓶，使量气管和水准瓶内两液面相平，记下量气管内液面所在位置，然后隔 1~2 min，再读数一次，直至读数不变为止，将最后读数记下。

（6）记录当时的室温及大气压力，并从附录中查出该温度下水的饱和蒸气压。

（7）换用另一根镁条重复上述操作。

五、数据记录与处理

$$相对误差 = \frac{|R_{实验值} - R_{通用值}|}{R_{通用值}} \times 100\%$$

根据所得实验值与通用值（$R = 8.314 \text{ kPa} \cdot \text{dm}^3 \cdot \text{mol}^{-1} \cdot \text{K}^{-1}$）进行比较，讨论造成误差的主要原因。

表 2.2 实验数据记录表

项　　目	数据	
	1	2
镁条的质量/g		
反应前量气管中水面读数/mL		
反应后量气管中水面读数/mL		
置换出氢气的体积/dm³		
室温/K		
大气压力/kPa		
室温时水的饱和蒸气压/kPa		
气体常数 R/(kPa·dm³·mol⁻¹·K⁻¹)		

六、思考题

（1）为什么要检查装置是否漏气，如果装置漏气将造成怎样的误差？

（2）氢气的体积怎样测量？为什么读数时必须使漏斗内液面与量气管内的液面保持在同一水平上？

（3）量气管内气体的压力是否等于氢气压力，为什么？产生的氢气压力应如何计算？

（4）在镁和稀盐酸反应完毕后，为什么要等试管冷却至室温时，方可读取量气管液面所在的位置？

实验4　酸碱反应和酸碱平衡

一、实验目的

掌握pH试纸的使用方法,巩固同离子效应和缓冲溶液的原理及作用。

二、实验原理

凡是在水溶液中或熔融状态下能够导电的化合物称为电解质,如NaCl、KCl、NaOH、KNO_3等。电解质解离生成阴阳离子的过程叫电离。在水溶液中能完全电离的电解质为强电解质,如强酸、强碱和典型的盐(强酸强碱盐)都是强电解质。

在水溶液中仅部分电离的电解质为弱电解质,如弱酸、弱碱、有机化合物中的羧酸、酚、胺等都是弱电解质。

酸碱质子理论认为,凡能给出质子(H^+)的物质称为酸,凡能与质子(H^+)结合的物质称为碱,如

$$\begin{array}{ccc} \text{质子酸} & & \text{质子碱} \\ H_2O & \rightleftharpoons & H^+ + OH^- \\ NH_4^+ & \rightleftharpoons & H^+ + NH_3 \\ HAc & \rightleftharpoons & H^+ + Ac^- \\ HCO_3^- & \rightleftharpoons & H^+ + CO_3^{2-} \end{array}$$

在上式中质子酸和质子碱之间相互转化、相互依存的关系称为酸碱的共轭关系,该酸碱称为共轭酸碱对。

当弱酸碱分子在水溶液中电离的速度与离子结合生成分子的速度相等时,称为达到酸碱电离平衡。在水溶液中达到电离平衡时,已电离的酸(碱)分子数与原有酸(碱)分子总数之比称为该酸(碱)的电离度。对弱酸(碱)来说,浓度越稀,电离度越高。

$$\alpha = \frac{\text{已电离的酸的分子数}}{\text{原有酸的分子数}} \times 100\%$$

设AB为某一弱酸(碱),其电离平衡可用下列离子式表示

$$AB \rightleftharpoons A^+ + B^-$$

则

$$K = \frac{C(A^+) \cdot C(B^-)}{C(AB)}$$

K为电离平衡常数,K的大小与酸碱的性质及温度有关。K值越大,相应酸(碱)的酸(碱)性越强。弱酸、弱碱的电离平衡常数分别用K_a和K_b表示。对共轭酸碱对来说,$K_a \cdot K_b = K_w$。则知,强酸的共轭碱是弱碱,强碱的共轭酸是弱酸。

在弱酸的溶液中加入其共轭碱,或在弱碱的溶液中加入其共轭酸,电离平衡会向生成该酸(或碱)的方向移动,电离度减小,这种现象叫同离子效应。如向HAc水溶液中加入NaAc,则Ac^-离子浓度增大,HAc的电离平衡向左移动,HAc分子数目增多,电离度下降。

强酸弱碱盐(如 $Al_2(SO_4)_3$)或强碱弱酸盐(如)在水溶液中,会同水作用而使 H_2O 的电离平衡向生成 H^+ 或 OH^- 方向移动,这个过程叫盐的水解。盐水解后,其水溶液的酸碱性取决于盐的类型,强酸弱碱盐水溶液为酸性;强碱弱酸盐水溶液为碱性;弱酸弱碱盐水溶液可能为酸性、碱性或中性,如

$$Al^{3+} + 3H_2O \rightleftharpoons Al(OH)_3 + 3H^+$$
$$Ac^- + H_2O \rightleftharpoons HAc + OH^-$$

在共轭酸碱的混合溶液中,加入少量强酸(或碱)时,如向 HAc 和 NaAc 的混合溶液中加入少量 H_2SO_4,由于 H^+ 会与 Ac^- 结合生成 HAc,因而溶液中的 H^+ 浓度不会有显著变化。这样的溶液对于强酸和强碱具有缓冲作用,称为缓冲溶液。缓冲溶液常由弱酸及其共轭碱、弱碱及其共轭酸、多元弱酸的酸式盐及其次级盐等组成。溶液的 pH 值按下式计算

$$pH = pK_a - \lg \frac{c(共轭酸)}{c(共轭碱)}$$

式中,K_a 为共轭酸的电离常数。一般配制缓冲溶液时,选择 pK_a 与所需 pH 值接近的弱酸。

三、仪器与试剂

1. 仪器

量筒,烧杯,试管,酒精灯等。

2. 试剂

盐酸($0.1\ mol \cdot L^{-1}$),醋酸($0.1\ mol \cdot L^{-1}$、$0.2\ mol \cdot L^{-1}$),锌粒,氨水($0.1\ mol \cdot L^{-1}$),氯化铵(固体),酚酞,甲基橙,醋酸钠($0.2\ mol \cdot L^{-1}$、$1\ mol \cdot L^{-1}$、固体),硫酸铝(饱和),碳酸氢钠(饱和),氢氧化钠($0.1\ mol \cdot L^{-1}$),广泛 pH 试纸,精密 pH 试纸(3.8~5.4)。

四、实验内容

1. 同离子效应

(1) 取 $1^\#$ 小试管,加入 2 mL $0.1\ mol \cdot L^{-1} NH_3 \cdot H_2O$,加入 1 滴酚酞溶液,再加入少量 NH_4Cl 固体,摇动试管使其溶解。

(2) 取 $2^\#$ 试管,加入 2 mL $0.1\ mol \cdot L^{-1}$ HAc,再加入 1 滴甲基橙溶液,再加入少量 NaAc 固体,摇动使其溶解。

2. 盐类水解

(1) 取 $3^\#$ 试管,加入 2 mL $1\ mol \cdot L^{-1}$ NaAc 溶液和 1 滴酚酞溶液后,再加热至沸。

(2) 取 $4^\#$ 试管,加入 10 滴 $Al_2(SO_4)_3$ 溶液,然后加入 1 mL 饱和 $NaHCO_3$ 溶液。

3. 缓冲溶液

(1) 取 $5^\#$、$6^\#$ 试管,各加入 5 mL 蒸馏水,用广泛 pH 试纸测定其 pH。再分别加入 5 滴 $0.1\ mol \cdot L^{-1}$ HCl 和 5 滴 $0.1\ mol \cdot L^{-1}$ NaOH 溶液,再用广泛 pH 试纸测定它们的 pH 值。

(2) 取 $7^\#$ 试管,加入 5 mL $0.2\ mol \cdot L^{-1}$ HAc 和 5 mL $0.2\ mol \cdot L^{-1}$ NaAc 溶液,充分摇匀后,用精密 pH 试纸测其 pH 值。将溶液分为三份于 $8^\#$、$9^\#$、$10^\#$ 试管中,然后分别加入 2 滴 $0.1\ mol \cdot L^{-1}$ HCl、2 滴 $0.1\ mol \cdot L^{-1}$ NaOH 和 2 滴蒸馏水,再用精密 pH 试纸测定它们的 pH 值。

观察实验现象,填入下表中,并得出结论。

表 2.3 实验现象记录

试管编号	现象1	现象2	现象3	结　　论
1				
2				
3				
4				
5				
6				
7				
8				
9				
10				

五、思考题

(1)同浓度的强酸与弱酸,其 pH 值是否相同,为什么?
(2)同离子效应使弱电解质的电离度增加还是减小。
(3)影响盐类水解的因素有哪些。
(4)缓冲溶液有什么作用,其组成如何。
(5)欲配制 pH=4.1 的缓冲溶液 10 mL,实验室现有 $0.2\ mol\cdot L^{-1}$ HAc 和 $0.2\ mol\cdot L^{-1}$ NaAc 溶液,则应如何配制该缓冲溶液。

实验 5　酸碱滴定

一、实验目的

(1)学习并掌握移液管、酸碱式滴定管的洗涤、准备和使用方法;
(2)熟练进行酸碱滴定基本操作,了解滴定终点判断方法。

二、实验原理

酸碱滴定又称中和滴定,是以溶液中的酸碱反应为基础建立起来的一类滴定分析方法。常用的酸碱溶液为盐酸和氢氧化钠,但由于它们均非基准物质,所以它们的标准溶液都要采用间接的方法配制,即先配成近似浓度,然后用基准物质标定。

能够作为基准物质的试剂一般化学性质稳定,不易潮解、分解,不与空气中的 CO_2 等发生反应,纯度高,摩尔质量比较大。常用于标定酸的基准物有无水碳酸钠(Na_2CO_3)和硼砂($Na_2B_4O_7\cdot 10H_2O$),用于标定碱的基准物有草酸($H_2C_2O_4\cdot 2H_2O$)和邻苯二甲酸氢钾($KHC_8H_4O_4$)。通常用分析天平准确称取一定质量的基准物质,溶解后全部转移到容量瓶中,即得标准溶液。然后滴定待测酸碱溶液,根据等量关系计算待测溶液的浓度。

实验室中最常用的是比较滴定法,即使用已知准确浓度的酸或碱标准溶液标定未知浓度的碱或酸溶液,到达终点后,根据所用溶液体积和浓度及相关等量关系计算。如

$$NaOH+HCl = NaCl+H_2O$$

则
$$c(HCl) \cdot V(HCl) = c(NaOH) \cdot V(NaOH)$$

若已知氢氧化钠体积以及盐酸浓度和消耗盐酸的积,就可以计算氢氧化钠浓度。

在滴定过程中,常用指示剂颜色的变化来判断滴定终点的到达。指示剂通常是有机弱酸或碱,它们在不同的 pH 值条件下,结构会有所变化,从而表现出不同的颜色。选择指示剂时要注意指示剂的变色范围应与滴定终点 pH 值相一致。同时,还要注意颜色变化的方向。如,用氢氧化钠滴定盐酸时,常以酚酞为指示剂,终点时溶液颜色由酸式色无色变为碱式色红色,颜色变化明显,比较容易观察。反之,颜色由红色到无色,颜色变化不明显,往往容易过量。

已知:甲基橙变色范围 pH=3.1~4.4,甲基红变色范围 pH=4.4~6.2,酚酞变色范围 pH=8.0~9.0。

三、仪器与试剂

1. 仪器

酸式滴定管,碱式滴定管,锥形瓶,移液管,洗耳球,量筒,烧杯(500 mL)。

2. 试剂

NaOH(s),浓 HCl,无水 Na_2CO_3(分析纯),酚酞指示剂(0.2%),甲基橙指示剂(0.2%)。

四、实验内容

(1) 0.1 mol·L^{-1} 的 HCl 溶液的配制。用干净的小量筒量取 4.2 mL 浓 HCl 倒入试剂瓶中,然后加蒸馏水稀释至 500 mL,盖上瓶塞,摇匀,贴上标签,备用。

(2) 0.1 mol·L^{-1} 的 NaOH 溶液的配制。在托盘天平上称取固体 2 g NaOH,放在烧杯中,加 50 mL 蒸馏水使之全部溶解,然后转移到试剂瓶中,再加水 450 mL,用橡皮塞塞好,摇匀,贴上标签,备用。

(3) 0.1 mol·L^{-1} 的 HCl 溶液的标定。在分析天平上准确称取 0.2 g 左右无水碳酸钠 3 份,分别放在 3 个 250 mL 的锥形瓶中,各加 25 mL 蒸馏水溶解,加入 1~2 滴甲基橙指示剂。用待标定的 0.1 mol·L^{-1} 的 HCl 溶液润洗酸式滴定管 2~3 次,每次 5~10 mL。然后将 HCl 溶液装入酸式滴定管中,管中液面调至"0"刻度线以下。滴定至溶液由黄色变为橙色,即为终点,记录消耗 HCl 的体积。根据下式计算 HCl 的浓度

$$c(HCl) = \frac{m(Na_2CO_3)}{\frac{1}{2}M(Na_2CO_3) \times V(HCl) \times 10^{-3}}$$

(4) 0.1 mol·L^{-1} 的 NaOH 溶液的标定。用 0.1 mol·L^{-1} 的 NaOH 溶液润洗碱式滴定管 2~3 次,每次 5~10 mL。然后将 NaOH 溶液装入碱式滴定管中,管中液面调至"0"刻

度线以下,用移液管(事先洗涤并用少量待取液润洗2~3次)吸取三份25.00 mL已标定的HCl溶液于锥形瓶中,加1~2滴酚酞指示剂,用NaOH溶液滴定至溶液呈微红色,此红色保持30 s不褪色即为终点,记录NaOH溶液用量V_1(mL),平行滴定2~3份。据下式计算氢氧化钠浓度

$$c(HCl) \times V(HCl) = c(NaOH) \times V(NaOH)$$

五、数据记录与处理

1. 实验记录

表2.4　HCl 和 NaOH 溶液标定

HCl 溶液标定				NaOH 溶液标定			
Na_2CO_3 质量/g				$c(HCl) \times V(HCl)$			
HCl 溶液滴定终点读数/mL				NaOH 溶液滴定终点读数/mL			
HCl 溶液滴定初始读数/mL				NaOH 溶液滴定初始读数/mL			
HCl 用量/mL				NaOH 用量/mL			
$c(HCl)/(mol \cdot L^{-1})$				$c(NaOH)/(mol \cdot L^{-1})$			
HCl 平均浓度 /$(mol \cdot L^{-1})$				NaOH 平均浓度 /$(mol \cdot L^{-1})$			
绝对偏差				绝对偏差			
平均偏差				平均偏差			
相对平均偏差				相对平均偏差			

2. 实验结果

盐酸溶液浓度_____ $mol \cdot L^{-1}$

NaOH 溶液浓度_____ $mol \cdot L^{-1}$

六、思考题

(1)HCl 和 NaOH 溶液能直接配制成准确浓度吗?为什么?

(2)在滴定分析实验中,滴定管和移液管为何需要用滴定剂和待移取的溶液润洗几次?锥形瓶是否也要用滴定剂润洗?

(3)用 NaOH 溶液滴定酸性溶液,用酚酞作为指示剂时,为什么要强调滴定至溶液呈微红色且半分钟不褪色即为终点?使溶液的红色褪去的原因是什么?

(4)滴定管中若存有气泡,对滴定结果会产生什么影响?

实验6　沉淀反应和沉淀溶解平衡

一、实验目的

(1) 掌握沉淀平衡、同离子效应和溶度积规则的运用；
(2) 掌握离心分离操作和电动离心机的使用。

二、实验原理

难溶强电解质在水溶液中溶解度虽然很小，但还会有一定数量阴阳离子离开晶体表面进入溶液中。同时，已溶解的阴阳离子又会不断从溶液中回到晶体表面而析出。当溶解速度与结晶速度相等时，即达到沉淀溶解平衡。此时的溶液为饱和溶液。

设 $A_mB_n(s)$ 为任一难溶的强电解质，其沉淀溶解平衡方程为

$$A_mB_n(s) \rightleftharpoons mA^{n+}(aq) + nB^{m-}(aq)$$

化学平衡常数为

$$K = \frac{c^m(A^{n+})c^n(B^{m-})}{c(A_mB_n)}$$

其中 $c(A_mB_n)$ 为常数1，则平衡常数可用 K_{sp} 表示为

$$K_{sp} = c^m(A^{n+}) \cdot c^n(B^{m-})$$

K_{sp} 称为溶度积常数，简称为溶度积，表示在一定温度下，在难溶电解质的饱和溶液中，各离子浓度以其计量数为指数的乘积为一常数。

K_{sp} 和其他平衡常数一样，与难溶电解质的本性和温度有关，与浓度无关。其大小在一定程度上反映了难溶电解质的溶解能力。但对于不同类型电解质，不能简单根据 K_{sp} 的大小判断溶解能力，需要计算出电解质溶解度，再进行比较。

设 $A_mB_n(s)$ 为任一难溶的强电解质，其沉淀溶解平衡方程为

$$A_mB_n(s) \rightleftharpoons mA^{n+} + nB^{m-}$$

在任一状态时，离子浓度的幂的乘积均存在，常用 Q 表示，Q 为离子积

$$Q = c^m(A^{n+}) \cdot c^n(B^{m-})$$

则当 $Q<K_{sp}$ 时，为不饱和溶液，已有沉淀将溶解；

当 $Q=K_{sp}$ 时，为饱和溶液，无沉淀生成，已有沉淀不溶解；

当 $Q>K_{sp}$ 时，为过饱和溶液，将有沉淀生成。

上述规律称为溶度积规则。

根据溶度积规则，在一个沉淀平衡体系中，若加入某种试剂（如强酸、配位剂或氧化还原剂等），使 $Q<K_{sp}$，则可使沉淀溶解。

在沉淀平衡体系中，若加入与该电解质有共同离子的其他试剂或溶液，则 $Q>K_{sp}$，会生成沉淀，沉淀的溶解度减小，这种现象称为同离子效应。

若溶液中存在两种以上可沉淀的离子，当加入一共同的沉淀剂时，则需要沉淀剂浓度小的先沉淀，需要沉淀剂浓度大的后沉淀。这种离子先后沉淀的现象称为分步（级）沉

淀。

由一种难溶化合物借助于某试剂转化为另一种难溶化合物的过程叫做沉淀的转化。一般情况下是由难溶化合物转化为更难溶化合物。如锅炉中锅垢的主要组分为 $CaSO_4$，而 $CaSO_4$ 不溶于水也不溶于酸，难以除去，可以先用 Na_2CO_3 溶液处理，使 $CaSO_4$ 转化为更难溶于水但易溶于酸的 $CaCO_3$ 沉淀，从而除去锅垢。

三、仪器与试剂

1. 仪器

离心机、量筒、烧杯、试管、酒精灯等。

2. 试剂

硝酸铅（$0.1\ mol \cdot L^{-1}$），氯化钠（$1\ mol \cdot L^{-1}$），铬酸钾（$0.1\ mol \cdot L^{-1}$、$0.5\ mol \cdot L^{-1}$），碘化铅（饱和），碘化钾（$0.1\ mol \cdot L^{-1}$），硫化钠（$0.1\ mol \cdot L^{-1}$），硝酸银（$0.1\ mol \cdot L^{-1}$），氯化钡（$0.1\ mol \cdot L^{-1}$），草酸铵（饱和），盐酸（$6\ mol \cdot L^{-1}$），氨水（$6\ mol \cdot L^{-1}$），硝酸（$6\ mol \cdot L^{-1}$）。

四、实验内容

分别进行如下实验，注意观察现象并分析原因。

1. 沉淀溶解平衡和同离子效应

（1）在离心试管中加入 10 滴 $0.1\ mol \cdot L^{-1}$ 的 $Pb(NO_3)_2$ 溶液，然后加 5 滴 $1\ mol \cdot L^{-1}$ 的 NaCl 溶液，振荡离心试管，待沉淀完全后，离心分离。在分离开的溶液中加入少量的 $0.5\ mol \cdot L^{-1}$ 的 K_2CrO_4 溶液。

（2）在试管中加入 1 mL 饱和 PbI_2 溶液，然后加 5 滴 $0.1\ mol \cdot L^{-1}$ 的 KI 溶液，振荡试管。

2. 溶度积规则

（1）在试管中加 10 滴 $0.1\ mol \cdot L^{-1}$ 的 $Pb(NO_3)_2$ 溶液，加入 20 滴 $0.1\ mol \cdot L^{-1}$ 的 KI 溶液。

（2）在试管中加 10 滴 $0.001\ mol \cdot L^{-1}$ 的 $Pb(NO_3)_2$ 溶液，加入 20 滴 $0.001\ mol \cdot L^{-1}$ 的 KI 溶液。

（3）取 2 只试管分别加入 $0.1\ mol \cdot L^{-1}$ 的 Na_2S 溶液和 $0.1\ mol \cdot L^{-1}$ 的 K_2CrO_4 溶液，然后边振荡边滴加 $AgNO_3$ 溶液。

3. 分步沉淀

在离心试管中滴入 2 滴 $0.1\ mol \cdot L^{-1}$ 的 Na_2S 溶液和 5 滴 $0.1\ mol \cdot L^{-1}$ 的 K_2CrO_4 溶液，加水 5 mL，然后逐滴滴入 3 滴 $0.1\ mol \cdot L^{-1}$ 的 $Pb(NO_3)_2$ 溶液，有什么现象发生？离心分离后沉淀是什么颜色？继续向清液中滴加 $Pb(NO_3)_2$ 溶液，又有什么现象发生？

4. 沉淀的溶解

（1）取一支试管加入 5 滴 $0.1\ mol \cdot L^{-1}$ 的 $BaCl_2$ 溶液，加 3 滴饱和 $(NH_4)_2C_2O_4$ 溶液，生成的沉淀是什么颜色的？沉淀沉降后，弃去溶液，在沉淀物上滴加 $6\ mol \cdot L^{-1}$ 的 HCl

溶液,又有什么现象发生?

(2)取 0.1 mol·L^{-1} 的 AgNO$_3$ 溶液 10 滴,加入 1 mol·L^{-1} 的 NaCl 溶液 3～4 滴,有什么现象发生? 再逐滴加入 6 mol·L^{-1} 的 NH$_3$·H$_2$O,现象有什么不同?

(3)在试管中加入 10 滴 0.1 mol·L^{-1} 的 AgNO$_3$ 溶液,滴入 3～4 滴 0.1 mol·L^{-1} 的 Na$_2$S 溶液,生成的沉淀是什么颜色? 离心分离,弃去溶液,在沉淀物上滴加 6 mol·L^{-1} 的 HNO$_3$ 溶液少许,加热,有什么现象?

5. 沉淀的转化

在离心试管中滴入 5 滴 0.1 mol·L^{-1} 的 Pb(NO$_3$)$_2$ 溶液,再滴入 3 滴 1 mol·L^{-1} 的 NaCl 溶液,振荡离心试管,沉淀完全后离心分离。用少量(约 0.5 mL)蒸馏水,洗涤沉淀一次,然后在 PbCl$_2$ 沉淀上滴加 3 滴 0.1 mol·L^{-1} 的 KI 溶液,观察沉淀的转化和颜色的变化。按上述操作在沉淀上滴加 5 滴 0.1 mol·L^{-1} 的 Na$_2$S 溶液,又有什么现象?

五、思考题

(1)浓度对沉淀平衡有什么影响?
(2)同离子效应对沉淀的溶解度有什么影响?
(3)生成沉淀的条件是什么?
(4)沉淀溶解的方法有哪些?
(5)沉淀转化的条件是什么?

实验 7　配位反应和配位平衡

一、实验目的

了解配合物结构,比较配离子的稳定性,了解配位平衡及其影响因素。

二、实验原理

配位化合物的结构比较复杂,如[Cu(NH$_3$)$_4$]SO$_4$、K$_4$[Fe(CN)$_6$]、[Ag(NH$_3$)$_2$]Cl、K$_2$[PtCl$_6$]等。配位理论认为,这些化合物中都有一个金属离子或原子处于中央,称中心离子;中心离子周围按一定几何构型围绕着一些带负电荷的阴离子或中性分子,称为配位体;中心离子和配位体构成配合物的内界,写在方括号内,称为配离子。方括号之外的部分称为外界。内界与外界之间通过离子键结合成电中性的配合物。配合物中直接同中心离子结合的原子称为配位原子,配位原子的数目称配位数。在水溶液中,配合物以配离子和外界简单离子的形式存在。如[Cu(NH$_3$)$_4$]SO$_4$ 在水溶液中完全电离成[Cu(NH$_3$)$_4$]$^{2+}$ 和 SO$_4^{2-}$ 离子。

配离子是配位化合物的特征部分,决定着配合物的稳定性。配离子在水溶液中有一定程度的离解,当生成配离子的速度与配离子离解的速度相等时,则达到了配位平衡。如[Cu(NH$_3$)$_4$]$^{2+}$ 的配位平衡可用下式表示

$$Cu^{2+} + 4NH_4 \underset{\text{解离}}{\overset{\text{配位}}{\rightleftharpoons}} [Cu(NH_3)_4]^{2+}$$

平衡常数

$$K_f = \frac{c[Cu(NH_3)_4^{2+}]}{c(Cu^{2+}) \cdot c^4(NH_3)}$$

式中，K_f 为配离子的稳定常数。对相同类型配合物，K_f 越大，配离子越稳定，如 $Fe(CN)_6^{4-}$ ($K_f = 1.0 \times 10^{35}$) 和 $Ni(NH_3)_6^{2+}$ ($K_f = 5.49 \times 10^8$) 中 $Fe(CN)_6^{4-}$ 更稳定。对不同类型配合物，必须通过计算才能做出比较。

配位平衡也是建立在一定条件下的动态平衡。据化学平衡的原理，平衡体系中任一物质浓度的改变，都会引起平衡的移动，从而在新的条件下建立新的平衡。如在 $[Cu(NH_3)_4]^{2+}$ 溶液中加入能与 Cu^{2+}（中心离子）或 NH_3（配位体）发生化学反应的试剂，均可使该配位平衡发生移动，使 $[Cu(NH_3)_4]^{2+}$ 配离子的稳定性降低。通常情况下，可加入沉淀剂、氧化还原剂、酸碱试剂或另外的配位剂改变中心离子或配位体的浓度，使配位平衡发生移动，降低配离子的稳定性。

三、仪器与试剂

1. 仪器

离心机、量筒、烧杯、试管、酒精灯等。

2. 试剂

碘化钾($0.1\ mol \cdot L^{-1}$)，硫酸镍($0.2\ mol \cdot L^{-1}$)，氯化钡($0.1\ mol \cdot L^{-1}$)，氢氧化钠($0.1\ mol \cdot L^{-1}$，$2\ mol \cdot L^{-1}$)，氨水($6\ mol \cdot L^{-1}$)，三氯化铁($0.5\ mol \cdot L^{-1}$，$0.1\ mol \cdot L^{-1}$)，硫氰酸钾($0.1\ mol \cdot L^{-1}$)，铁氰化钾($0.1\ mol \cdot L^{-1}$)，硝酸银($0.1\ mol \cdot L^{-1}$)，氯化钠($0.1\ mol \cdot L^{-1}$)，四氯化碳，氟化铵($4\ mol \cdot L^{-1}$)，硫酸($1:1$)，氟化钠($0.1\ mol \cdot L^{-1}$)。

四、实验内容

1. 配离子的生成与配合物的性质

(1) 在2支试管中分别加入5滴 $0.2\ mol \cdot L^{-1}$ 的 $NiSO_4$ 溶液，然后在一支试管中加入5滴 $0.1\ mol \cdot L^{-1}$ 的 $BaCl_2$ 溶液，生成的沉淀是什么颜色（离心分离观察沉淀颜色）？在另一支试管中加入5滴 $0.1\ mol \cdot L^{-1}$ 的 NaOH 溶液，现象有什么不同？

(2) 在试管中加入20滴 $0.2\ mol \cdot L^{-1}$ 的 $NiSO_4$ 溶液，逐滴加入 $6\ mol \cdot L^{-1}$ 的氨水，边加边摇动试管，直至沉淀完全溶解后，再适当多加些氨水，观察现象的变化。然后将此溶液分成两份，一份加入5滴 $0.1\ mol \cdot L^{-1}$ 的 $BaCl_2$ 溶液，另一份加入5滴 $0.1\ mol \cdot L^{-1}$ 的 NaOH 溶液，现象有什么不同？

(3) 在试管中加入3滴 $0.1\ mol \cdot L^{-1}$ 的 $FeCl_3$ 溶液和2滴 KSCN 溶液，有什么现象。以 $0.1\ mol \cdot L^{-1}$ 的 $K_3[Fe(CN)_6]$ 代替 $FeCl_3$ 溶液做同样试验，现象有什么不同，为什么？

2. 配位平衡的移动

(1) 配位平衡与沉淀反应。在试管中加入适量 $0.1\ mol \cdot L^{-1}$ 的 $AgNO_3$ 溶液，滴加3滴 $0.1\ mol \cdot L^{-1}$ 的 NaCl 溶液，再逐滴加入氨水至沉淀全部溶解。有什么现象，为什么？

(2)配位平衡与氧化还原反应。在试管中加入 5 滴 0.5 mol·L^{-1} 的 $FeCl_3$ 溶液,滴加 10 滴 0.1 mol·L^{-1} 的 KI 溶液,再加入 15 滴 CCl_4,振荡后有什么现象,为什么?

在试管中加入 5 滴 0.5 mol·L^{-1} 的 $FeCl_3$ 溶液,逐滴加入 4 mol·L^{-1} 的氟化铵溶液,至溶液呈无色,再加入与上述实验同量的 KI 溶液和 CCl_4,振荡后有什么现象?

(3)配位平衡与酸碱反应。在试管中加入 10 滴 0.5 mol·L^{-1} 的 $FeCl_3$ 溶液,逐滴加入 4 mol·L^{-1} 的氟化铵溶液,至溶液呈无色,然后将溶液分成两份,一份加入过量 2 mol·L^{-1} 的 NaOH 溶液;另一份加入过量的硫酸(1∶1)溶液,观察现象,并说明原因。

(4)配离子的转化。在一支试管中加入 2 滴 0.1 mol·L^{-1} 的 $FeCl_3$ 溶液,加水稀释至无色,加入 1 滴 0.1 mol·L^{-1} 的 KSCN 溶液,有什么现象?再逐滴加入 0.1 mol·L^{-1} 的 NaF 溶液,又发生了什么变化?

五、思考题

(1)配离子和简单离子有什么不同?

(2)试述利用草酸溶液去除铁锈的原理。

实验 8 氧化还原反应和氧化还原平衡

一、实验目的

了解氧化态、还原态浓度以及酸度对氧化还原反应的影响,掌握电极电势的应用。

二、实验原理

氧化还原反应过程中有电子的迁移,从而引起氧化数的变化。反应系统中,得到电子、氧化数降低的物质称为氧化剂;失去电子、氧化数升高的物质称为还原剂。如

$$Cl_2 + 2I^- = 2Cl^- + I_2$$

Cl_2 氧化数降低,为氧化剂,自身发生还原反应;I^- 氧化数升高,为还原剂,自身发生氧化反应。

在氧化还原反应中,氧化剂(还原剂)和其产物构成了氧化还原电对(O_x/Red),其电极反应可用下式表示

$$aO_x + ne^- = bRed$$

298 K 时电对的电极电势可按下式计算

$$\varphi = \varphi^\ominus + \frac{0.059}{n} \ln \frac{c^a(O_x)}{c^b(Red)}$$

式中,φ 为电对的电极电势;$\varphi^\ominus$ 为电对的标准电极电势,其大小可由有关参考书查出;$c(O_x)$,$c(Red)$ 为该电对氧化态和还原态的对应浓度。

上式为能斯特方程式。

电极电势的大小反映了电对中物质的氧化还原能力。电极电势越大,电对中氧化态越易得到电子,其氧化能力越强;电极电势越小,电对中还原态越易失去电子,其还原能力

越强。据此,可以选择合适的氧化剂和还原剂。

电极电势的大小不仅与组成电极的物质有关,而且还与溶液中参与电极反应的各物质的浓度(气体为分压)、温度等因素有关。如 298 K 时下述反应

$$MnO_4^- + 8H^+ + 5e \rightleftharpoons Mn^{2+} + 4H_2O$$

$$\varphi = \varphi^{\ominus} + \frac{0.059}{5} \ln \frac{c(MnO_4^-)c^8(H^+)}{c(Mn^{2+})}$$

对于任一氧化还原反应,其方程式可表示为

$$O_{x1} + Red_2 \rightleftharpoons Red_1 + O_{x2}$$

将该反应组成电池,其电动势用 E 表示,则

$$E = \varphi_+ - \varphi_- = \varphi(O_{x1}/Red_1) - \varphi(O_{x2}/Red_2)$$

$E > 0$,即 $\varphi_+ > \varphi_-$,反应向右自发进行;

$E < 0$,即 $\varphi_+ < \varphi_-$,反应向左自发进行;

$E = 0$,即 $\varphi_+ = \varphi_-$,反应达到平衡。

三、仪器和试剂

1. 仪器

量筒、烧杯、试管、酒精灯等。

2. 试剂

三氯化铁(0.1 mol·L^{-1}),碘化钾(0.1 mol·L^{-1},0.5 mol·L^{-1}),溴化钾(0.1 mol·L^{-1}),硫酸亚铁(0.1 mol·L^{-1}),溴水(0.1 mol·L^{-1}),碘水(0.1 mol·L^{-1}),锌粒、硝酸(浓,6 mol·L^{-1}),硫酸(浓,3 mol·L^{-1}),铜片、蓝色石蕊试纸、亚硫酸钠(固)、氢氧化钠(6 mol·L^{-1}),高锰酸钾(0.1 mol·L^{-1}),双氧水(3%),溴酸钾(饱和)、铬酸钾(0.2 mol·L^{-1})。

四、实验内容

1. 电极电势与氧化还原能力的关系

(1) 取 3~4 滴 0.1 mol·L^{-1} 的 FeCl$_3$ 溶液于试管中,加入 0.1 mol·L^{-1} 的 KI 溶液 3~4 滴,摇匀,观察实验现象并说明原因。

(2) 用 0.1 mol·L^{-1} 的 KBr 代替 KI 进行上述实验,又有什么现象,为什么?

(3) 取 3~4 滴 0.1 mol·L^{-1} 的 FeSO$_4$ 于试管中,滴入 0.1 mol·L^{-1} 的溴水 1~2 滴,观察实验现象,并说明原因。

(4) 用 0.1 mol·L^{-1} 的碘水代替溴水与 FeSO$_4$ 反应,现象有什么不同,为什么?

2. 浓度对氧化还原反应的影响

(1) 取两只试管,各加入一粒锌粒,分别加入 3 mL 浓 HNO$_3$ 和 3 mL 2 mol·L^{-1} 的 HNO$_3$(可用 1 mL 6 mol·L^{-1} 的 HNO$_3$ 加 2 mL 蒸馏水稀释得到)。现象有什么不同,为什么?

(2) 往两只分别盛有 3 mL 3 mol·L^{-1} 的 H$_2$SO$_4$ 和 3 mL 浓 H$_2$SO$_4$ 的试管中各加入 1 片擦去表面氧化膜的铜片,稍加热,有什么现象?在盛有浓 H$_2$SO$_4$ 的试管口,用润湿的

蓝色石蕊试纸检验,试纸的颜色如何变化?

3. 介质的酸碱性对氧化还原反应的影响

在 3 支试管中各加入少许固体 Na_2SO_3,分别加入 5 滴 3 $mol \cdot L^{-1}$ 的 H_2SO_4,5 滴水,5 滴 6 $mol \cdot L^{-1}$ 的 NaOH,使 Na_2SO_3 溶解。在 3 支试管中各加入 2 滴 0.1 $mol \cdot L^{-1}$ 的 $KMnO_4$ 溶液,观察实验现象,并说明原因。

4. 氧化剂、还原剂及其相对性

(1)在 3 支试管中各加入 10 滴 0.5 $mol \cdot L^{-1}$ 的 KI 溶液,5 滴 3 $mol \cdot L^{-1}$ 的 H_2SO_4 溶液,然后在第一支试管中加入 1 滴饱和的 $KBrO_3$ 溶液;在第二支试管中加入 1 滴 0.2 $mol \cdot L^{-1}$ 的 K_2CrO_4 溶液;在第三支试管中加入 10 滴 6 $mol \cdot L^{-1}$ 的 HNO_3 溶液。现象有什么不同,为什么?

(2)在试管中加入 5 滴 0.5 $mol \cdot L^{-1}$ 的 KI 溶液,5 滴 3 $mol \cdot L^{-1}$ 的 H_2SO_4 溶液,然后加 3 滴质量分数为 3% 的 H_2O_2 溶液;在另一支试管中加入 5 滴 0.1 $mol \cdot L^{-1}$ 的 $KMnO_4$ 溶液,5 滴 3 $mol \cdot L^{-1}$ 的 H_2SO_4 溶液,然后加 10 滴质量分数为 3% 的 H_2O_2 溶液。说明现象不同的原因。

五、思考题

(1)$FeCl_3$ 溶液应呈现什么颜色?
(2)在同样条件下,碘离子和溴离子相比,哪一个还原性强?
(3)双氧水有什么特性?
(4)高锰酸钾的氧化性与酸度有什么关系?

实验 9 pH 计法测定醋酸解离度和解离常数

一、实验目的

掌握用 pH 计法测定 HAc 的离解度和离解常数的原理和方法,加深对弱电解质解离平衡、弱电解质解离度、解离平衡常数的理解,学习酸度计的使用方法。

二、实验原理

醋酸(CH_3COOH)是弱电解质,在水中部分电离。为了定量地表示弱电解质在水溶液中的解离程度,常采用解离度这个概念。解离度用符号 α 表示,它与标准平衡常数 K_a 不同,α 除了与电解质的本性和温度有关外,还与溶液的浓度有关。一般弱电解质的解离度会随着浓度的减小而增大。

设浓度为 c 的醋酸溶液在水中存在如下平衡

$$HAc(aq) \rightleftharpoons H^+(aq) + Ac^-(aq)$$

起始浓度/$mol \cdot L^{-1}$	c	0	0
平衡浓度/$mol \cdot L^{-1}$	$c-c\alpha$	$c\alpha$	$c\alpha$

解离常数为

$$K_a(\text{HAc}) = \frac{c(\text{H}^+)c(\text{Ac}^-)}{c(\text{HAc})} = \frac{(c\alpha)^2}{c-c\alpha}$$

式中,α 为醋酸的解离度。

K_a 为醋酸的解离常数,298 K 时,醋酸的标准解离常数 $K_a = 1.8\times10^{-5}$。在一定温度下,可以使用 pH 计测量一系列不同浓度的醋酸的 pH 值,然后由 pH = $-\lg c(\text{H}^+)$ 求得 $c(\text{H}^+)$。再由 $c(\text{H}^+) = c\alpha$ 求出对应的解离度 α 和解离平衡常数 K_a。

三、仪器与试剂

1. 仪器

酸度计 1 套,移液管(25 mL)、酸式滴定管、碱式滴定管各 1 个,烧杯(50 mL)4 个。

2. 试剂

待标定 HAc 溶液,0.1 mol·L^{-1} 的 NaOH 标准溶液,酚酞指示剂,标准缓冲溶液(pH = 6.86)。

四、实验内容

1. HAc 溶液的标定

准确取 25 mL HAc 溶液于锥形瓶中,加入 1~2 滴酚酞指示剂,用标准 NaOH 溶液滴定至粉红色即为终点,计算 HAc 浓度填入表 3.5 中。平行滴定两份,取平均值。

2. 配制不同浓度的醋酸溶液

取 4 个干燥的 50 mL 烧杯,编号,分别用酸式滴定管和碱式滴定管按表 2.6 中 4 组数据准确取 HAc 与蒸馏水,搅拌均匀。计算各烧杯中 HAc 的精确浓度。

3. 测定醋酸溶液的 pH 值

使用 pH 计按照由稀到浓的顺序测定各组的 pH 值,并计算各组溶液的解离度 α 和解离平衡常数 K_a。

4. 误差分析

把 K_a 的平均值与标准值比较,进行误差分析。

五、数据记录与处理

$c(\text{NaOH}) = $ _____ mol·L^{-1}

表 2.5　醋酸标定数据记录表

编　号	1	2	3
滴定管初始读数/mL			
滴定管最终读数/mL			
消耗 NaOH 体积 V/mL			
HAc 物质的量浓度/(mol·L^{-1})			
HAc 平均物质的量浓度/(mol·L^{-1})			

表 2.6 不同浓度的醋酸电离度和电离平衡常数

实验编号	HAc 体积 /mL	H_2O 体积 /mL	HAc 浓度 /(mol·L^{-1})	pH 值	$c(H^+)$ /(mol·L^{-1})	α/%	K_a(HAc)	K_a 平均值
1	3	45						
2	6	42						
3	12	36						
4	24	24						

六、思考题

(1)若改变所测 HAc 溶液的浓度和温度,HAc 的电离度和电离常数有无变化?

(2)配制醋酸溶液时为什么要使用干燥的烧杯?

实验 10 电导率法测醋酸的解离常数

一、实验目的

(1)学习用电导率法测醋酸的电离常数,了解电导率仪的使用方法;

(2)熟练掌握溶液的配制方法和标定。

二、实验原理

电解质溶液是靠正负离子定向迁移产生电流,因此电解质溶液的导电能力与溶液中离子数目多少、离子电荷大小和离子运动速度有关。对于同一电解质,结构相同,故在一定温度时,同一电解质不同浓度溶液的导电能力,只与电解质的总量和溶液的电离度有关。在研究溶液电导时,把电导率 κ 和溶液物质的量浓度 c 的比值称为摩尔电导 λ(S·m^2·mol^{-1}),即

$$\lambda = \kappa/c \tag{1}$$

对于弱电解质来说,在无限稀释时,可看做完全电离,此时溶液的摩尔电导率称为无限稀释摩尔电导率(λ_0)。在一定温度下,弱电解质的无限稀释摩尔电导率是一定的。

对于弱电解质来说,某浓度的摩尔电导率与无限稀释摩尔电导率之比,可近似地表示该弱电解质在该浓度时的电离度 α,即

$$\alpha = \frac{\lambda}{\lambda_0} \tag{2}$$

则

$$K = \frac{c\alpha^2}{1-\alpha} = \frac{c\lambda^2}{\lambda_0(\lambda_0-\lambda)} \tag{3}$$

这样,可以由实验测定浓度为 c 的醋酸溶液的电导率 κ,代入式(1)算出 λ,将 λ 的值代入式(3),即可算出 K_a(HAC)。

三、仪器与试剂

1.仪器
电导率仪 1 套,酸式滴定管、碱式滴定管各 1 个,烧杯(50 mL)4 个。

2.试剂
HAc 溶液,0.1 mol·L^{-1}的 NaOH 标准溶液,酚酞指示剂。

四、实验内容

1. HAc 溶液的标定
准确取 25 mL HAc 溶液于锥形瓶中,加入 1~2 滴酚酞指示剂,用标准 NaOH 溶液滴定至粉红色即为终点,计算 HAc 浓度,填入表 2.7 中。平行滴定两份,取平均值。

表 2.7 醋酸标定数据记录表

编　　号	1	2
滴定管初始读数/mL		
滴定管最终读数/mL		
消耗 NaOH 体积 V/mL		
HAc 浓度/(mol·L^{-1})		
HAc 平均浓度/(mol·L^{-1})		

2.配制溶液
取 4 个干燥的 50 mL 烧杯,编号,分别用酸式滴定管和碱式滴定管按表 2.8 中四组数据准确取 HAc 与蒸馏水,搅拌均匀。计算各烧杯中 HAc 的精确浓度。

表 2.8 不同浓度的醋酸电离度和电离平衡常数　　　　　　　　　℃

实验编号	HAc 体积/mL	H$_2$O 体积/mL	HAc 浓度/(mol·L^{-1})	κ/(S·m^{-1})	λ/(S·m^2·mol^{-1})	α/%	K_a(HAc)	K_a 平均值
1	3	45						
2	6	42						
3	12	36						
4	24	24						

3.测定醋酸溶液的电导率
使用电导率仪按照由稀到浓的顺序测定各组的电导率,并计算各组溶液的解离度 α 和解离平衡常数 K_a,填入表 2.9 中。

五、注意事项

$c(\text{NaOH}) = $ _____ mol·L^{-1}

(1)不同温度下醋酸的无限稀释摩尔电导率 λ_0 见表 2.9。

表 2.9 醋酸的无限稀释摩尔电导率

温度/℃	0	18	20	25	30
$\lambda_0 \times 10^{-4}/(S \cdot m^2 \cdot mol^{-1})$	245	349	361	390.7	421.8

(2) DDS-11A 型电导率仪读出的电导率的单位为 $\mu S \cdot cm^{-1}$，用法定计量单位算时，应把仪器上读出的数值乘以 10^{-4}，单位变成 $S \cdot m^{-1}$。

六、思考题

(1) 什么叫电导、电导率和摩尔电导？
(2) 测定 HAC 溶液的电导率时，测定顺序为什么应按由稀到浓的顺序进行？

实验 11 铁氧体法处理含铬废水

一、实验目的

了解含铬废水的危害及处理方法和原理，练习目视比色检验法。

二、实验原理

铬是一种亮灰色的硬金属，其化合物的氧化数有 2、3、和 6 三种。一般地表水、地下水及供水水源中铬以单质或 Cr^{3+} 形式存在，每升水中含铬量千分之几毫克至百分之几毫克，毒性不大。在机械制造、冶炼、航空、电镀、纺织、油漆、橡胶、印刷、制革、制药及火柴制造等行业的工业废水中，铬主要以 $Cr_2O_7^{2-}$ 或 CrO_4^{2-} 的形式存在。当水体中铬的质量浓度达到 $1\ mg \cdot L^{-1}$ 时，水有苦味，达到 $50\ mg \cdot L^{-1}$ 时，可以感觉出不愉快的气味。国家规定工厂排出废水含+6 价铬最高的质量浓度为 $0.5\ mg \cdot L^{-1}$，饮用水中+6 价铬最高的质量浓度为 $0.05\ mg \cdot L^{-1}$。

铬的化合物常以溶液、粉尘或蒸气的形式污染环境，可通过消化道、呼吸道、皮肤和粘膜侵入人体。铬的化合物对人体的毒害是多方面的，可造成全身中毒，皮肤接触铬后会出现皮炎、湿疹，以及变态反应和致癌作用。它可通过食物链进入动物和人体，并在肾脏蓄积，与含羟基、氨基、巯基的蛋白质分子结合，影响酶的功能，导致蛋白尿和糖尿等；铬还能影响维生素 D_3 的活性，从而导致骨质疏松、萎缩、变形等。铬对植物的危害表现在其破坏叶绿素，从而降低光合作用，还能使花粉败育，影响植物生长、发育和繁殖。

因此，对于工业废水中的铬必须进行处理，否则将会对环境造成严重的污染。含铬废水的处理方法通常包括电解还原法、化学沉淀法、离子交换法、分离法、光催化法、水泥基固化法、粘土吸附法等。铁氧体法是化学沉淀法中的一种。

铁氧体法处理含铬废水的基本原理是：在含铬废水中加入过量的硫酸亚铁，+6 价铬与过量的硫酸亚铁发生氧化还原反应，+6 价铬被还原成+3 价铬，然后调节溶液的 pH 值，加入少量 H_2O_2 使部分亚铁离子被氧化为+3 价，同时 Cr^{3+}，Fe^{3+}，Fe^{2+} 转化为氢氧化物沉淀而共同析出。沉淀经分离脱水干燥后，得到复合氧化物 $Fe^{3+}[Fe^{2+}Fe^{3+}_{(1-x)}Cr^{3+}_x]O_4$，称为铁

氧体。反应式为

$$Cr_2O_7^{2-} + 6Fe^{2+} + 14H^+ \Longrightarrow 2Cr^{3+} + 7H_2O + 6Fe^{3+}$$

$$Fe^{3+} + 3OH^- \Longrightarrow Fe(OH)_3 \downarrow$$

$$Cr^{3+} + 3OH^- \Longrightarrow Cr(OH)_3 \downarrow$$

+6价铬会与二苯碳酰二肼发生反应生成粉红色配合物,因此常用二苯碳酰二肼检验水样中的+6价铬。

三、仪器与试剂

1. 仪器

托盘天平,电炉,烧杯,量筒,温度计,漏斗,比色管,移液管。

2. 试剂

10 mg·L^{-1}的标准$K_2Cr_2O_7$溶液,含铬废水(可用1.5 g·L^{-1}的$K_2Cr_2O_7$溶液代替),$FeSO_4·7H_2O(s)$,3 mol·L^{-1}的H_2SO_4,6 mol·L^{-1}的NaOH,质量分数为3%的H_2O_2(最好是新配制的,储于棕色瓶中),二苯碳酰二肼溶液(取0.1 g二苯碳酰二肼,加入50 mL 95%的乙醇,溶解后加入200 mL 10%的H_2SO_4溶液,摇匀后,储于棕色试剂瓶中,最好随用随配)。

四、实验内容

1. +6价铬的还原

用量筒取100 mL含铬废水于250 mL烧杯中,加入2.4 g固体硫酸亚铁(用台秤称取),搅拌,溶解。然后在不断搅拌下逐滴加入3 mol·L^{-1}的H_2SO_4直至pH=1~2,用玻璃棒蘸取溶液滴在pH试纸上进行检测。此时溶液变为绿色(为什么?)。

注:(1)由下式求100 mL含铬废水中所含的CrO_3质量,再乘上16,估算所需$FeSO_4·7H_2O$晶体的质量。

$$m(CrO_3) = 2c(Cr_2O_7^{2-}) \cdot V(Cr_2O_7^{2-}) \cdot M(CrO_3)$$

(2)在用铁氧体法处理含铬废水时,$FeSO_4·7H_2O$的加入量应为废水中CrO_3含量的13.9倍,考虑到氧化剂H_2O_2的作用、铁氧体组成中相应的Fe^{2+}及硫酸亚铁的纯度等问题,$FeSO_4·7H_2O$晶体的实际用量还要大些,一般以$FeSO_4·7H_2O$的加入量为废水中CrO_3含量的16倍为宜。

2. 氢氧化物沉淀的生成

向上述溶液中逐滴加入6 mol·L^{-1}的NaOH溶液,调节pH值为7~8(当pH<8时,Fe^{2+}不会沉淀;pH>8时,加入H_2O_2后,可使部分Cr^{3+}氧化为$Cr_2O_7^{2-}$)。然后将溶液加热至70℃左右(形成Fe_3O_4的最佳温度为65~70℃),然后加入6~10滴3%的H_2O_2溶液,使部分亚铁离子被氧化为+3价,冷却静置,使Fe^{3+},Fe^{2+},Cr^{3+}形成的氢氧化物沉淀沉降下来。用漏斗过滤或抽滤。

3. 水质检验

(1)比色用的标准$K_2Cr_2O_7$溶液的配制。分别准确量取10 mg·L^{-1}的标准$K_2Cr_2O_7$

溶液 1.0 mL,2.0 mL,3.0 mL,4.0 mL,5.0 mL 于 50 mL 比色管中,各加入约 30 mL 去离子水和 2.5 mL 二苯碳酰二肼溶液,稀释至刻度,摇匀,待用。

(2)处理后水中+6 价铬的检验。取实验步骤 2 中的滤液 40 mL 于 50 mL 比色管中,加入 2.5 mL 二苯碳酰二肼,再加入滤液至刻度,摇匀。放置 10 min(因为二苯碳酰二肼和+6 价铬的配合反应速度较慢)。然后与步骤(1)中配好的 $K_2Cr_2O_7$ 标准溶液进行目视比色,确定后处理水中+6 价铬的含量。

五、思考题

(1)含铬废水有哪些危害?处理方法有哪些?
(2)处理后水样中的铬质量浓度是多少?是否符合水质标准?

实验 12 去离子水的制备及水质检验

一、实验目的

掌握电导率仪的使用方法,了解离子交换法处理水的基本原理和方法。

二、实验原理

天然水和自然水中常含有钙、镁、钠等阳离子,以及碳酸盐、硫酸盐、氯化物和有机物等杂质,使水有一定的导电能力。电导率一定程度上反映了水的导电能力,电导率越大,水中含有杂质越多。25℃时绝对纯水的理论电导率为 5.5×10^{-8} S·cm^{-1},去离子水为 10^{-6} S·cm^{-1}。一般水由于溶解的 CO_2 等气体以及水的电离,很难达到,所以水的电导率小于 10^{-5} S·cm^{-1},就称为"去离子水"。当水被污染后溶解有大量盐类,离子总数增加,导电能力增大,电导率增大。所以电导率间接反映了水体被矿物质污染的程度,是水物理指标之一。一些生产和科研部门对水的电导率有一些特殊的要求。

除去水中离子常用离子交换法。离子交换剂一般用人工合成的有机高分子化合物,称做离子交换树脂。按其性能分阳离子交换树脂和阴离子交换树脂。阳离子交换树脂都含有—SO_3H、—COOH 等基团,这些基团上的 H^+ 可以与溶液中的阳离子进行交换;阴离子交换树脂都含有—NH_2 等基团,这些基团在水中能生成羟胺,羟胺基团上的羟基可以与溶液中的阴离子进行交换。从而除去水中的阴阳离子,降低水的电导率。一般将阴离子交换柱和阳离子交换柱串联起来,然后再通过阴阳离子混合柱进行多级交换以制备纯度较高的去离子水。交换失效后的树脂可以用酸或碱进行逆向交换,从而使其复原,这一过程称为树脂的再生。

水质检测主要有物理检测和化学检测。物理检测的项目主要有温度等,化学检测的项目主要有 pH 值及阴阳离子、有机物含量等。常见的方法有以下几种。

1. Ca^{2+},Mg^{2+} 的检验

在 pH=8~10 时,铬黑 T 呈蓝色,若溶液中有 Ca^{2+},Mg^{2+} 存在,铬黑 T 与之结合,溶液

呈酒红色。

2. Ca²⁺ 的检验

在 pH>12 时，Mg^{2+} 形成氢氧化镁沉淀，溶液中若有 Ca^{2+}，钙指示剂会与 Ca^{2+} 结合，溶液呈红色；若无 Ca^{2+}，则溶液呈蓝色。

3. Cl⁻ 的检验

加 $AgNO_3$ 试剂出现白色沉淀。

4. SO₄²⁻ 的检验

加 $BaCl_2$ 试剂出现白色沉淀。

5. 电导率测定

利用电导率仪测水样电导率，判断水的纯度。

三、仪器与试剂

1. 仪器

电导率仪(全套)，离子交换柱(3支，图2.5)，强酸型阳离子交换树脂(732型)，强碱型阴离子交换树脂(711型)。

2. 试剂

$2\ mol\cdot L^{-1}$ 的 HNO_3，$2\ mol\cdot L^{-1}$ 的 $NaOH$，$0.1\ mol\cdot L^{-1}$ 的 $AgNO_3$，$1\ mol\cdot L^{-1}$ 的 $BaCl_2$，NH_3-NH_4Cl 缓冲溶液，钙指示剂，铬黑T指示剂，pH试纸。

四、实验内容

1. 阴阳离子树脂的预处理

把阴阳离子交换树脂分别用 NaOH 和 HCl 浸泡 24 h，待用。

2. 装柱

将离子交换柱固定在铁架台上，柱中先充入去离子水，将混合的树脂和水倾入(可用洗瓶冲入)，不带入气泡并使树脂沉降均匀，再放掉水。树脂层高度应为交换柱长度的 2/3 左右。注意水面始终要略高于树脂液面，以免树脂中有气泡，否则重新装。

3. 淋洗

用去离子水倒入柱中，同时打开下面的活塞进行淋洗，用 pH 试纸检测直至出水显示中性为止。

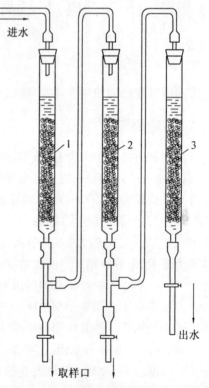

图 2.5 离子交换法制备纯水工艺流程
1—阴离子；2—阳离子；3—混合离子

4. 交换制水

连接好三个离子交换柱,将自来水慢慢倒入交换柱,同时打开活塞控制流速,使水逐滴流出,流速控制在每分钟 25~30 滴。待流出 50 mL 左右,分别从三个柱中取水作水质检验。

5. 电导率仪的使用方法

(1)打开电源开关,预热。

(2)温度补偿钮置25℃刻度值。将仪器测量开关置"校正"档,调节常数校正钮,使仪器显示电导池实际常数(系数)值。

(3)将开关置"测量"档,选用适当的量程,将铂黑电极插入被测液中,仪器显示该被测液在溶液温度下之电导率。

(4)测量完毕,将铂黑电极用蒸馏水荡洗数次,并浸入蒸馏水中。

五、数据记录与处理

表 2.10 数据记录表

样 品	检 测 项 目				
	电导率 /(S·m^{-1})	Mg^{2+} (加 1 滴缓冲溶液和少量铬黑 T)	Ca^{2+} (加 1 滴 NaOH 和少量钙试剂)	Cl$^-$ (加 2 滴 HNO$_3$ 和 2 滴 AgNO$_3$)	SO$_4^{2-}$ (加 1 滴 BaCl$_2$)
自来水					
阳离子交换柱流出液					
阴离子交换柱流出液					
混合柱流出液					

六、思考题

(1)试述离子交换法制备纯水的原理。

(2)为什么可用电导率估计水的纯度?

实验 13 钢铁零件氧化发蓝处理

一、实验目的

(1)了解碱性发蓝的原理与方法,了解零件表面化学除锈和除油过程;

(2)基本掌握钢铁零件的发蓝处理。

二、实验原理

钢铁制品经常会受到腐蚀,因此要进行防腐处理。发蓝处理是其中的一种方法。发蓝是用化学方法,把钢铁制品放在热的氧化性溶液中煮沸一定时间,使钢铁制品表面形成一层致密的、由磁性氧化铁组成的黑色和蓝黑色的氧化膜,这层氧化膜具有较强的抗腐蚀能力,这一过程称为发蓝处理。生成的氧化膜(磁性Fe_3O_4)组织致密,能与金属表面牢固地结合,而且色泽美观,有较大的弹性和润滑性,能防止金属锈蚀。

现代工业上钢铁发蓝采用高温型和常温型两种工艺,通常采用高温型工艺。即将钢铁零件放入NaOH和$NaNO_2$的浓溶液中,加热一段时间,即可得到氧化膜。相关反应式如下

$$3Fe + NaNO_2 + 5NaOH = 3Na_2FeO_2 + NH_3 + H_2O$$
$$6Na_2FeO_2 + NaNO_2 + 5H_2O = 3Na_2Fe_2O_4 + NH_3 + 7NaOH$$
$$Na_2FeO_2 + Na_2Fe_2O_4 + 2H_2O = Fe_3O_4 + 4NaOH$$

待发蓝处理的零件表面必须光洁,不得有油脂、金属氧化物或其他污染物,以免在发蓝过程中生成不均匀、不连续的氧化膜,甚至生不成氧化膜。因此,必须对发蓝零件表面进行处理。零件表面处理包括机械清理、除油和酸洗。

三、仪器与试剂

1. 仪器

发蓝槽(图2.6),烧杯,电炉。

2. 试剂

NaOH,$NaNO_2$,$NaNO_3$(以上药品工业纯即可),肥皂,机油,铁粉,NaOH(10%),HCl(20%),硫酸铜(3%),硫酸(0.2%),酚酞的酒精溶液(0.1%)。

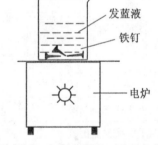

图2.6 发蓝处理示意图

四、实验内容

1. 配制发蓝溶液

称取30 g的NaOH于烧杯中,加30 mL水溶解,再慢慢地加入9 g $NaNO_2$和5 g $NaNO_3$,使之溶解,再加水20 mL,然后再加入一些纯净的铁粉,并加热至沸(约138~150℃),待用。

2. 零件表面的预处理

取待发蓝零件(缝衣针、铁片或铁钉等),用细砂纸仔细擦拭,直至表面光洁。然后,在质量分数为10%的碱液中煮沸10~20 min,取出后用清水洗涤,除净碱液。再把零件放入质量分数为20%的HCl溶液中浸泡5~10 min,取出洗净残液。

3. 发蓝

把零件浸入煮沸的发蓝液中30 min,同时不停转动零件以使氧化膜均匀。取出后,在表面上即有一层蓝黑色的氧化膜。若没有氧化膜,表明油污未除净,须重新进行预处理,或调整发蓝液成分。

4. 后处理

(1)清洗。把经过发蓝处理的零件立即用冷水冲洗,以洗去表面沾有的发蓝液(是否冲洗干净,可用浸有酚酞溶液的滤纸条贴在零件上,呈红色则未洗干净)。

(2)皂化。把零件浸入质量分数为30%~50%的热肥皂水中(控制温度为80~90℃)5 min左右,进行皂化处理,以提高氧化膜的抗蚀性。然后立即用热水冲洗除去残

液,晾干或烘干。

(3)浸油。把零件浸在 105~110℃ 的机油中处理 5~10 min,形成一层薄油膜,提高氧化膜的抗蚀力,并增强美观(为提高浸油效果通常在油中加5%的凡士林)。取出后放置 10 min,使沾着的油液流净后再擦干表面即可。经这样处理的钢铁制品表面呈蓝黑色而且均匀致密。

5.氧化膜的质量检查

(1)外观色泽检查。据工件材料不同,可以是深蓝色、蓝黑色,铸铁工件和高合金工件可呈棕黑色。

(2)致密性检查。把经发蓝处理过的制品浸入质量分数为2%的硫酸铜溶液中,在室温下浸半分钟后取出,观察表面是否有红色的铜析出,如没有铜析出,则发蓝有效。

(3)抗蚀性检查。把未皂化浸油的工件浸到质量分数为 0.2% 的 H_2SO_4 溶液中 2 min 后,用水清洗,工件表面应保持氧化色不变。

五、注意事项

(1)在发蓝处理前,钢铁制品的表面一定要洗净。
(2)对加有铬的不锈钢制品,不必做发蓝处理,因为铬本身就起到抗腐蚀作用。

实验14 粗食盐的提纯

一、实验目的

(1)掌握粗食盐提纯的基本原理和方法,学习溶解、沉淀、过滤、蒸发及减压抽滤等基本操作;
(2)熟悉产品纯度的检验方法。

二、实验原理

粗食盐中通常含有不溶性杂质(如泥沙等)和可溶性杂质(主要是 Ca^{2+}、Mg^{2+}、K^+ 和 SO_4^{2-}),实际应用中所需的盐均为较纯的 NaCl,因此必须将上述杂质除去。不溶性杂质可用溶解、过滤方法除去。可溶性杂质可以选择适当的化学试剂使它们分别生成难溶化合物而被除去。

一般先在粗食盐溶液中加入稍微过量的 $BaCl_2$ 溶液,SO_4^{2-} 转化为 $BaSO_4$ 沉淀,过滤可除去 SO_4^{2-}

$$SO_4^{2-} + Ba^{2+} = BaSO_4$$

然后再加入 NaOH 和 Na_2CO_3,可将 Ca^{2+}、Mg^{2+} 和 Ba^{2+} 转化为 $Mg_2(OH)_2CO_3$、$CaCO_3$、$BaCO_3$ 沉淀后过滤除去

$$2Mg^{2+} + 2OH^- + CO_3^{2-} = Mg_2(OH)_2CO_3$$

$$Ca^{2+} + CO_3^{2-} = CaCO_3$$

$$Ba^{2+} + CO_3^{2-} = BaCO_3$$

最后用稀 HCl 溶液调节食盐溶液的 pH 值至 3～4,可除去过量的 NaOH 和 Na_2CO_3

$$OH^- + H^+ = H_2O$$

$$CO_3^{2-} + 2H^+ = CO_2 + H_2O$$

粗食盐中 K^+ 和这些沉淀不起作用,仍留在溶液中。由于 KCl 在粗食盐中的含量较少,并且溶解度大于 NaCl,所以在蒸发浓缩和结晶过程中 KCl 绝大部分留在母液中,不会随着 NaCl 结晶析出。

三、仪器与试剂

1. 仪器

托盘天平,蒸发皿,表面皿,烧杯,量筒,布氏漏斗,吸滤瓶。

2. 试剂

粗食盐,$2.0\ mol \cdot L^{-1}$ HCl 溶液,$2.0\ mol \cdot L^{-1}$ NaOH 溶液,$6.0\ mol \cdot L^{-1}$ HAc 溶液,饱和 Na_2CO_3 溶液,$1.0\ mol \cdot L^{-1}$ $BaCl_2$ 溶液,饱和 $(NH_4)_2C_2O_4$ 溶液,pH 试纸,镁试剂。

四、实验内容

1. 溶解粗食盐

用托盘天平称取 10.0g 粗食盐放入 150 mL 烧杯中,加 50mL 蒸馏水,加热搅拌使溶解,剩下少量不溶的泥沙等杂质。

2. 除去 SO_4^{2-} 离子

将上述溶液加热近沸,在不断搅拌和保温下,逐滴加入 $1.0\ mol \cdot L^{-1}$ $BaCl_2$ 溶液。继续加热使 $BaSO_4$ 沉淀完全。2～4min 后停止加热。待沉淀下降后,在上层清液滴加 $BaCl_2$,以检验 SO_4^{2-} 是否沉淀完全,如有白色沉淀生成,则需在热溶液中再补加适量的 $BaCl_2$ 直至沉淀完全。

3. 除去 Ca^{2+}、Mg^{2+} 和 Ba^{2+}

在上述滤液中加入 1mL 的 $2.0\ mol \cdot L^{-1}$ NaOH 溶液和 4.0mL 饱和 Na_2CO_3 溶液,加热至沸,静置片刻。待沉淀沉降后,吸取上面的清夜约 0.5mL 加入 $23mol \cdot L^{-1}$ 的 H_2SO_4 溶液1～2滴,振荡试管。若有白色浑浊现象,可在溶液中再加入 0.5～1mL 的 Na_2CO_3 溶液(依浑浊程度而定),加热近沸,然后再取样检验,直至无浑浊。静置片刻,过滤,滤液收集在 150 mL 烧杯中。

4. 除去 OH^- 和 CO_3^{2-} 离子

在滤液中逐滴加入 $1.0\ mol \cdot L^{-1}$ HCl 溶液,使 pH 值达到 3～4。

5. 蒸发结晶

将滤液放入蒸发皿中,小火加热,不断搅拌,以免爆溅。将溶液浓缩至糊状(勿蒸干),停止加热。

6. 结晶、减压过滤、干燥

冷却后用布氏漏斗减压过滤,用少量 2:1 酒精洗涤,并尽量将结晶抽干。再将晶体转

移到蒸发皿中,在石棉网上用小火加热干燥(或放入烘箱内烘干)。冷却后,称其质量,计算收率

$$收率 = 精盐质量(g)/10.0g \times 100\%$$

7. 产品纯度的检验

分别取粗食盐和精制后的盐各0.5g放入试管内,用5 mL蒸馏水溶解,然后各分三等份,盛在六支试管中,分成三组,用对比法比较它们的纯度。

(1) SO_4^{2-}离子的检验。在第一组试管中先加1mL的1.0 mol·L^{-1} HCl酸化,然后各滴入2滴 1.0 mol·L^{-1} $BaCl_2$溶液,观察现象。

(2) Ca^{2+}离子的检验。在第二组试管中先加1mL的2.0 mol·L^{-1} HAc,然后各滴入2滴饱和$(NH_4)_2C_2O_4$溶液,观察现象。加HAc的目的是为了排除Mg^{2+}的干扰,因为MgC_2O_4溶于HAc,而CaC_2O_4不溶于醋酸。

(3) Mg^{2+}离子的检验。在第三组试管中各滴加2滴2.0 mol·L^{-1} NaOH,使溶液呈碱性,再各加1滴镁试剂,观察有无天蓝色沉淀生成。镁试剂是对硝基偶氮间苯二酚,它在碱性溶液中呈红色或紫色,当被$Mg(OH)_2$吸附后则呈天蓝色。

五、思考题

(1) 在除去Ca^{2+}、Mg^{2+}和SO_4^{2-}时,为什么要先加$BaCl_2$溶液,然后再加Na_2CO_3溶液?
(2) 溶液浓缩时为什么不能蒸干?
(3) 检验SO_4^{2-}时,为什么要加HCl,饱和Na_2CO_3中为什么要加入NaOH溶液?

实验15　由废铜渣制备硫酸铜

一、实验目的

(1) 了解由废铜渣制备铜盐的原理和方法;
(2) 练习和掌握过滤、蒸发、结晶和干燥等基本操作。

二、实验原理

$CuSO_4·5H_2O$是蓝色三斜晶体,俗称胆矾、蓝矾或铜矾,在干燥空气中会缓慢风化,150℃以上失去5个结晶水,成为白色无水硫酸铜。无水硫酸铜具有极强的吸水性,吸水后显蓝色,可用来检验某些有机液体中是否残留有水分。硫酸铜用途广泛,是制取其他固体铜盐和含铜农药,如波尔多液的基本原料,它在印染工业上用做助催化剂。纯铜属于不活泼金属,不能溶于非氧化性的酸中。在工业上制备$CuSO_4·5H_2O$有多种方法,例如:氧化铜酸化法——铜料或废铜在反射炉煅烧成氧化铜后与酸反应;硝酸氧化法——废铜与硫酸、硝酸反应等。

由于回收的废铜渣一般是铜锌混合物,根据此特点,首先应将铜进行提纯。向混合物中加入HCl,则锌会与盐酸反应而进入溶液中,离心分离可得纯铜。

将铜粉灼烧氧化而后溶于硫酸可以制备 $CuSO_4 \cdot 5H_2O$，反应式为

$$2Cu+O_2 = 2CuO(黑色)$$
$$CuO+H_2SO_4 = CuSO_4+H_2O$$

$CuSO_4 \cdot 5H_2O$ 在水中的溶解度，随温度的升高而明显增大，因此硫酸铜中的其他杂质，可通过重结晶法使其留在母液中，从而得到较纯的蓝色水合硫酸铜晶体。水合硫酸铜在不同的温度下可以逐步脱水，其反应式为

$$CuSO_4 \cdot 5H_2O = CuSO_4 \cdot 3H_2O + 2H_2O$$
$$CuSO_4 \cdot 3H_2O = CuSO_4 \cdot H_2O + 2H_2O$$
$$CuSO_4 \cdot H_2O = CuSO_4 + H_2O$$

三、仪器与试剂

1. 仪器

托盘天平，离心机，水浴锅，酒精灯，量筒，漏斗，表面皿，吸滤瓶，布氏漏斗，蒸发皿，石棉网，玻棒，马弗炉，坩埚等。

2. 试剂

$H_2SO_4(1\ mol \cdot L^{-1})$，$HCl(2\ mol \cdot L^{-1})$。

四、实验内容

1. 铜的提纯

称取 6 g 研细的铜渣放在 100 mL 小烧杯中，加入 25～30 mL 的 $2\ mol \cdot L^{-1}$ HCl，使铜渣中的锌与 HCl 充分反应。然后小心倾去上层清夜，把烧杯底部的铜全部转移到离心试管中，离心分离后，小心用吸管吸出上层清夜。然后向试管中加入少量蒸馏水，搅拌、洗涤、离心分离后，吸出上层清夜。如此洗涤 4～5 次，得处理后的单质铜，转移至干净的蒸发皿中。

2. 铜的氧化

将上述所得铜粉，放入干燥洁净的瓷坩埚中，将坩埚置于泥三角上，用酒精灯灼烧，并不断搅拌，至铜粉转化为黑色的 CuO（约 30 min），停止加热，冷却，备用。

3. $CuSO_4 \cdot 5H_2O$ 的制备

将制得的 CuO 转入 50 mL 小烧杯中，加入 20 mL 的 $1\ mol \cdot L^{-1}\ H_2SO_4$（按 CuO 转化率 80% 估算），微热使之溶解。如 10 min 后，CuO 未完全溶解（烧杯底部有黑色粉末），表明 CuO 转化率高，可补加适量 H_2SO_4 继续溶解。然后将溶液转入蒸发皿中，水浴加热，蒸发浓缩至液面出现晶膜为止（不宜搅动）。取下，让其自然冷却至室温，即有 $CuSO_4 \cdot 5H_2O$ 晶体析出（如无晶体，再继续蒸发浓缩），减压过滤，用 3 mL 无水乙醇淋洗，抽干。将产品转移至表面皿上，用滤纸吸干后称量质量。计算产率，回收母液。

4. 硫酸铜结晶水的测定

(1) 在台秤上称取 1.2～1.5 g 磨细的 $CuSO_4 \cdot 5H_2O$，置于一干净并灼烧恒重的坩埚中，然后在分析天平上称量此坩埚与样品的质量，由此计算出坩埚中样品的准确质量 m_1。

(2)将装有 $CuSO_4 \cdot 5H_2O$ 的坩埚放置在马弗炉里,在 543~573 K 下灼烧 40 min,取出后放在干燥器内冷却至室温,在天平上称量装有硫酸铜的坩埚的质量。

(3)将以上步骤中称过质量的坩埚,再次放入马弗炉中灼烧(温度与(2)相同)15 min,取出后放入干燥器内冷却至室温,然后在分析天平上称其质量。反复加热,称其质量,直到两次称量结果之差不大于 5 mg 为止。并计算出无水硫酸铜的质量 m_2 及水合硫酸铜所含结晶水的质量,从而计算出硫酸铜结晶水的数目。

五、思考题

(1)调节溶液的 pH 值为什么常选用稀酸、稀碱,而不用浓酸、浓碱?除酸、碱外,还可选用哪些物质来调节溶液的 pH 值,选用的原则是什么?

(2)精制后的硫酸铜溶液为什么要在 H_2SO_4 溶液中加热蒸发,而不洗涤至中性?

实验 16　硫酸亚铁铵的制备

一、实验目的

(1)了解硫酸亚铁铵的制备方法及复盐的特性;
(2)练习水浴加热、蒸发浓缩、结晶、减压过滤等无极制备的基本操作。

二、实验原理

硫酸亚铁铵 $(NH_4)_2Fe(SO_4)_2 \cdot 6H_2O$,俗称摩尔盐,为浅绿色晶体,易溶于水,难溶于乙醇。在空气中比亚铁盐稳定,不易被氧化,在定量分析中常用于配制亚铁离子的标准溶液。

常用的制备方法是,先用铁与稀硫酸作用制得硫酸亚铁,再用 $FeSO_4$ 与 $(NH_4)_2SO_4$ 在水溶液中相互作用生成硫酸亚铁铵,由于复盐的溶解度比单盐要小,因此溶液经蒸发浓缩、冷却后,复盐在水溶液中首先结晶,形成 $(NH_4)_2FeSO_4 \cdot 6H_2O$ 晶体

$$Fe + H_2SO_4 = FeSO_4 + H_2 \uparrow$$
$$FeSO_4 + (NH_4)_2SO_4 + 6H_2O = FeSO_4 \cdot (NH_4)_2SO_4 \cdot 6H_2O$$

产品中主要的杂质是 Fe^{3+},产品质量的等级也常以 Fe^{3+} 含量多少来衡量,本实验采用目视比色法进行产品质量的等级评定。

将样品配制成溶液,在一定条件下与含一定量杂质离子的系列标准溶液进行比色或比浊,以确定杂质含量范围。如果样品溶液的颜色或浊度不深于标准溶液,则认为杂质含量低于某一规定限度,这种分析方法称为限量分析。

三、仪器与试剂

1.仪器

锥形瓶,烧杯,量筒,蒸发皿,表面皿,玻璃棒,漏斗,布氏漏斗,抽滤瓶,酒精灯,电炉,石棉网,铁架台,铁圈,托盘天平,滤纸,pH 试纸,温度计,水浴锅。

2.试剂

H_2SO_4（3 mol·L^{-1}），95% 乙醇，25% $BaCl_2$ 溶液，40% NaOH，25% KSCN，$K_3Fe(CN)_6$（0.1 mol·L^{-1}），$(NH_4)_2SO_4$(s)，铁屑。

四、实验内容

1.方法一

直接称取 2.5 g $FeSO_4·7H_2O$ 溶解于 20 mL 蒸馏水中，再称取 2 g $(NH_4)_2SO_4$ 倒入 $FeSO_4$ 溶液中，水浴蒸发浓缩至表面出现结晶膜为止，冷却，得 $(NH_4)_2SO_4·FeSO_4·6H_2O$ 晶体。抽滤，并用酒精洗去晶体表面的水分，抽干，取出，吸干，观察晶体的颜色和状态，称量，计算产率。

2.方法二

（1）铁屑的净化（除去油污）。用台秤称取 2.0 g 铁屑放入 150 mL 锥形瓶中，加入 20 mL 10% Na_2CO_3 溶液，加热煮沸除去油污。倾去碱液，用水洗铁屑至中性（如果用纯净的铁屑，可省去这一步）。

（2）$FeSO_4$ 溶液的制备。将称好的 2 g 粗铁屑放入 150 mL 锥形瓶中，加入 10 mL 3 mol·L^{-1} 的 H_2SO_4 溶液，水浴加热（温度不要超过 80 ℃）直至反应完全，反应过程中适当补加少量蒸馏水，以维持原体积，反应完毕，趁热过滤，并用少量热蒸馏水冲洗锥形瓶及滤渣（残渣可用少量水洗 2~3 次），将洗涤液和滤液合并移入洁净的蒸发皿中。

（3）硫酸亚铁铵的制备。称取 4.7 g 硫酸铵加入上述 $FeSO_4$ 溶液中，水浴加热至硫酸铵完全溶解，继续蒸发浓缩至溶液表面刚出现薄层的结晶时为止。自水浴上取下蒸发皿，放置，冷却后即有硫酸亚铁铵晶体析出。待冷至室温后用布氏漏斗减压过滤，用少量乙醇洗去晶体表面所附着的水分。用药勺将晶体取出，置于两张洁净的滤纸之间，并轻压以吸干母液，称量，计算产率。

（4）产品检验。

①标准溶液的配制。往 3 支 25 mL 比色管中各加入 2 mL 1 mol/L 的 HCL 和 1 mL 5% KSCN 溶液，再用移液管分别加入 0.50 mL、1.00 mL、2.00 mL 0.100 g/L 的 Fe^{3+} 标准溶液，最后用蒸馏水稀释至刻度，混匀，配置成 Fe^{3+} 含量不同的标准溶液，分别计算这 3 支比色管中 Fe^{3+} 含量，其对应的产品等级分别为一级、二级、三级。

②Fe^{3+} 含量分析。称取 1.0 g 产品，至于 25 mL 比色管中，加入 15 mL 不含氧气的蒸馏水（怎样制取）溶解，再加入 2 mL 1 mol/L 的 HCL 和 1 mL 5% 的 KSCN 溶液，用玻璃棒搅拌均匀，加水至刻度。将其与配置好的上述标准溶液进行目视比色，确定产品的杂质含量，确定产品等级。

五、思考题

（1）计算产率是根据何种原料的用量计算产率？
（2）在蒸发浓缩过程中，若发现溶液变黄色是什么原因？如何处理？
（3）如何提高硫酸亚铁铵的产量？

实验17 电导法测定 $BaSO_4$ 的溶度积

一、实验目的

(1) 利用自制的 $BaSO_4$ 学习用电导法测定溶度积的方法；
(2) 学习电导仪原理与使用。

二、实验原理

硫酸钡是难溶电解质，在饱和溶液中存在如下平衡

$$BaSO_4(s) = Ba^{2+}(aq) + SO_4^{2+}(aq)$$

$$K_{spBaSO_4} = c_{Ba^{2+}} \cdot c_{SO_4^{2-}} = c_{BaSO_4}^2$$

由此可见，只须测定出 $c_{Ba^{2+}}$、$c_{SO_4^{2-}}$、c_{BaSO_4} 其中任何一种浓度值即可求出 K_{spBaSO_4}。鉴于 $BaSO_4$ 的溶解度很小，因此可把饱和溶液看做无限稀释的溶液，离子的活度与浓度近似相等。由于饱和溶液的浓度很低，因此常采用电导法，通过测定电解质溶液的电导率计算离子浓度。

当测定两平行电极之间溶液的电导时，把电极面积 $A = 1\ cm^2$，相距 $1\ cm$，溶液浓度为 $1\ mol/L$ 时，则得的电解质溶液的电导为摩尔电导率，用 λ 表示。当溶液浓度无限稀时，正、负离子之间的影响趋于零，摩尔电导率 λ 趋于最大值，用 λ_∞ 表示，称为极限摩尔电导率，可由物理化学手册上查得，在 298 K 时 $\lambda_{\infty BaSO_4} = 287.2 \times 10^{-4}\ S \cdot m^2 \cdot mol^{-1}$。

摩尔电导率 λ 是 $1\ mol/L$ 溶液的电导率，溶液的电导率为 $K(K = \lambda \cdot c)$，因此只要测得电导率 K 值，即可求得溶液浓度

$$c_{BaSO_4} = \frac{K_{BaSO_4}}{1\ 000 \lambda_{\infty BaSO_4}}$$

由于测得 $BaSO_4$ 的电导率包括水的电导率，因此真正的 $BaSO_4$ 电导率为

$$K_{BaSO_4} = K_{BaSO_4(溶液)} - K_{H_2O}$$

$$K_{spBaSO_4} = \left[\frac{K_{BaSO_4(溶液)} - K_{H_2O}}{1\ 000 \lambda_{\infty BaSO_4}}\right]^2$$

三、仪器与试剂

1. 仪器

DDS-11A 型电导率仪。

2. 试剂

$BaCl_2$ 溶液，H_2SO_4 溶液。

四、实验内容

1. $BaSO_4$ 饱和溶液的制备

用量筒分别量取 10 mL 0.05 mol/L 的 H_2SO_4 溶液和 10 mL 0.05 mol/L 的 $BaCl_2$ 溶液

置于50 mL烧杯中,加热近沸(到刚有气泡出现),在搅拌下起热,将$BaCl_2$慢慢滴到H_2SO_4溶液中(2~3滴/s),然后将盛有沉淀的烧杯放置于沸水浴中加热,并搅拌10 min,静置冷却20 min,用倾析法去掉清液,再用近沸的蒸馏水洗涤$BaSO_4$沉淀,重复洗涤沉淀3~4次,直到检验清液中无Cl^-为止(为了提高洗涤效果,每次应尽量不留母液)。最后在洗涤后的$BaSO_4$沉淀中加入20 mL蒸馏水,煮沸3~5 min,并不断搅拌,冷却至室温。

2. 电导测定

(1)取40 mL纯水,测定其电导率K_{H_2O},测定时操作要迅速。

(2)将制得的$BaSO_4$饱和溶液冷却至室温后(取上层清液)用DDS-11A型电导率仪测得电导率$K_{BaSO_4(溶液)}$。

五、实验结果

测得的温度$t=(\quad)$℃;

$K_{BaSO_4(溶液)}=(\quad)$S/cm;

$K=(\quad)$S/cm。

求得硫酸钡的溶度积

$$K_{BaSO_4}=\left[\frac{K_{BaSO_4(溶液)}-K_{H_2O}}{1\,000\lambda_{0BaSO_4}}\right]^2$$

六、思考题

(1)为什么要测纯水电导率?

(2)为什么在制得的硫酸钡沉淀中要反复洗涤至溶液中无氯离子存在,否则对实验有何影响。

(3)在什么条件下可用电导率计算溶液浓度。

2.2 有机化学实验

实验18 有机玻璃仪器的认领、洗涤和干燥

一、实验目的

(1)了解有机化学实验的一般常识与安全知识;

(2)认识有机化学实验常用的玻璃仪器和实验设备,掌握其基本操作;

(3)有机制备仪器的认领及其洗涤和干燥。

二、实验内容

1. 有机化学实验基本常识

有机化学实验的主要目的是训练掌握有机化学实验的基本技能,培养正确选择有机

化合物合成与鉴定的方法。实验前,必须阅读本书第1章有机化学实验的一般知识,了解实验室的安全及一般仪器设备;在进行每个实验前还必须认真预习有关实验内容,明确实验目的和要求,了解实验的基本原理、内容和方法,安排好实验计划。在实验过程中养成及时记录的良好习惯,凡是观察到的现象和结果以及有关的质量、体积、温度或其他数据,都应立即如实地写在记录本中。实验完毕后,应计算产率,然后将记录本和盛有产物、贴好标签的样品恢复原样。实验台面应该保持清洁和干燥,不是立即要用的仪器应保存在实验柜内。需要放在台面上待用的仪器,也应放得整齐有序,使用过的仪器应及时洗净。所有废弃的有机和无机试剂应放入回收容器内,绝不能丢入水槽或下水道,以免污染环境。有异臭或有毒物质的操作必须在通风橱内进行。

常用有机溶剂及其纯化见附录1;

危险化学药品的使用与保存见附录2。

2. 实验常用仪器

有机化学实验常用玻璃仪器(见实验基础部分):圆底烧瓶、梨形瓶、锥形烧瓶、三口挠瓶、Y形管、分馏头、蒸馏头、克氏蒸馏头、空气冷凝管、直(球)型冷凝瞥、分液漏斗、(衡压)滴液漏斗、A形接头、通气管、空心塞、干燥管、吸滤管、吸滤漏斗、尾接管、三叉燕尾接管等。

(1)磨口必须洁净。若有固体物则磨口对接不严密导致漏气;若杂物很硬,则会损坏磨口。

(2)用后立即拆卸洗净,特别是经过高温加热的磨口仪器。一旦停止反应,应先移去火源,然后立即活动磨口处,否则若长期放置,磨口的连接处会被粘牢,不易拆开。

(3)磨口仪器使用时,一般不需要涂润滑剂,以免污染反应物或产物。但是,如果反应中有强碱,则要涂润滑剂,防止磨口连接处因碱腐蚀粘牢而无法拆开。

(4)安装标准磨口玻璃仪器装置时,应注意安装位置的整齐和正确,防止磨口连接处受倾斜而产生应力,将仪器折断。

3. 有机制备仪的认领、洗涤和干燥

(1)仪器的洗涤。洗涤仪器是保证实验顺利完成的重要环节,应当养成良好的习惯。每次实验完成后应及时正确地将仪器洗涤干净,否则久置会使污垢不易洗掉。洗涤时应注意:

①实验完毕后应趁热将仪器立即拆开,以防仪器出现热套死现象。洗涤仪器应在仪器冷至室温后进行,先将仪器用水润湿,用毛刷蘸取少量去污粉擦洗器壁直至污垢去掉后再用水冲洗干净。

②磨口仪器洗涤时最好使用肥皂水;用去污粉时不要在磨口上用力摩擦,以防磨口损伤。

③不易洗去的脏物应视脏物的性质,用少量有机溶剂洗涤或用少量稀酸、碱处理,但应注意洗涤后的废液倒回回收瓶中。

(2)仪器的干燥。干燥的程度可视实验的具体要求而定,一般反应只须仪器自然晾干即可;需要特殊干燥时,使用前可以先用少量乙醇或丙酮洗涤仪器,再用气流烘干器或吹风机吹干,也可在烘箱中烘干后立即使用。但是应注意橡皮塞或橡皮管易老化,不得在烘箱中高温烘烤;带活塞的仪器烘干时应将活塞取下,分离后再烘干。

附1:常用有机溶剂及其纯化

有机化学实验离不开溶剂,溶剂不仅作为反应介质,在产物的纯化和后处理中也经常使用。市售的有机溶剂有工业纯、化学纯和分析纯等各种规格,纯度越高,价格越贵。在有机合成中,常常根据反应的特点和要求选用适当规格的溶剂,使反应能顺利进行又能节约经费。有机合成实验要用大量有机溶剂,为了降低实验成本,常用工业级或回收的普通溶剂自行精制后可供实验使用。但某些有机反应(如 Grignard 反应等)对溶剂的要求很高,即使溶剂中含有微量有机杂质和水分,也常常对反应速度和产率带来很大的影响,这就须对溶剂进行进一步纯化。由此了解常用有机溶剂的性质及纯化方法是十分重要的。

1. 无水乙醇(含量99.5%)和绝对乙醇(含量99.95%)

(1)无水乙醇(含量99.5%)的制备。沸点为78.5℃,折射率n_D^{20}为1.3611.相对密度d_4^{20}为0.7893。

由于乙醇和水要形成共沸物,用一般的蒸馏不能得到无水乙醇。普通的乙醇含量为95.57%,含水4.43%,通常称为95%乙醇。要制备无水乙醇,常用生石灰作脱水剂,因生石灰来源方便,而且生石灰以及它与水生成的氢氧化钙不溶于乙醇。

(2)绝对乙醇(含量99.95%)的制备。

①用金属镁制取。在500 mL的圆底烧瓶中,放置0.6 g 干燥纯净的镁条和10 mL 99.5%的乙醇,装上回流冷凝管,并在冷凝管上端附加一只无水氯化钙干燥管。在沸水浴上或用火直接加热使其达微沸,移去热源,立刻加入几粒碘片(此时注意不要振荡),顷刻即在碘粒附近发生作用,最后可以达到相当剧烈的程度。有时作用太慢则须加热,如果在加碘之后,作用仍不开始,则可再加入数粒碘。一般地讲,乙醇与镁的作用是缓慢的,如所用乙醇含水量超过0.5%则作用尤其困难。待全部镁已经作用完毕后,加100 mL 99.5%的乙醇和几粒沸石。回流1 h,蒸馏,产物收存于玻璃瓶中,用一橡皮塞或磨口塞塞住。

②用金属钠制取。装置和操作同上,在250 mL的圆底烧瓶中,放置2 g 金属钠和100 mL 纯度至少为99%的乙醇,加入几粒沸石。加热回流30 min后,加入邻苯二甲酸二乙酯,再回流10 min。取下冷凝管,改成蒸馏装置,按收集无水乙醇的要求进行蒸馏。产品储于带有磨口塞或橡皮塞的容器中。

【注意事项】

(1)本实验中所用仪器均须彻底干燥。由于无水乙醇具有很强的吸水性,故操作过程中和存放时必须防止水分浸入。

(2)一般用干燥剂干燥有机溶剂时,在蒸馏前应先过滤除去。但氧化钙与乙醇中的水反应生成的氢氧化钙,因在加热时不分解,故可留在瓶中一起蒸馏。

(3)使用金属钠时应先用滤纸将钠块表面油污吸干,再切去氧化膜;将新鲜钠块切碎投入反应瓶。注意回收碎钠屑。

2. 无水甲醇

沸点为64.96℃,折射率n_D^{20}为1.3288,相对密度d_4^{20}为0.7914。市售的甲醇,系由

合成而来,含水量不超过0.5%~1%。由于甲醇和水不能形成共沸混合物,为此可借高效的精馏柱将少量水除去。精制甲醇含有0.02%的丙酮和0.1%的水,一般已可应用。如要制得无水甲醇,可用制备无水乙醇的方法(镁法)。若含水量低于0.1%,亦可用0.3 nm或0.4 nm型分子筛干燥。甲醇有毒,处理时应避免吸入其蒸气。

3. 无水乙醚

普通乙醚中含有少量水和乙醇,在保存乙醚时,由于与空气接触和光的照射,通常含有少量过氧化物。它们对于要求用无水乙醚作溶剂的反应,不仅影响反应且易发生危险。因此在制备无水乙醚时,首先要检验有无过氧化物存在。检验的方法如下:

取少量乙醚加入等体积2%碘化钾溶液,再加入几滴稀盐酸一起振摇,振摇后的溶液若能使淀粉溶液显蓝色,证明有过氧化物存在。则按下列方法处理。

在分液漏斗中加入普通乙醚,再加入相当于乙醚体积1/5的新配制的硫酸亚铁溶液剧烈振摇后分去水层。醚层用饱和食盐水洗涤后加入无水氯化钙干燥过夜。这样可除去大部分的水和乙醇。蒸馏收集34~35℃馏分。再在收集瓶中压入钠丝,然后用一只软木塞,在中间插入一端拉成毛细管的玻璃管,塞住瓶口放置。待乙醚中微量的水和乙醇转化为氢氧化钠和醇钠后即可使用。

【注意事项】

(1)乙醚沸点低,极易挥发。蒸馏时用水浴加热严禁用明火加热。乙醚蒸气比空气重(约为空气的2.5倍),容易聚集在桌面和低洼处,当空气中含有1.8%~36.5%的乙醚蒸气时,遇火星即会燃烧爆炸。在蒸馏时,接液管支管应接一橡皮管调入下水道。

(2)硫酸亚铁溶液的配制。在烧杯中加入55 mL水和3 mL浓硫酸,然后加入30 g硫酸亚铁。溶解后即成。此溶液必须在使用前配制,久置后易变质。

4. 丙酮

沸点为56.2℃,折射率n_D^{20}为1.3588,相对密度d_4^{20}为0.7988。

普通丙酮中常含有少量水、甲醇和乙醛等杂质,分析纯丙酮中的有机杂质低于0.1%,但含水量达1%。丙酮的纯化方法如下。

(1)在100 mL普通丙酮中加入0.5 g高锰酸钾加热回流,若紫红色很快消失,则需再加入少量高锰酸钾继续回流,直至紫色不再消失为止。将丙酮蒸出,然后加入无水碳酸钾或无水硫酸钙干燥。过滤,蒸馏收集56~57℃的馏分。

(2)在100 mL普通丙酮中加入4 mL 10%的硝酸银溶液及35 mL 0.1 mol·L^{-1}氢氧化钠溶液,振荡10 min,除去还原性杂质。过滤,滤液用无水硫酸钙干燥后,蒸馏收集56~57℃的馏分。

5. 乙酸乙酯

沸点为77.06℃,折射率n_D^{20}为1.3723,相对密度d_4^{20}为0.9003。

市售的乙酸乙酯中含有少量水、乙醇和醋酸,可用下述方法精制。

(1)在100 mL乙酸乙酯中加入10 mL醋酸酐,1滴浓硫酸,加热回流4 h,除去乙醇、水等杂质,然后进行分馏。馏液用2~3 g无水碳酸钾振荡干燥后蒸馏,最后产物的沸点为77℃,纯度达99.7%。

(2)将乙酸乙酯先用等体积5%碳酸钠溶液洗涤,再用饱和氯化钙溶液洗涤,然后用无水碳酸钾干燥后蒸馏。

6. 二硫化碳

沸点为 44.25 ℃，折射率 n_D^{20} 为 1.6319，相对密度 d_4^{20} 为 1.2661。

二硫化碳为有较高毒性的液体（能使血液和神经中毒），它具有高度的挥发性和易燃性，所以使用时必须十分小心，避免接触其蒸气。一般有机合成实验中对二硫化碳要求不高，可在普通二硫化碳中加入少量研碎的无水氯化钙，干燥后滤去干燥剂，然后在水浴中蒸馏收集。若要制得较纯的二硫化碳，则须将试剂级的二硫化碳用 0.5% 高锰酸钾水溶液洗涤 3 次，除去硫化氢，再用汞不断振荡除去硫，最后用 2.5% 硫酸汞溶液洗涤，除去所有恶臭（剩余的硫化氢），再经氯化钙干燥，蒸馏收集。

7. 石油醚

石油醚是低沸点混合烷烃，常用石油醚沸程有 30~60 ℃、60~90 ℃ 和 90~120 ℃。

石油醚主要成分为戊烷、己烷和庚烷，还含有少量不饱和烃，用蒸馏无法分离。通常将石油醚倒入分液漏斗中，加入其体积 1/10 的浓硫酸振摇洗涤 2~3 次，可除去大部分不饱和烃。再用含有 0.1 mol·L^{-1} 高锰酸钾的 10% 硫酸溶液洗涤，直至水层中紫红色不褪为止。然后用水洗涤，分去水层，用无水氯化钙干燥。过滤后蒸馏收集馏分。若要绝对无水的石油醚，可再压入钠丝放置备用（参照无水乙醚制备）。

8. 四氢呋喃（THF）

沸点为 67 ℃，折射率 n_D^{20} 为 1.4050，相对密度 d_4^{20} 为 0.8992。

四氢呋喃常作为 Grignard 反应和氢化铝锂的还原中用来代替乙醚作为溶剂。市售四氢呋喃含量为 95% 左右，其中常含有少量水和过氧化物。若含有过氧化物，须按处理乙醚中过氧化物的方法处理。先用硫酸亚铁溶液洗涤后加入无水氯化钙干燥。将干燥的四氢呋喃过滤后加入氢化铝锂（一般 500 mL 四氢呋喃约加 2g 氢化铝锂），装上冷凝管和氯化钙干燥管加热回流 1~2 h。蒸馏收集 65~66 ℃ 的馏分。

9. 吡啶

沸点为 115.5 ℃，折射率 n_D^{20} 为 1.5095，相对密度 d_4^{20} 为 0.9819。

分析纯的吡啶含有少量水分，但已可供一般应用。如果要制得无水吡啶，可与粒状氢氧化钾或氢氧化钠一同回流，然后隔绝潮气蒸出备用。干燥的吡啶吸水性很强，保存时应将容器口用石蜡封好。

10. 二氯甲烷

沸点为 40.0 ℃，折射率 n_D^{20} 为 1.4242，相对密度 d_4^{20} 为 1.3266。

普通的二氯甲烷一般都能直接用来作萃取剂，如需纯化，可用 5% 的碳酸钠溶液洗涤后再用水洗涤。用无水氯化钙干燥后蒸馏，收集 40~41 ℃ 的馏分。

二氯甲烷是卤代烷中毒性较小的，使用比较安全，因此常可代替氯仿作为比水重的萃取溶剂。二氯甲烷不宜久置于空气中以免氧化变质，宜贮存于棕色瓶内，所有卤代烃都不能用金属钠干燥，否则会发生爆炸。

11. 1,2-二氯乙烷

沸点为 83.4 ℃，折射率 n_D^{20} 为 1.4448，相对密度 d_4^{20} 为 1.2531。

1,2-二氯乙烷为无色油状液体,有芳香气味但却是有毒的致癌物质。它可与水形成共沸物,沸点为72℃,其中1,2-二氯乙烷的含量为81.5%。可与乙醇、乙醚、氯仿等互溶。一般纯化可依次用浓硫酸、水、稀碱溶液和水洗涤,加入氯化钙或五氧化二磷干燥。过滤后蒸馏。

12. 三氯甲烷(氯仿)

沸点为61.7℃,折射率 n_D^{20} 为1.4459,相对密度 d_4^{20} 为1.4832。

普通的氯仿中含有1%乙醇作为稳定剂,为了防止氯仿分解为有毒的光气。要除去乙醇,可将氯仿倒入分液漏斗中,加入一半体积的水振摇,分出下层的氯仿层,用无水氯化钙干燥后蒸馏收集馏分。宜保存在棕色的瓶里,放在避光处,以免光照分解产生光气。氯仿有毒,有致癌报道。

13. 二甲亚砜(DMSO)

沸点为189.0℃,折射率 n_D^{20} 为1.4783,相对密度 d_4^{20} 为1.0954。

二甲亚砜为无色、无臭、微带苦味的吸湿性液体,是能与水互溶的高极性非质子溶剂,被广泛用作有机反应溶剂和光谱分析试剂。市售试剂级二甲亚砜含水量约为1%。通常先减压蒸馏,然后用0.4 mm型分子筛干燥后再减压蒸馏,收集75~76℃/1.6 kPa(12 mmHg)的馏分。蒸出的二甲亚砜加入分子筛备用。蒸馏温度不宜高于90℃,否则会发生歧化反应,生成二甲砜和二甲硫醚。二甲亚砜与氢化钠、高碘酸等物质混合时可能会爆炸,应予注意。

14. N,N-二甲基甲酰胺(DMF)

沸程为149~156℃,折射率 n_D^{20} 为1.4305,相对密度 d_4^{20} 为0.9487。

普通的N,N-二甲基酰胺为无色液体常含有少量的水、胺和甲醛等。在常压蒸馏时会部分分解,产生二甲胺和一氧化碳。若有酸或碱存在会加速分解,如用固体氢氧化钾或氢氧化钠干燥,放置数小时即有部分分解。因此最好用硫酸钙、硫酸镁、氧化钡、硅胶等干燥,或用分子筛干燥,再进行减压蒸馏。收集76℃/4.8 kPa(36 mmHg)的馏分。保存时加入分子筛。

15. 二氧六环

沸点为101.5℃,折射率 n_D^{20} 为1.4224,相对密度 d_4^{20} 为1.0336。

二氧六环又名1,4-二氧己环。普通二氧六环中含有少量二乙醇缩醛与水,久储的二氧六环还可能含有过氧化物。二氧六环的纯化,一般加入10%的浓盐酸与之回流3 h,同时慢慢通入氮气,以除去生成的乙醛,冷至室温,加粒状氢氧化钾直至不再溶解。然后分去水层,用粒状氢氧化钾干燥过夜后,过滤,再加金属钠加热回流数小时,蒸馏后压入钠丝保存。

附2:危险化学药品的使用与保存

化学工作者经常使用各种各样的化学药品进行工作,根据常用的化学药品的危险性,基本分为易燃、易爆和有毒三类,分述如下:

一、易燃化学药品

1. 可燃气体
氢、乙胺、氯乙烷、乙烯、煤气、氢气、氧气、硫化氢、甲烷、氯甲烷、二氧化硫等。

2. 易燃液体
汽油、乙醚、乙醛、二硫化碳、石油醚、苯、甲苯、二甲苯、丙酮、乙酸乙酯、甲醇、乙醇等。

3. 易燃固体
红磷、三硫化二磷、萘、镁、铝粉等，黄磷为自燃固体。

从上述可以看出，大部分有机溶剂均为易燃物质，如使用或保管不当，极易引起燃烧，故须特别注意。

二、易爆化学药品

气体混合物的反应速率随成分而异，当反应速率达到一定限度时，即会引起爆炸，常见物质的爆炸极限见表2.11。

表2.11 常见物质爆炸极限

名 称	爆炸范围(体积分数/%)	名 称	爆炸范围(体积分数/%)
甲醇	6.72~36.5	苯	4~74
乙醇	3.28~18.95	H_2	12.5~74.2
乙醚	1.85~36.5	NH_3	15~27
丙酮	2.55~12.80	CH_4	25~80
乙炔	25~80		

经常使用的乙醚，不但其蒸气能与空气或氧混合，形成爆炸混合物，放置陈久的乙醚被氧化生成的过氧化物在蒸馏时也会引起爆炸。此外四氢呋喃等环醚亦会因产生过氧化物而引起爆炸。某些以较高速度进行的放热反应，因生成大量气体也会引起爆炸并伴随着发生燃烧。一般说来，易燃物质大多含有以下结构或官能团：

—O—O—臭氧、过氧化物，　　—O—Cl 氯酸盐、高氯酸盐，
—N=O 亚硝基化合物，　　　—NO_2 硝基化合物(如苦味酸盐)
=N—Cl 氮的氯化物，　　　　—N=C 雷酸盐
—N=N—重氮及叠氮化合物，　—C≡C 乙炔化合物(乙炔金属盐)

1. 自行爆炸的物品
有高氯酸铵、硝酸铵、浓高氯酸、雷酸汞、三硝基甲苯等。

2. 混合发生爆炸的物品
①高氯酸+酒精或其他有机物；② 高锰酸钾+甘油或其他有机物；③ 高锰酸钾+硫酸或硫；④ 硝酸+镁或碘化氢；⑤ 硝酸铵+酯类或其他有机物；⑥ 硝酸铵+锌粉+水；⑦ 硝酸盐+氯化亚锡；⑧ 过氧化物+铝+水；⑨ 硫+氧化汞；⑩ 金属钠或钾+水。

3. 防止爆炸的注意事项
氧化物与有机物接触，极易引起爆炸。在使用浓硝酸、高氯酸及过氧化氢等时，必须

特别注意。防止爆炸还要注意以下几点：

①进行可能爆炸的实验，必须在特别设计的防爆炸地方进行；使用可能发生爆炸的化学药品时，必须做好个人防护，戴面罩或防护眼镜，在不碎玻璃通风橱中进行操作；并设法减少药品用量或浓度，进行小量试验。对不了解性能的实验，切勿大意。

②苦味酸须保存在水中，某些过氧化物（如过氧化苯甲酰）必须加水保存。

③易爆炸残渣必须妥善处理，不得任意乱丢。

三、有毒化学药品

1. 有毒化学药品的侵入途径

有毒化学药品通常由下列途径侵入人体：

（1）由呼吸道侵入。故有毒实验必须在通风橱内进行，并经常注意室内空气流畅。

（2）由皮肤黏膜侵入。眼睛的角膜对化学药品非常敏感，故进行实验时，必须戴防护眼镜，进行实验操作时，注意勿使药品直接接触皮肤，手或皮肤有伤口时更须特别小心。

（3）由消化道侵入。这种情况不多，为防止中毒，任何药品不得用口尝味，严禁在实验室用食，实验结束后必须洗手。

2. 常见有毒化学药品品种

（1）有毒气体。溴、氯、氟、氢氰酸、氟化氢、溴化氢、氯化氢、二氧化硫、硫化氢、光气、氨、一氧化碳等均为窒息性或具刺激性气体。在使用以上气体或进行有以上气体产生的实验时，必须在通风良好的通风橱中进行，并设法吸收有毒气体减少环境污染。如遇大量有害气体逸出室内，应立即关闭气体发生装置，迅速停止实验，关闭火源、电源，离开现场。

如发生伤害事故，应视情况及时加以处理。

（2）强酸或强碱。硝酸、硫酸、盐酸、氢氧化钠、氢氧化钾等均刺激皮肤，有腐蚀作用，造成化学烧伤。吸入强酸烟雾刺激呼吸道，使用时应倍加小心，并严格按规定的操作进行。

（3）无机化学药品。

①氰化物及氰氢酸。毒性极强、致毒作用极快；空气中若氰化氢含量达万分之三，数分钟内即可致人死亡，使用时须特别注意。氰化物必须密封保存；要有严格的领用保管制度，取用时必须戴口罩、防护眼镜及手套，手上有伤口时不得进行使用氰化物的试验；研碎氰化物时，必须用有盖研钵，在通风橱进行（不抽风）；使用过的仪器、桌面均得亲自清除，用水冲净；手及脸亦应仔细洗净；实验服可能污染，必须及时换洗。

②汞。室温下即能蒸发，毒性极强，能导致急性或慢性中毒。使用时必须注意室内通风，提纯或处理必须在通风橱内进行。如果泼翻，可用水泵减压收集，尽可能收集完全；无法收集的细粒，可用硫磺粉、锌粉或三氯化铁溶液清除。

③溴。液溴可致皮肤烧伤，蒸气刺激黏膜，甚至可使眼睛失明，必须在通风橱中进行操作；盛溴的玻璃瓶须放在金属罐中妥为存放，以免撞倒或打翻；如泼翻或打破，应立即用沙掩盖；如皮肤灼伤立即用稀乙醇洗或多量甘油按摩，然后涂以硼酸或凡士林。

④金属钠、钾。遇水即发生燃烧爆炸，使用时须小心。钠、钾应保存在液体石蜡或煤油中，装入铁罐中盖好，放在干燥处。

(4)有机化学药品。

①有机溶剂。有机溶剂均为脂溶性液体,对皮肤黏膜有刺激作用,对神经系统有选择作用。如苯,不但刺激皮肤,易引起顽固湿疹,对造血系统及中枢神经系统均有严重损害。再如甲醇对视神经特别有害。在条件许可情况下,最好用毒性较低的石油醚、乙醚、丙酮、甲苯、二甲苯代替二硫化碳、苯和卤代烷类。

②硫酸二甲酯。吸入及皮肤吸收均可中毒,且有潜伏期,中毒后感到呼吸道灼痛,对中枢神经影响大,滴在皮肤上能引起坏死,溃疡,恢复慢。

③芳香硝基化合物。化合物所含硝基越多毒性越大,硝基化合物中增加氯原子,亦将增加毒性。此类化合物的特点是能迅速被皮肤吸收,中毒后引起顽固性贫血及黄疸病,刺激皮肤引起湿疹。

④苯酚。能够灼伤皮肤,引起坏死或皮炎,沾染后应立即用温水及稀酒精洗。

⑤生物碱。大多数具强烈毒性,皮肤亦可吸收,少量可导致危险中毒甚至死亡。

⑥致癌物。很多烷基化剂,长期摄入体内有致癌作用,应予注意。其中包括硫酸二甲酯、对甲苯磺酸甲酯、N-甲基-N-亚硝基脲素、亚硝基二甲胺、偶氮乙烷以及一些丙烯酯类等。一些芳香胺类,由于在肝脏中经代谢而生成 N-羟基化合物而具有致癌作用,其中包括2-乙酰氨基芴、4-乙酰氨基联苯、2-乙酰氨基苯酚、2-萘胺、4-二甲氨基偶氮苯等。部分稠环芳香烃化合物,如3,4-苯并蒽、1,2,5,6-二苯并蒽等和9,10-二甲基-1,2-苯并蒽等,都是致癌物,其中9,10-二甲基-1,2-苯并蒽则属于强致癌物。

使用有毒药品时必须小心,要了解其性质与使用方法。不要沾污皮肤,吸入蒸气及溅入口中。最好在通风橱内操作,必要时戴防护眼镜及手套,小心开启瓶塞或安瓿,以免破损散出。使用过的仪器,应亲自冲洗干净,残渣废料丢在废物缸内。经常保持实验室及台面整洁,也是避免发生事故的重要措施。实验结束后必须养成洗手习惯。手上抹少许油脂,保持皮肤润滑,对保护皮肤也很有好处。

实验19 熔点、沸点的测定及温度计校正

一、实验目的

(1)了解熔点、沸点测定的意义,掌握测定熔点、沸点的方法及操作;
(2)了解温度计校正的意义,学习温度计校正的方法。

二、基本原理

1. 固体的熔点

通常认为固体化合物的熔点为固-液两态在大气压下达到平衡状态的温度。对于纯粹的有机化合物,一般都有固定熔点。即在一定压力下,固-液两相之间的变化都是非常敏锐的,初熔至全熔的温度不超过 $0.5 \sim 1°C$(熔点范围或称熔距、熔程)。如混有杂质则其熔点下降,且熔距也较长。以此可鉴定纯粹的固体有机化合物,并根据熔距的长短定性地估计出该化合物的纯度。

通常将熔点相同的两个化合物混合后测定熔点,如仍为原来熔点,即认为两化合物相同(形成固熔体除外)。如熔点下降则此两化合物不相同。具体作法:将两个试样以1∶9,1∶1,9∶1 不同比例混合,原来未混合的试样分别装入熔点管,同时测熔点,观察所测结果。但也有两种熔点相同的不同化合物,混合后熔点并不降低反而升高。混合熔点的测定虽然有少数例外,但对于鉴定有机化合物仍有很大的实用价值,是用来检验两种熔点相同或相近的有机化合物是否为同一种物质的最简便的物理方法。

2. 液体的沸点

一个化合物受热时其蒸气压升高,当达到与外界大气压相等时,液体开始沸腾,这时液体的温度就是该化合物的沸点。根据液体的蒸气压-温度曲线可知,一个物质的沸点与该物质所受的外界压力(大气压)有关。外界压力增大,液体沸腾时的蒸气压加大,沸点升高;相反,若减小外界的压力,则沸腾时的蒸气压下降,沸点就降低(作为一条经验规律,在 101.3 kPa 附近时,多数液体当压力下降 1.33 kPa,沸点约下降 0.5℃。在较低压力时,压力每降低一半,沸点约下降 10℃)。

由于物质的沸点随外界大气压的改变而变化,因此,讨论或报道一个化合物的沸点时,一定要注明测定沸点时外界的大气压,以便与文献值相比较。通常所说的沸点,是指在 101.3 kPa 压力下液体沸腾时的温度。例如,水的沸点为 100℃,是指在 101.3 kPa 压力下水在 100℃时沸腾。在其他压力下应注明压力。如在 12.3 kPa(92.5 mmHg)时,水在 50℃沸腾,这时水的沸点可表示为 50℃/12.3 kPa。

有机化合物的沸点是重要物理常数之一,在液体有机化合物的分离和纯化以及溶剂回收过程中具有重要意义。纯的液体有机化合物在一定的压力下具有一定的沸点,但具有固定沸点的液体不一定都是纯的有机化合物。

三、熔点、沸点的测定方法

熔点、沸点测定是有机化学实验中的重要基本操作之一,对有机化合物的研究具有较大实用价值。

1. 微量测定熔点的方法

毛细管法是较为简便应用广泛的方法,其测定熔点的具体方法是:

(1)熔点管的制备。将内径为 1 mm、厚度均匀的毛细管用瓷片或小砂轮截割成 6~8 cm 长、管口平整的小段,手持毛细管与酒精灯火焰成 45°角,不断旋转下用外焰将毛细管一端熔封成红色小球,放烧杯中待用。

(2)试样的装入。放少许研成细粉(约 0.1 g)待测熔点的干燥试样于干净的表面皿上,堆积在一起,将熔点管开口一端向下插入粉末中,然后将熔点管开口一端朝上轻轻在桌面上敲击,或取一支长约 30~40 cm 的干净玻璃管,垂直于表面皿上,将熔点管从玻璃管上端自由落下,以便粉末试样装填紧密,装入的试样有空隙则传热不均匀,影响测定结果。上述操作需重复数次。沾附于管外粉末须拭去,以免污染加热浴液。对于蜡状的样品,为了解决研细及装管的困难,要选用较大口径(2 mm 左右)的熔点管。

(3)提勒(Thiele)管。提勒管式熔点测定装置由提勒管(又称 b 型管)、固定于开口软木塞上的温度计、浴液和酒精灯四部分组成,如图 2.7 所示。加入浴液时,应使冷的浴液面略高于侧管上沿，用铁夹夹住提勒管颈部固定于铁架台上。装上温度计，使温度计的水银球处于提勒管上下两叉管口之间，刻度面向木塞开口。用橡皮圈将装好样品的熔点管固定于温度计下端，使样品部分置于水银球侧面中部。当在图示的部位加热时，受热的浴液作沿管上升运动，从而促成了整个 b 形管内浴液呈对流循环，使得温度较为均匀。在测定熔点时，凡是样品熔点在 220 ℃ 以下的，可采用浓硫酸作为浴液。因高温时，浓硫酸将分解放出三氧化硫及水，长期不用的熔点浴应先渐渐加热去掉吸入的水分，如加热过快，就有冲出的危险。当有机物和其他杂质触及硫酸时，会使硫酸变黑，有碍熔点的观察，此时可加入少许硝酸钾晶体共热后使之脱色。除浓硫酸以外，亦可采用磷酸（可用于 300 ℃ 以下）、石蜡油或有机硅油等作浴液。

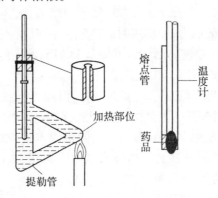

图 2.7　熔点浴装置

测定时，将提勒管垂直夹于铁架上，按前述方法装配完备，以石蜡油或有机硅油作为加热液体，将粘附有熔点管的温度计小心地伸入浴中，以小火在图示部位缓缓加热，开始时升温速度可以较快，到距离熔点 10～15 ℃ 时，调整火焰使每分钟上升约 1～2 ℃。越接近熔点，升温速度应越慢（掌握升温速度是准确测定熔点的关键），只有缓慢加热才能使误差减小。记下样品开始塌落并有液相产生时（初熔）和固体完全消失时（全熔）的温度计读数，即为该化合物的熔程。要注意，在初熔前是否有萎缩或软化、放出气体以及其他分解现象。例如一物质在 120 ℃ 时开始萎缩，在 121 ℃ 时有液滴出现，在 122 ℃ 时全部液化，应记录如下：熔点 121～122 ℃，120 ℃ 时萎缩。

熔点测定至少要有两次重复的数据，每一次测定都必须用新的熔点管另装样品，不能将已测过熔点的熔点管冷却，使其中的样品固化后再作第二次测定。因为有时某些物质会产生部分分解，有些会转变成具有不同熔点的其他结晶形式。测定易升华物质的熔点时，应将熔点管的开口端烧熔封闭，以免升华。

如果要测定未知物的熔点，应先对样品粗测一次。加热速度可以稍快，知道大致的熔点范围后，待浴温冷至熔点以下约 30 ℃ 左右，再取另一根装样的熔点管作精密的测定。

熔点测好后，温度计的读数须对照温度计校正图进行校正。一定要待熔点浴冷却后，方可将浴液倒回瓶中。温度计冷却后，用废纸擦去浴液，方可用水冲洗，否则温度计极易炸裂。

2. 微量测定沸点的方法

沸点是液体有机物重要的物理常数之一,它的确定有助于有机物的确认。沸点的测定分常量法和微量法两种。液体样品量在 10 mL 以上时采用常量法(蒸馏方法),如果仅有少量样品,则用微量法。微量法测定沸点的装置与测熔点的装置相似,只是样品管有所不同,沸点测定样品管由外管和内管两部分组成,外管内径为 3~4 mm,长度为 6~7 cm,一端熔封厚度均匀的毛细管;内管内径为 1 mm 厚度均匀的毛细管,在距离一端 1~1.5 cm 处熔封。测定时内管插入外管。微量测定沸点的装置如图 2.8 所示。

取 2~5 滴液体样品置于沸点管中,使液柱高约 1 cm。再放入封好一端的毛细管,并使封口朝上,然后将沸点管用小橡皮圈附在温度计旁,放入提勒管的热浴中进行加热。加热时,由于气体膨胀,毛细管中会有小气泡缓缓逸出,在到达该液体的沸点时,将有一连串的小气泡快速地

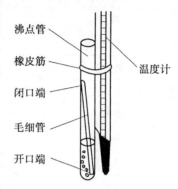

图 2.8 微量测定沸点装置

逸出。此时可停止加热,使浴温自行下降,气泡逸出的速度即渐渐减慢,在气泡不再冒出而液体刚要进入毛细管的瞬间(即最后一个气泡刚欲缩回至毛细管中时),表示毛细管内的蒸气压与外界压力相等,此时的温度即为该液体的沸点。为校正起见,待温度降下几度后再非常缓慢地加热,记下刚出现大量气泡时的温度。两次温度计读数应该不超过 1 ℃。

微量法测定沸点应注意三点:①加热不能过快,被测液体不宜太少,以防液体全部气化;②正式测定前,让毛细管里有大量气泡冒出,以此带出空气;③观察要仔细及时,并重复几次,其误差不得超过 1 ℃。

四、温度计的校正

在用上述方法测定熔点时,熔点的读数与实际熔点之间常有一定的差距,原因是多方面的,温度计的影响是一个重要因素。如温度计中的毛细管孔径不均匀,有时刻度不精确。温度计刻度划分有全浸式和半浸式两种,全浸式温度计的刻度是在温度计的汞线全部均匀受热的情况下刻出来的,而在测熔点时仅有部分汞线受热,因而露出来的汞线温度当然较全部受热者为低。另外长期使用的温度计,玻璃可能发生形变使刻度不准。为了校正温度计,可选用一标准温度计与之比较。通常也可采用纯粹有机化合物的熔点作为校正的标准。通过此法校正的温度计,上述误差可以消除。校正时只要选择数种已知熔点的纯粹有机化合物作为标准,以实测的熔点作纵坐标,测得的熔点与应有熔点的差值作横坐标,得温度计刻度校正曲线。任一温度的校正数可通过曲线直接找出。

用熔点方法校正温度计的标准化合物的熔点(单位为 ℃)见表 2.12,校正时可具体选择校正温度计常用的标准样品。

零点的测定最好用蒸馏水和纯冰的混合体。用一个 15 cm×2.5 cm 的试管放入蒸馏水 20 mL,将试管浸在冰盐浴中至蒸馏水部分结冰,用玻棒搅动使之成冰-水混合体系,将试管从冰盐浴中移出,然后将温度计插入冰-水中,用玻璃棒轻轻搅动混合物,到温度恒定 2~3 min 后再读数。

表 2.12 标准化合物的熔点

样品名称	标准熔点/℃	样品名称	标准熔点/℃
蒸馏水-冰	0	α-萘胺	0
二苯胺	53-54	对二氯苯	53
苯甲酸苯酯	70	萘	80
间硝基苯	89-90	二苯乙二酮	95-96
乙酰苯胺	114.3	苯甲酸	122.4
尿素	135	二苯基羟基乙酸	151
水杨酸	159	对苯二酚	170-171
3,5-二硝基苯甲酸	205	蒽	216.2-216.4
酚酞	262-263		

五、思考题

(1) 测沸点(微量法)时,如遇到以下情况将会如何?①毛细管空气未排除干净;②毛细管未封好;③加热太快。

(2) 测得某种液体有固定的沸点,能否认为该液体是单纯物质?为什么?

(3) 测定熔点时,若遇下列情况,将产生什么样结果?
①熔点管壁太厚;②熔点管底部未完全封闭,尚有一针孔;③熔点管不洁净;④样品未完全干燥或含有杂质;⑤样品研得不细或装得不紧密;⑥加热太快。

实验 20 工业苯甲酸粗品的重结晶提纯

一、实验目的

(1) 了解重结晶原理,初步学会用重结晶方法提纯固体有机化合物;
(2) 掌握重结晶、抽滤、热滤操作和滤纸折叠的方法。

二、实验原理

无论天然得到的还是制备得到的固体有机物大都含有杂质——副产物、没反应完的原料、催化剂等,需选用适当的溶剂进行重结晶提纯。除去这些杂质最有效的方法就是重结晶。这个方法的原理是利用固体混合物中各组分在某种溶剂中的溶解度不同,使它们相互分离,达到提纯精制的目的。一般是使待重结晶物质在较高的温度(接近溶剂沸点)下溶于合适的溶剂里;趁热过滤以除去不溶物质和有色杂质(加活性炭煮沸脱色);将滤液冷却,使晶体从过饱和溶液里析出,而可溶性杂质仍留在溶液中;然后进行减压过滤,把晶体从母液中分离出来;洗涤晶体除去吸附在晶体表面上的母液。注意:重结晶只适宜杂质含量在5%以下的固体有机混合物的提纯。从反应粗产物直接重结晶是不适宜的,必须先采取其他方法初步提纯,然后再重结晶提纯。

1. 溶剂的选择

正确地选择溶剂对重结晶操作很重要,选择溶剂条件:①不与重结晶的物质发生化学反应;②高温时重结晶物质在溶剂中的溶解度较大,低温则反之;③杂质的溶解度或是很大或是很小,容易和重结晶物质分离。常用溶剂及其沸点见表2.13。

表2.13 常用溶剂及其沸点

溶 剂	沸点/℃	溶 剂	沸点/℃	溶 剂	沸点/℃
水	100	乙酸乙酯	77	氯仿	61.7
甲醇	65	冰醋酸	118	四氯化碳	76.5
乙酸	78	二氧化碳	46.5	苯	80
乙醚	34.5	丙酮	56	粗汽油	90~150

2. 制饱和溶液

在溶剂沸点温度下将被提纯物制成饱和溶液,然后再多加20%的溶剂。过多会损失,过少会析出。有机溶剂需要回流装置。若溶液含有色杂质,要加活性炭脱色(用量为粗产品质量的1%~5%),但需停止加热并移开待溶液稍冷后再加活性炭,再次煮沸5~10 min。

3. 热过滤

(1)用热漏斗趁热过滤,预先加热漏斗,叠菊花滤纸,准备锥形瓶接收滤液,减少溶剂挥发用表面皿。若用有机溶剂,过滤时应先熄灭火焰或使用挡火板。

(2)可把布氏漏斗预先烘热,然后便可趁热过滤。可避免晶体析出而损失。

上述两种方法在过滤时,应先用溶剂润湿滤纸,以免结晶析出而阻塞滤纸孔。

4. 结晶

滤液放置冷却,析出结晶。晶体颗粒静大动小,为得到颗粒大、晶形均匀的晶体,应使滤液任其自行冷却不要搅动。

5. 抽滤

正确使用循环水泵和抽滤瓶,滤纸的直径应小于布氏漏斗内径。抽滤后,用少量溶剂洗涤晶体除去吸附在晶体表面上的母液,继续抽滤,注意抽滤结束时先拔掉吸滤瓶上的橡皮管再停止抽滤以防滤液倒吸。

三、仪器与试剂

1. 仪器

100 mL 量筒,150 mL 烧杯,布氏漏斗,250 mL 吸滤瓶,10 cm 表面皿,150 mL 锥形瓶。200 ℃温度计,提勒管,酒精灯等,提勒管或熔点测定仪。

2. 试剂

1.5 g 苯甲酸粗品,活性炭少量,液体石蜡或浓硫酸(测熔点用的浴液)等。

四、实验内容

1. 制饱和溶液

称取 1.5 g 苯甲酸粗品放在 150 mL 的锥形瓶中,加水 80 mL 放入几粒沸石,在石棉网上加热至沸腾,并用玻璃棒不断搅拌,使固体溶解。若有未溶的固体,用滴管每次加入热水 3~5 mL,直至全部溶解。将锥形瓶移开热源,冷却 3~5 min,然后加入少量活性炭(活性炭绝对不能加入正在沸腾的溶液中,否则会引起暴沸,使溶液逸出),再加热微沸 5 min(若溶剂蒸发太多可适当补充少量水)。

2. 热过滤

趁热用布氏漏斗过滤,除去活性炭和不溶性杂质。每次倒入漏斗的溶液不要太满,盛剩余溶液的锥形瓶放在石棉网上继续用小火加热,以防结晶析出。溶液过滤之后用少量热水洗涤锥形瓶和滤纸。然后先拔掉吸滤瓶上的橡皮管再停止抽气以防滤液倒吸。

3. 结晶

过滤完毕,迅速将滤液倒入 150 mL 烧杯,将盛滤液的烧杯用表面皿盖好放置结晶,冷至室温后再用冷水冷却使结晶完全。

4. 抽滤

结晶完成之后用布氏漏斗过滤,滤纸先用少量冷水湿润抽紧,将晶体和母液分批倒入漏斗中,抽滤后,用玻璃塞挤压晶体,使母液尽量除净,然后拔开吸滤瓶上的橡皮管,停止抽气。加少量冷水于布氏漏斗中,使晶体湿润,用药勺轻轻刮动晶体(注意不要把滤纸刮破),将晶体刮到已称重过的干燥表面皿上,摊薄在空气中晾干。待产品干燥后称重,计算回收率。

5. 熔点的测定

干燥后的纯苯甲酸(熔点 122.4 ℃),用提勒管或熔点测定仪测定其熔点。

五、思考题

(1) 重结晶法一般包括哪几个步骤,各步骤的主要作用是什么?

(2) 加热溶解待重结晶的粗产物时,为什么加入溶剂的量要比计算量稍少,然后逐渐添加至恰好溶解,最后再加入少量的溶剂?

(3) 活性碳为什么要在待结晶物全溶并稍冷后加入而不能在沸腾时加入?

(4) 使用布氏漏斗过滤时,如果滤纸大于布氏漏斗瓷孔面时,有什么不好?在布氏漏斗上用溶剂洗涤滤瓶时应注意哪些?

(5) 用水泵抽滤时,停止抽滤前,如不先拔除橡皮管就关住水阀会有什么问题产生?

实验 21　无水乙醇的制备

一、实验目的

(1) 学习并掌握回流、蒸馏的原理、装置的安装及其基本操作;

(2)掌握工业乙醇的纯化方法(液体物质的分离和提纯)。

二、实验原理

1. 工业乙醇的回流除水

普通的工业酒精是含95%乙醇和5%水的恒沸混合物,其沸点为78.15℃,用蒸馏的方法不能将乙醇中的水进一步除去。要制得无水乙醇,在实验室中可加入生石灰后回流,使水分与生石灰结合后再进行蒸馏,得到无水乙醇。其含量最高可达99.5%,若再加乙醇镁进行蒸馏,乙醇镁和微量水反应,生成乙醇和氢氧化镁,此时蒸出的乙醇为绝对乙醇。

$$CaO + H_2O \longrightarrow Ca(OH)_2$$
$$(CH_3CH_2O)_2Mg + H_2O \longrightarrow 2CH_3CH_2OH + Mg(OH)_2$$

2. 乙醇的蒸馏纯化

因 $Ca(OH)_2$ 不易分解,所以可以不过滤而直接蒸馏。蒸馏时的速度不能太快,否则易在蒸馏瓶的颈部造成过热现象或冷凝不完全,使温度计读得的沸点偏高;同时蒸馏也不能进行得太慢,否则由于温度计的水银球不能为蒸出液蒸气充分浸润而使温度计上所读得的沸点偏低或不规则。测沸点及折光率可以检验液体有机物的纯度:95%乙醇的沸点为78.15℃,折光率 n_D^{20} 为1.3651,密度为0.797;无水乙醇 沸点为78.5℃, n_D^{20} 为1.3611,密度为0.789。

三、仪器与试剂

1. 仪器

100 mL 圆底烧瓶,冷凝管,干燥管等有机制备仪,提勒沸点管或阿贝折光仪等。

2. 试剂

95%乙醇,CaO,NaOH,$CaCl_2$ 等。

四、实验内容

1. 加热回流除水

如图2.9所示,在50 mL 的圆底烧瓶中,加入20 mL 95%乙醇、5 g 颗粒状或块状生石灰(氧化钙)和几粒 NaOH,并加两粒沸石,水浴上回流1h。冷凝管上接盛有无水氯化钙的干燥管。

2. 蒸馏提纯

回流完毕,稍冷后,不必过滤直接改为蒸馏装置,以圆小锥形瓶作接收器,尾接管支口上接盛有无水氯化钙的干燥管。蒸馏至无液体流出为止。量取产品,计算无水乙醇的理论产量、实际产量和产率(回收率)。

3. 纯度的检验

微量法测定乙醇的沸点或用 Abbe 折光仪测乙醇的折光率。

五、实验说明

(1)所使用的仪器都必须干燥。

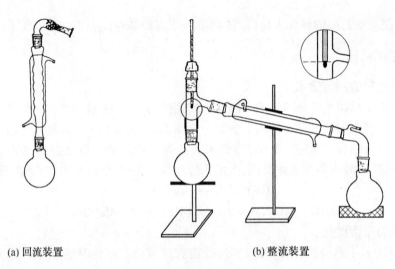

(a) 回流装置　　　　　　　　　　　　(b) 整流装置

图2.9　制备无水乙醇回流装置

(2) 回流和蒸馏时,装置中各连接部分不能漏气。

(3) 回流时的冷凝管及蒸馏时的尾接管支口上都应接干燥管。但整个系统不能封闭。

(4) 干燥剂不能装太紧,尤其是装干燥剂时用的脱脂棉不能太多不能堵得太紧。

(5) 本实验要加沸石作为止爆剂。

(6) 本实验务必使用颗粒状的氧化钙,切勿用粉末状的氧化钙,否则暴沸严重。

六、思考题

(1) 无水氯化钙常作吸水剂,如果用无水氯化钙代替氧化钙制无水乙醇可以吗? 为什么?

(2) 为什么在回流和蒸馏时要安装干燥装置?

(3) 为什么不先除去氧化钙等固体混合物,就可以进行蒸馏?

(4) 制备无水乙醇时,为何要加少量的氢氧化钠?

(5) 每100 mL工业乙醇制备无水乙醇,理论上需要氧化钙多少克?

实验22　乙醚的制备

一、实验目的

掌握实验室制备乙醚的原理和方法;初步掌握底沸点易燃液体的操作要点。

二、实验原理

主反应:乙醇分子间的脱水反应

$$CH_3CH_2OH \xrightarrow{H_2SO_4} CH_3CH_2OCH_2CH_3 + H_2O$$

副反应:乙醇分子内的脱水反应及分子的氧化反应

$$CH_3CH_2OH \xrightarrow[\quad[O]\quad]{170℃} \begin{array}{l} CH_2=CH_2+H_2O \\ CH_3CHO+SO_2+H_2O \end{array}$$

$$CH_3CHO \xrightarrow{H_2SO_4} CH_3COOH+SO_2\uparrow+H_2O$$

$$SO_2+H_2O \longrightarrow H_2SO_3$$

表 2.14　各物质的物理性质

名称	分子量	性状	折光率	比重	沸点/℃
浓 H_2SO_4	98.08	无色液体		1.84	340
乙醚	74.12	无色透明液体	1.3526	0.7097	34.5
无水乙醇	46.07	无色透明液体	1.3611	0.789	78.32
95%乙醇		无色透明液体	1.3651	0.797	78.15

纯乙醇沸点高于乙醇水溶液沸点。因为水和酒精会形成共沸物,即处于平衡状态下,气相和液相组成完全相同时的混合溶液。对应的温度称为共沸温度或共沸点。

安装滴加及蒸馏装置时,仪器装置必须严密不漏气。三口烧瓶中放入 10 mL 95%乙醇,冷却下缓慢加入 10 mL 浓硫酸,使混合均匀,并加入几粒沸石。三口瓶上分别装上温度计(插入液面下)、滴液漏斗(插入液面下)和简单蒸馏装置。加热,反应温度升到 140℃时,由滴液漏斗慢慢滴入 20 mL 95%乙醇,滴加速度和馏出速度大致相等(约每秒 1 滴),并保持温度在 135~140℃之间,乙醇加完(约需 45 min),继续慢慢加热 10 min,直到温度上升到 160℃为止,撤掉热源,停止反应。将馏出物依次用 5%氢氧化钠溶液、饱和食盐水、饱和氯化钙溶液洗涤;然后再用块状无水氯化钙干燥。蒸馏,收集 33~38℃的馏分。

三、仪器与试剂

1. 仪器

微量有机制备仪,温度计,量筒,烧杯。

2. 试剂

95%乙醇,浓硫酸,5%氢氧化钠溶液,饱和氯化钠溶液,饱和氯化钙溶液,无水氯化钙。

四、实验内容

1. 乙醚的制备(如图 2.10)

(1) 在 50 mL 干燥的三口瓶中加入 10 mL 95%乙醇,将烧瓶浸入冰水入中冷却,缓慢加入 10 mL 浓硫酸,摇动混匀。

(2) 恒压滴液漏斗内盛有 20 mL 95%乙醇,漏斗脚末端与温度计的水银球必须浸入液面以下距瓶底约 0.5~1 cm,加入 2 粒沸石,接受器浸入冰水中冷却,尾接管的支管接橡皮管通入下水管道。

(3)将反应瓶在石棉网上加热,使反应瓶温度比较迅速上升到140℃后,开始由恒压滴液漏斗慢慢滴加乙醇,控制滴加速度与馏出液速度大致相等(1 d/s),维持反应温度在135～145 ℃,约30 min 滴加完毕,再继续加热,直到温度上升到160 ℃,去掉热源停止反应。

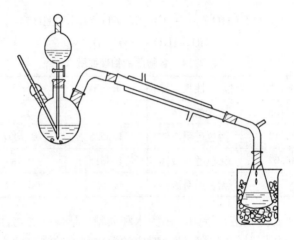

图2.10　乙醚的制备装置

2.乙醚粗产品的纯化

(1)将馏出液转入另一分液漏斗,依次用8 mL 5% NaOH 溶液、8 mL 饱和 NaCl 溶液、8 mL 饱和 $CaCl_2$ 溶液洗涤(每步分两次洗)。

(2)加块状无水氯化钙干燥至澄清,分出醚。

(3)在水浴中蒸馏收集33～38℃馏液。

(4)量取体积,计算产量及产率

【操作重点及注意事项】

(1)分批缓慢加入浓硫酸,边加边摇边冷却,防止乙醇氧化。

(2)乙醚是低沸点易燃的液体,仪器装置连接处必须严密。反应完后要先停止加热,稍冷却后再拆下接受器,防止产物挥发。

(3)在反应装置中,滴液漏斗末端和温度计水银球必须浸入液面以下,接受器必须浸入冰水浴中,尾接管支管接橡皮管通入下水道或室外。

(4)控制好反应温度(135～145℃)及滴加乙醇的速度1 d/s。

(5)洗涤时注意顺序,在洗涤过程中必须远离火源。

(6)不得将氯化钙带入烧瓶中蒸馏,并用水浴蒸馏,不得有明火。

(7)反应残留物(多为硫酸)及产物乙醚要注意回收,不要乱倒。

五、思考题

(1)为什么温度计的水银球和滴液漏斗的末端均应浸于反应液中?

(2)反应温度过高、过低或乙醇滴入速度过快对反应有什么不好?

(3)在制备乙醚时,反应温度已高于乙醇的沸点,为何乙醇不易被蒸出?

(4)反应中可能产生的副产物是什么？各步洗涤的目的何在？

实验23 乙酸乙酯的制备

一、实验目的

(1)掌握蒸馏、萃取、液体有机物干燥等基本操作；
(2)学习酯化反应基本原理及方法。

二、实验原理

酸和醇的反应是酸分子中羧基上的羟基被醇分子中的烷氧基取代而生成酯。这一反应是可逆的、所以要使反应向生成酯的方向进行,根据根据平衡移动原理,需要加入过量的反应物和采用脱水剂即浓硫酸。

本实验中醋酸和乙醇生成酯的反应温度在100℃以下。所以实验采用水浴加热(也可用直接火加热)。利用回流装置。产物的分离和提纯采用蒸馏、洗涤、干燥、过滤等方法。因此,通过此实验也练习了上述一系列基本操作和乙酸乙酯的制备方法。

1. 乙酸乙酯的制备

$$CH_3COOH + C_2H_5OH \xrightleftharpoons{浓 H_2SO_4} CH_3COOC_2H_5 + H_2O$$

	CH_3COOH	C_2H_5OH	$CH_3COOC_2H_5$	H_2O
密度 $\rho/(g \cdot mL^{-1})$	1.044	0.789	0.90	1.0
摩尔质量 $M/(g \cdot mol^{-1})$	60	46	88	18
沸点 $t_b/℃$	118	78	77	100

另外,ρ(95%乙醇) = 0.797 $g \cdot mL^{-1}$

2. 乙酸乙酯的提纯

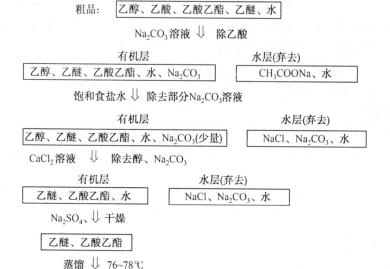

3. 注意事项

(1)纯乙酸乙酯是具有果香味的无色液体,为使可逆的酯化反应向右进行:
①增加反应物的浓度(乙酸过量,为什么?);
②减少生成物的浓度:蒸去乙酸乙酯;浓硫酸的吸水作用

(2)存在两个副反应:

①$C_2H_5OH \xrightleftharpoons[140\ ℃]{浓\ H_2SO_4} C_2H_5OC_2H_5 + H_2O$

措施:控温在 120~130 ℃ 之间。
②浓硫酸易将有机物碳化。措施:加浓硫酸时,慢慢滴加并振荡。

三、仪器与试剂

1. 仪器
半微量有机制备仪,分液漏斗,量筒,200 ℃温度计。

2. 试剂
95%乙醇,冰醋酸,浓硫酸,饱和氯化钠,饱和碳酸钠,饱和氯化钙溶液,无水硫酸钠。

四、实验内容

1. 酯化反应
在一个干燥的 50 mL 圆底烧瓶中加入 8 mL 95%乙醇、9 mL 冰醋酸和 1 mL 浓硫酸(浓硫酸要慢慢加入并振荡),再放入两三粒沸石。装上回流冷凝管,加热回流 40 min。

2. 蒸馏分离
酯化反应后,冷却,改为蒸馏装置,调好温度计,在沸水浴中蒸馏,收集 100 ℃ 以前的馏分

3. 产品的洗涤
(1)将蒸出液倒入分液漏斗中,用 8 mL 饱和碳酸钠溶液分两次洗涤,直到无二氧化碳逸出为止(每次都静置并放出下面的水层后再洗)。饱和的碳酸钠要小量分批地加入,并要不断地摇动分液漏斗并注意排气。(为什么?)
(2)用 15 mL 饱和氯化钠溶液分三次洗,每次放出下层废液。
(3)用 8 mL 饱和氯化钙溶液分两次次洗,每次放出下层废液。

4. 干燥过滤
将上述一系列处理的粗制乙酸乙酯从分液漏斗上口倒入 100 mL 三角瓶中,加入 0.5 g 无水硫酸钠,静置 10 min,让它吸去水分,再经过过滤,滤去固体硫酸钠。

5. 精馏提纯
从分液漏斗上口将上层有机液倒入 50 mL 圆底烧瓶中,加两粒沸石,水浴蒸馏收集沸点为 77 ℃ 的馏分,求得乙酸乙酯的理论产量、实际产量、产率。

五、思考题

(1)酯化反应有什么特点?在实验中怎样才能使酯化反应尽量向生成物方向进行?

在本实验中硫酸起什么作用？为什么要用过量的乙酸？

(2) 蒸出的粗乙酸乙酯中主要有哪些杂质？

(3) 能否用浓的氢氧化钠溶液代替饱和碳酸钠溶液来洗涤蒸馏液？为什么？

(4) 用饱和氯化钙溶液洗涤能除去什么？是否可以用水代替？

(5) 粗产品的提纯为什么不用直接蒸馏而用洗涤的方法进行分离？

实验 24　甲基橙的制备

一、实验目的

(1) 通过甲基橙的制备掌握重氮化反应和偶合反应的实验操作；

(2) 巩固盐析和重结晶的原理和操作。

二、实验原理

甲基橙[4-(4-二甲氨基苯基偶氮)苯磺酸钠]为橙色鳞状晶体或粉末，稍溶于水，呈黄色，不溶于乙醇。pH 值为 3.1～4.4 时，其溶液由红色变为黄色，可用作酸碱滴定指示剂。本实验以对氨基苯磺酸为原料，通过重氮化反应，然后与 N,N-二甲基苯胺偶联生成甲基橙。重氮盐的制法是：先将芳香族伯胺溶解到酸溶液中，然后再在低温下滴加亚硝酸钠水溶液。但是有些生成内盐的胺(如对氨基苯磺酸)不溶于酸中。此时可将其先溶于碱中，与亚硝酸钠混合。然后加酸使之在未沉淀前就发生反应。反应如下：

$$HO_3S-\text{\textlangle}\bigcirc\text{\textrangle}-NH_2 \longrightarrow {}^-O_3S-\text{\textlangle}\bigcirc\text{\textrangle}-\overset{+}{N}H_3 \xrightarrow{NaOH} NaO_3S-\text{\textlangle}\bigcirc\text{\textrangle}-NH_2 + H_2O$$

$$NaO_3S-\text{\textlangle}\bigcirc\text{\textrangle}-NH_2 \xrightarrow[HCl]{NaNO_2} [HO_3S-\text{\textlangle}\bigcirc\text{\textrangle}-\overset{+}{N}{\equiv}N]Cl^- \xrightarrow[HOAc]{\text{\textlangle}\bigcirc\text{\textrangle}-N(CH_3)_2} $$

$$[HO_3S-\text{\textlangle}\bigcirc\text{\textrangle}-\overset{H}{\underset{+}{N}}=N-\text{\textlangle}\bigcirc\text{\textrangle}-N(CH_3)_2]OAc^- \xrightarrow{\text{原子迁移}}$$

$$NaO_3S-\text{\textlangle}\bigcirc\text{\textrangle}-N=N-\text{\textlangle}\bigcirc\text{\textrangle}-N(CH_3)_2$$

三、仪器与试剂

1. 仪器

大小烧杯，大小量筒，温度计，表面皿，抽滤装置。

2. 试剂

对氨基苯磺酸，5%氢氧化钠，亚硝酸钠，浓盐酸，冰醋酸，N,N-二甲基苯胺，氯化钠，乙醇，乙醚，淀粉-碘化钾试纸。

四、实验内容

1. 对氨基苯磺酸重氮盐的制备

（1）在 100 mL 烧杯中，加入 2.1 g 对氨基苯磺酸（$M=173.19$）晶体和 10 mL 5% 氢氧化钠溶液，在热水浴中使其溶解，冷却，另取 0.8 g 亚硝酸钠（98%，$M=69$）溶于 4 mL 水中（小烧杯中）加入到上述 100 mL 烧杯中。

（2）在 500 mL 烧杯中加入冰水，再将 150 mL 烧杯放入其中并加入 3 mL 浓盐酸和 10 mL 水组成冰冷溶液，再在玻璃棒搅拌下，将（1）的混合液慢慢用滴管分批滴入 150 mL 烧杯中，维持温度 0~5℃以下，滴完后，用淀粉-碘化钾试纸检测刚好显蓝色（如果试纸不显蓝色，说明亚硝酸钠的用量不够，须再加入少量亚硝酸钠直至试纸检测呈蓝色为止），继续在冰浴中放置 15 min，使反应完全，这时往往有白色细小晶体析出。

2. 偶合反应

在一试管中加入 1.3 mL N,N-二甲基苯胺（$\rho=0.956$，$M=121.18$）和 1 mL 冰醋酸，并混匀。在搅拌下将此混合液缓慢加到上述冷却的重氮盐溶液中，加完后继续搅拌 10 min。此时有红色的酸性黄沉淀，缓缓加入 5% 氢氧化钠溶液，直至反应物变为橙色（约需 25 mL，此时反应液为碱性）。甲基橙粗品呈细粒状沉淀析出。

3. 产品回收

（1）盐析：一般是指在溶液中加入无机盐类物质（如氯化钠）而使溶解的物质析出的过程。将反应物在沸水浴中加热 5 min，加 5 g 氯化钠，搅拌使氯化钠全部溶解。稍冷后，再放置冰浴中冷却，使甲基橙晶体析出完全。抽滤，用饱和氯化钠水溶液洗涤，压紧抽干。干燥后得甲基橙粗产品，粗称其重量。

（2）重结晶：重结晶是指将晶体先行溶解（用溶剂），然后又重新从溶液中结晶的一种过程。重结晶是提纯物质的一种方法，利用这种方法，可减少或除去晶体中的杂质。对氨基苯磺酸是一种两性物质，酸性比碱性强，因而以酸性内盐存在。它能与碱作用成盐，加入氢氧化钠就生成水溶性较大的对氨基苯磺酸钠。将滤饼连同滤纸移到装有热水的烧杯中（每克粗产品约用 20 mL 水）。加热，搅拌，滤饼溶解，取出滤纸。稍冷后，再放置冰浴中冷却，待结晶析出完全，抽滤，依次用少量乙醇和乙醚洗涤（目的是为了使产品迅速干燥），压紧抽干，得片状结晶。称其重量，计算甲基橙的实际产量和产率。

4. 性质实验

将少许甲基橙溶于水中，加几滴稀盐酸，振荡，然后再用稀氢氧化钠溶液中和，观察颜色变化

五、实验说明

（1）对氨基苯磺酸是一种有机两性化合物，其酸性比碱性强，能形成酸性的内盐，它能与碱作用生成盐，难与酸作用成盐，所以不溶于酸。但是重氮化反应又要在酸性溶液中完成，因此，进行重氮化反应时，首先将对氨基苯磺酸与碱作用，变成水溶性较大的对氨基苯磺酸钠。

（2）重氮化过程中，应严格控制温度，反应温度若高于 5℃，生成的重氮盐易水解为

酚,降低产率。

(3)用淀粉-碘化钾试纸检验,若试纸显蓝色表明 HNO_2 过量。

$2HNO_2+2KI+2HCl \rightarrow I_2+2NO+2H_2O+2KCl$,析出的 I_2 遇淀粉就显蓝色。若试纸不显色,需补充亚硝酸钠溶液。

(4)重结晶操作要迅速,否则由于产物呈碱性,在温度高时易变质,颜色变深。湿的甲基橙在空气中受光的照射后,颜色很快变深,所以一般得紫红色粗产物。用乙醇和乙醚洗涤的目的是使其迅速干燥。

(5)偶合反应结束后反应液呈弱碱性,若呈中性,则继续加入少量碱液至恰呈碱性,因强碱性又易产生成树脂状聚合物而得不到所需产物。

(6)重结晶操作要迅速,否则由于粗产物呈碱性,在温度高时易变质,颜色变深。用乙醇和乙醚洗涤的目的是使其迅速干燥。

(7)湿的甲基橙在空气中受光照射后,颜色会很快变深,故一般得紫红色粗产物,如再依次用水、乙醇、乙醚洗涤晶体,可使其迅速干燥。

六、思考题

(1)在重氮盐制备前为什么还要加入氢氧化钠?如果直接将对氨基苯磺酸与盐酸混合后,再加入亚硝酸钠溶液进行重氮化操作行吗?为什么?

(2)制备重氮盐为什么要维持0-5℃的低温,温度高有何不良影响?

(3)重氮化为什么要在强酸条件下进行?偶合反应为什么要在弱酸条件下进行?

实验25 富马酸及其二甲酯的制备

一、实验目的

(1)掌握富马酸及其二甲酯的制备方法;
(2)进一步掌握重结晶、抽滤、回流等有机制备操作。

二、实验原理

富马酸或称延胡素酸(系统名为反丁烯二酸)是一种天然产物,存在于某些水果和蔬菜中,它是二元酸,$pK_{a1}=3.02$,$pK_{a2}=4.38$,呈白色粉末状结晶,稍溶于冷水,溶于热水、乙醇,微溶于醚和苯,加热到230℃时即失水生成顺丁烯二酸酐。富马酸主要用做合成树脂和松香脂,并具有一定的杀菌作用和良好的酸味,故又用做食品添加剂(如在果汁、果冻中作酸味剂)。富马酸可由糖蜜发酵或由糠醛氧化而得,也可由顺丁烯二酸异构化而来。

本实验以顺丁烯二酸酐为原料,在温水中使顺丁烯二酸酐水解生成顺丁烯二酸。后者在催化剂存在下经异构化生成反丁烯二酸。该异构化可以在光照下用溴作催化剂来完成,或采用硫脲催化并在温热至70~80℃下使异构化,也可以在浓盐酸中温热使反应进行。

以硫酸为催化剂,在过量甲醇中可以使富马酸甲酯化得到富马酸二甲酯。富马酸二甲酯常温下为白色粉末状结晶,易升华。易溶于氯仿,微溶于水,难溶于冷的甲醇、乙醇或乙醚中。富马酸二甲酯有很高的杀菌活性,毒性较小,是一种高效、低毒、广谱的抗菌杀菌剂。

本实验的反应式如下:

$$\text{顺丁烯二酸酐} \xrightarrow[\Delta]{HO_2} \text{马来酸} \xrightarrow{\text{Catalyst}} \text{富马酸} \xrightarrow[H_2SO_4]{CH_3OH} \text{富马酸二甲酯}$$

三、仪器与试剂

1. 仪器

半微量有机制备仪,锥形瓶,量筒,真空抽滤装置等。

2. 试剂

顺丁烯二酸酐(2 g,0.02 mol),硫脲(催化量,0.05 g),甲醇 10 mL(8 g,0.125 mol),浓硫酸(约 10 滴)。

四、实验内容

1. 富马酸的制备

(1)取 2.0 g 马来酸酐(顺丁烯二酸酐)于 25 mL 的小锥形瓶中,加水 15 mL 温热使溶。

(2)取 0.05 g 硫脲加到上述体系中,在 80 ℃水浴上搅拌 1 h。

(3)冷却体系到室温后,抽滤得白色固体。烘干(或晾干)称重。计算富马酸的理论产量、实际产量、产率。产品用于富马酸二甲酯的制备(产品熔点太高,不易使用石蜡或硫酸浴测定,但可使用显微熔点仪测定)。

(4)用广泛试纸测量母液的酸性,再取微量产品,溶于少量水中测量溶液的酸性。富马酸呈白色粉末状结晶,熔点 299~300 ℃。

2. 富马酸二甲酯的制备

(1)取富马酸 1.5 g,甲醇 10 mL,及 10 滴硫酸于 25 mL 梨形烧瓶中,放 2 粒沸石。

(2)加热回流 2 h,然后自然冷却结晶。

(3)抽滤,少量甲醇洗涤,晾干、称重,计算收率。计算富马酸二甲酯的理论产量、实际产量、产率。

(4)测定产品熔点。

注:富马酸二甲酯,常温下为白色粉末状结晶。熔点 103~104 ℃,沸点 192 ℃,易升华。

五、思考题

(1)为什么顺丁烯二酸在水中的溶解度很大而反丁烯二酸在水中溶解度则较小?

(2)本实验也可在光照下用少量溴催化而完成,它与用硫脲催化的历程是否相同? 请推测其反应历程。

(3)马来酸的 $pK_{a1} = 1.92$,$pK_{a2} = 6.23$。而富马酸的 $pK_{a1} = 3.02$,$pK_{a2} = 4.38$。解释为什么马来酸的 ΔpK_a($pK_{a2} - pK_{a1}$)大于富马酸的 ΔpK_a?

(4)酯的制法有哪些,请列出两种方法。

(5)请写出在酸性条件下酯化反应的机理(用通式表示)。

实验 26 芳香烃的性质

一、实验目的

(1)进一步掌握芳烃的性质;
(2)掌握硝化、磺化、溴化、侧链取代及氧化反应的基本操作;
(3)了解有机物加热及空气冷凝的基本方法。

二、实验原理

预习芳香烃的结构与性质。

苯是芳香烃的代表物。苯环上的 6 个碳原子都在 1 个平面上,各原子间除以 σ 键相连外还是一个闭合的共轭大 π 键,因此苯环较为稳定,具有芳香性,容易与亲电试剂作用,发生如卤化、硝化、磺化、酰基化、烃基化等亲电取代反应。

三、仪器与试剂

1. 仪器

大试管,小试管,温度计(100℃),烧杯,酒精灯,铁架台,量筒,带有直玻璃管的橡皮塞,带有导管的橡皮塞。

2. 试剂

苯,甲苯,对二甲苯,浓溴液,铁屑,硝酸,硫酸,1∶5 硫酸,高锰酸钾(0.5%)溶液,四氯化碳溴溶液,硝酸银(2%)溶液。

四、实验内容

1. 芳香烃的侧链取代

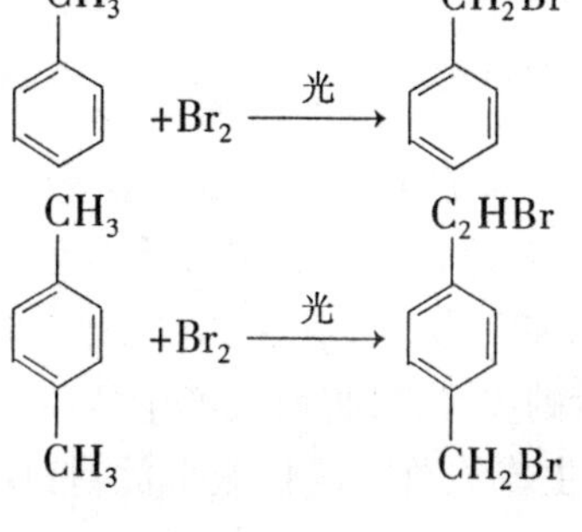

在三支试管中各加入 0.2 mL 四氯化碳溴溶液,其中一试管加入 1 mL 苯,另一试管加入 1 mL 甲苯,第三支试管加入 1 mL 对二甲苯,将三支试管置于太阳光下(或强日光灯下)数分钟,用力振荡,观察各有何现象,说明原因。

2. 苯同系物的氧化

$$\text{CH}_3\text{-C}_6\text{H}_5 + [O] \xrightarrow{\text{KMnO}_4} \text{C}_6\text{H}_5\text{-COOH}$$

$$p\text{-CH}_3\text{-C}_6\text{H}_4\text{-CH}_3 + [O] \xrightarrow{\text{KMnO}_4} p\text{-HOOC-C}_6\text{H}_4\text{-COOH}$$

在三支试管中各加入 0.2 mL 高锰酸钾(0.5%)和 0.5 mL 硫酸(1:50),振荡,然后再分别加入 1 mL 苯、甲苯和对二甲苯,用力振荡几分钟,观察有何现象,说明原因。

3. 苯的硝化

$$\text{C}_6\text{H}_6 + \text{HNO}_3 \xrightarrow[50\sim60℃]{\text{H}_2\text{SO}_4(\text{浓})} \text{C}_6\text{H}_5\text{-NO}_2 + \text{H}_2\text{O}$$

向干燥的大试管中加入 2 mL 浓硫酸和 1 mL 浓硝酸,充分混合,将热的混酸用水冷却至室温后,漫漫滴入 1.5 mL 苯,加苯时要不断振荡,如放热过多,应在冷水浴中冷却,用带有直玻璃管(空气冷凝)的橡皮塞塞住管口,以防止苯挥发,然后把试管放在水浴中漫漫加热,至 50~60℃,约 10 min,硝基苯即已生成。这时把混合液倾入盛有 20 mL 冷水的烧杯中搅拌,静止,观察现象。

4. 苯的磺化

$$\text{C}_6\text{H}_6 + \text{H}_2\text{SO}_4(\text{浓}) \xrightarrow[80℃]{\Delta} \text{C}_6\text{H}_5\text{-SO}_3\text{H} + \text{H}_2\text{O}$$

向干燥的大试管中加入 2 mL 苯,再慢慢加入 5 mL 浓硫酸,振荡均匀,塞上带有直玻璃管的橡皮塞,然后把试管放在热水浴中加热,在 80℃进行反应,并不断振荡,直到反应液不分层。然后把试管中液体倾倒至盛有 20 mL 冷水的烧杯中,观察现象并解释之。

5. 苯的溴化

$$\text{C}_6\text{H}_6 + \text{Br}_2 \xrightarrow{\text{Fe 或 FeBr}_3} \text{C}_6\text{H}_5\text{-Br} + \text{HBr}$$

向一支干燥的大试管中注入 1.5 mL 苯和 1 mL 溴液(此操作应在通风橱中进行),注意观察现象。然后加入少量铁屑,迅速用带有 U 字形导管的橡皮塞塞住管口,振荡,反应即开始,同时产生气体溴化氢(如不反应,应在热水浴中加热数分钟),这时用一支装有 1 mL 蒸馏水的小试管套入导管的尖嘴口,将反应产生的溴化氢部分溶于水中,取下试管,滴加 2% 硝酸银 2~3 滴,立即生成浅黄色溴化银沉淀,待反应缓和后,可再加热数分钟,使反应趋于完全(图2.13)。反应完毕,将大试管中的溴苯倒入盛有20 mL水的小烧杯中,观察有何现象产生,并解释原因。

五、注意事项

(1)硝基苯对人体有毒,在处理硝基苯时应特别注意,若不慎将硝基苯沾到皮肤上,应该用少量乙醇冲洗,再用温水和肥皂洗涤。

(2)在苯的硝化过程中,生成的硝基苯为黄色油状液体,比水密度大,在水中沉于烧杯底部,有杏仁香味。

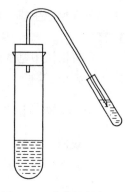

图2.13 溴苯的制备

(3)苯的溴化时,取溴液要注意安全,不要沾在手上,最好带上橡皮手套,在通风橱内量取。万一溴液接触皮肤,应立即用水冲洗,再用酒精擦净,然后涂上甘油。

(4)苯与溴反应需要用催化剂——溴化铝或溴化铁等,因为溴与铝、铁容易起反应,所以可直接用金属屑如铁屑来做催化剂。铁屑上如有铁锈,则必须去干净,可先用稀盐酸洗涤,再用水洗去盐酸,然后用乙醚淋洗一次,倒去乙醚,使铁屑快速干燥,或者用细沙纸用力擦掉铁屑上的铁锈即可使用。

六、思考题

(1)硝化反应中,硫酸起什么作用?

(2)为什么硝化反应温度要保持在50~60 ℃之间?温度过高或过低有什么坏处?

(3)在制备硝基苯或苯磺酸时,用带有直玻璃管的橡皮塞塞住大试管起什么作用?

实验27 官能团的性质(一)

一、实验目的

(1)了解卤代烃取代反应的实质,掌握伯、仲、叔各类卤代烃的取代活性。

(2)进一步掌握伯、仲、叔醇与金属钠及卢卡氏试剂的反应活性,并能解释其原因。

(3)通过本实验,掌握卤代烃、醇、酚的鉴别方法。

(4)通过本实验,掌握羰基化合物、羧酸及衍生物的性质。

二、实验原理

预习卤代烃、醇、酚、羰基化合物、羧酸及衍生物的结构与性质。

官能团的性质实验是利用有机化合物各官能团的不同特性,在一定条件下,能与某些试剂作用,产生特殊的颜色、气味、沉淀或气体等现象而与其他物质相区别。

例如,卤代烃与硝酸银的醇溶液作用生成卤化银沉淀。醇能与金属钠反应生成醇钠,放出氢气,与卢卡氏试剂作用时,分子中的羟基(—OH)可被卤原子取代生成不溶于试剂的卤代烃。酚类物质能同三氯化铁溶液反应生成有色络合物。醛和甲基酮与饱和亚硫酸氢钠溶液反应生成无色结晶。醛具有还原性,能与托伦试剂和斐林试剂作用,而酮则无此性质。

含有活泼甲基的醛、酮以及能被氧化为含有活泼甲基的醛,酮的醇都能与次碘酸钠反应生成碘仿,等等。

三、仪器与试剂

1. 仪器
试管,试管架,试管夹,烧杯(代水浴),酒精灯,量筒,瓷反应板,铁架台。

2. 试剂
氯代正丁烷,溴代丙烷,碘代丙烷,硝酸银的乙醇溶液(1%),正丁醇,仲丁醇,叔丁醇,金属钠,酚酞指示剂,卢卡氏试剂,苯酚饱和溶液,对-苯二酚饱和溶剂,三氯化铁溶液(1%),饱和溴水,苯甲醛,丙酮,亚硫酸氢钠饱和溶液,甲醛溶液(5%),丙酮溶液(5%),硝酸银溶液(2%),氨水(2%),碘-碘化钾溶液,氢氧化钠溶液(10%,5%,3 mol·L^{-1}),2,4-二硝基苯肼试剂,异戊醇,冰醋酸,浓硫酸,甲酸,乙酸,高锰酸钾溶液(0.5%),硫酸(2 mol·L^{-1},3 mol·L^{-1}),乙酸乙酯(用苏丹Ⅲ染红),乙醇,异丙醇。

四、实验内容

1. 卤代烃 R—X

$$R-X+AgNO_3 \xrightarrow{\text{醇}} AgX \downarrow + RONO_2$$

取三支试管,分别加入质量分数为1%的硝酸银乙醇溶液1 mL,再分别加氯代正丁烷、溴代丙烷和碘代烷0.5 mL,摇匀后在室温下静置约5 min,记下沉淀出现的时间和沉淀颜色。将未出现沉淀的试管置于热水浴中温热2 min,再观察。

2. 醇 R—OH

(1) 金属钠试验

$$R-CH_2-OH+Na \longrightarrow R-CH_2-ONa+\frac{1}{2}H_2 \uparrow$$

取三支干燥试管,分别加入1 mL 正丁醇、仲丁醇和叔丁醇,再用镊子放入绿豆大小的,并有新鲜切口的金属钠一粒,观察各试管内反应速度的差异。用手指按住试管口,待有气体平稳放出时,用点燃的火柴靠近试管口,放开手指,有何现象发生?待反应完毕后,分别取1~2滴反应液于瓷反应板上,让残余的醇挥发掉,然后滴1~2滴蒸馏水于残留物上,再分别滴加酚酞指示剂1滴,观察颜色的差异。

(2) 卢卡氏试验

$$R-CH_2-OH \xrightarrow[\text{HCl}]{ZnCl_2} R-CH_2-Cl+H_2O$$

分别将0.5 mL 正丁醇、仲丁醇、叔丁醇置于三支干燥试管中,各加入卢卡氏试剂1 mL,摇荡时置于温水浴中,观察前5 min 和1 h 后各试管内混合物的变化,记下变混浊物的变化或出现分层的时间及界面的清晰程度。

3. 酚 Ar—OH

(1)显色反应

$$6Ar\text{—}OH + FeCl_3 \longrightarrow [Fe(ArO)_6]^{3-} + 6H^+ + 3Cl^-$$

取两支试管,分别加入苯酚和对一苯二酚饱和溶液0.5 mL,然后各加质量分数为1%的三氯化铁溶液1滴,观察现象。在不停地摇动中,继续向对一苯二酚中缓缓滴加三氯化铁溶液,直到生成沉淀为止,现象沉淀的形状和颜色。几种酚与三氧化铁反应的颜色见表2.15。

表2.15 几种酚与三氧化铁反应的颜色及沉淀的形状

酚类	苯酚	间二苯酚	对二苯酚	1,2,3-三苯酚	α-萘酚	β-萘酚
颜色及沉淀形状	蓝紫色	蓝紫色	暗绿色结晶	棕红色	紫色沉淀	析出紫色沉淀很慢

(2)溴水试验

取试管一支,加入苯酚饱和溶液1 mL,再加饱和溴水2滴,观察所发生的现象(溴不要加多,因溴有氧化性,它可以将2,4,6-三溴苯酚氧化成黄色的2,4,4,6-四溴醌)。

4. 醛和酮

(1)与亚硫酸氢钠的反应。分别取0.5 mL苯甲醛和丙酮于两支干燥试管中,各加入饱和亚硫酸氢钠溶液1 mL,摇匀后将试管置于冷水浴中冷却3~5 min,观察现象。

(2)银镜反应

$$R\text{—}CHO + 2Ag(NH_3)_2OH \xrightarrow{\Delta} 2Ag\downarrow + RCOONH_4 + 3NH_3 + H_2O$$

取一支清洁的大试管,加入质量分数为2%的硝酸银水溶液2 mL,滴入1小滴质量分数为5%的氢氧化钠溶液,立即有棕黑色氧化银沉淀生成,用力摇动,使之反应完全。然后一边摇动试管,一边滴加入质量分数为2%的氨水直到棕黑色沉淀恰好全部溶解,溶液澄明,即配成银氨溶液,亦称托伦试剂(若氨水已过量,再回加一滴硝酸银)。

将托伦试剂平均装入两支洁净的小试管中,分别滴加一滴质量分数为5%的甲醛溶液和质量分数为5%的丙酮溶液,摇匀。然后将试管置于温水浴中(水温40℃左右,以不烫手为宜),静置3~5 min观察现象。

(3)碘仿反应。

$$HCHO+3NaOI \longrightarrow HCOONa+CHI_3+2NaH$$

取 5 支试管,各加入碘-碘化钾溶液 1 mL,一边摇动,一边各滴加质量分数为 5%的氢氧化钠溶液至碘的红色刚好消失,溶液呈浅黄色然后分别加入丙酮、乙醇、异丙醇、正丁醇和仲丁醇 3~4 滴,观察并比较试管中沉淀生成,可在温水浴中加热数分钟,冷却后再观察。

(4)与 2,4-二硝基苯肼的作用

取三支试管,各加入 1 mL 新配置的 2,4-二硝基苯肼试剂,然后再分别加入 3~4 滴甲醛、苯甲醛和丙酮,用力摇动后放置片刻,观察有何现象发生。若无现象,可微热数分钟,震荡后放冷,再观察。

5. 羧酸 R—COOH

(1)酯化反应

$$R-COOH+R'-OH \xrightarrow{\text{浓硫酸,加热}} RCOOR'+H_2O$$

取干燥的大试管 1 支,加异戊醇和醋酸各 3 mL,浓硫酸两滴,摇匀后在沸水中加热 10 min,放冷。然后加蒸馏水约 15 mL,轻轻摇动试管,观察析出并浮于水面的酯层,是否有香蕉气味生成。最后将产物收集回收瓶内。

(2)甲酸的还原性

①与高锰酸钾反应

$$HCOOH+KMnO_4 \xrightarrow{H^+} CO_2\uparrow+H_2O+MnO_2\downarrow+K^+$$

在两支小试管内分别加入甲酸、乙酸各 0.5 mL,再各加蒸馏水 1 mL,混匀后再各加 2 mol/L 硫酸 1 mL 及质量分数为 0.5%的高锰酸钾溶液 2 滴,加热至沸,观察现象。

②银镜反应

$$HCOOH+Ag(NH_3)_2OH \longrightarrow CO_3^{2-}+NH_3\uparrow+H_2O+Ag\downarrow$$

将新配制的托伦试剂均分入两支清洁的小试管中,分别加入甲酸和乙酸 2 滴,在温水浴中静置 3~5 min,观察发生的变化。

6. 酯 R—COOR'

$$R-COOR'+H_2O \xrightarrow{H^+ \text{或} OH^-} R-COOH+R'-OH(\text{水解})$$

$$R-COOR'+R''-OH \longrightarrow R-COOR''+R'-OH(\text{醇解})$$

$$R-COOR'+NH_3 \longrightarrow R-COONH_2+R'-OH(\text{氨解})$$

(1)水解。取 2 支试管,各加蒸馏水 1 mL,再分别加入 3 mol/L 的氢氧化钠 2 滴和 3 mol/L 的硫酸 2 滴,摇匀后个加入用苏丹Ⅲ染红的乙酸乙酯 2 滴,振荡后观察红色酯层是否消失。

(2)醇解。取 1 支试管,加入异戊醇 1 mL 和 3 mol/L 的硫酸 2 滴,混匀后加入用苏丹Ⅲ染红的乙酸乙酯 2~4 滴,充分振荡后加蒸馏水 2~3 mL 稀释,有何气味产生?

(3)氨解。在试管中加入质量分数为 2%的氨水 1 mL 和用苏丹Ⅲ染红的乙酸乙酯 2 滴,振荡后观察酯层是否消失。

五、实验说明

（1）用镊子从瓶中取出一小块金属钠，先用滤纸吸干表面粘附的溶剂油，用小刀切成绿豆大小的颗粒，切剩的钠粒放回原瓶，严禁丢入水池、废液缸或垃圾桶中。

（2）如果试管内停止冒气泡时仍有未反应完的金属钠，应用镊子取出，用乙醇破坏，然后用水稀释。

（3）氨水不能加得太多，否则会影响实验效果，而且会生成具有爆炸性的物质——雷酸银。

（4）切忌将试管在灯焰上直接加热，在热水浴中也不能加热过久。温度过高，加热过久，不但有利于雷酸银生成，还会析出氮化银沉淀，二者均有爆炸性。托伦试剂必须现用现配，久置同样有危险。

（5）若有过量的碱存在，加热后会使已经生成的碘仿消失。

（6）酯的醇解产物中有新的酯生成，对苏丹Ⅲ仍有显色作用。

六、试剂配制

（1）酚酞指示剂的配制。将0.1 g酚酞溶于100 mL质量分数为95%的乙醇溶液中，即得无色的酚酞乙醇溶液。本试剂在室温下的变色范围为pH=8.2~10。

（2）卢卡氏试剂的配制。将新熔融过的无水氯化锌34 g溶于23 mL浓盐酸（相对密度1.18）中，在不停地扰拌中将容器置于冰水浴中冷却，以防止氯化氢逸出。所得试剂体积为35 mL。卢卡氏试剂应在使用时配制。

（3）饱和溴水的配制。将15 g溴化钾溶于100 mL蒸馏水中，再加10 g溴，振荡即可。

（4）饱和亚硫酸氢钠溶液的配制。在100 mL质量分数为40%的亚硫酸氢钠溶液中加入25 mL不含醛的乙醇，滤去析出的晶体。本试剂应在使用时配制。

（5）碘-碘化钾溶液的配制。称取碘化钾20 g，溶于100 mL蒸馏水中，然后加入10 g研细的碘粉，不停地扰拌，使其全部溶解。此时，溶液呈深红色。

（6）2,4-二硝基苯肼试剂的配制。取2,4-二硝基苯肼1 g，加入7.5 mL浓硫酸，溶解后倒入75 mL质量分数为95%的乙醇中，用水稀释至250 mL，必要时过滤备用。

七、思考题

（1）卤代烃与硝酸银的醇溶液作用能生成卤化银沉淀，此实验为什么不用硝酸银的水溶液？

（2）醇与金属钠的反应为什么必须用干燥的试管？为什么醇钠可作为碱性试剂？

（3）为什么醛、酮的加成反应所用的亚硫酸氢钠必须是饱和溶液？

（4）本实验安全方面的注意事项有哪些？

（5）根据甲酸的结构，解释为什么甲酸具有还原性？

实验 28 官能团的性质(二)

一、实验目的

(1) 通过实验进一步了解胺的弱碱性、成盐反应以及氨基对苯环取代活性的影响。
(2) 根据糖的结构了解其还原、水解反应及酮糖的鉴别方法。
(3) 通过颜色反应及沉淀反应,初步了解蛋白质的性质。

二、实验原理

预习胺、糖、蛋白质的结构与性质。

弱碱性及成盐反应是胺类物质的共同特征。当氨分子中的一个氢原子被苯基取代后,碱性减弱,这是因为氨基中氮原子上的未共用电子对即 p 电子与苯环上的 g 电子形成 p-π 共轭体系。由于 p 电子的离域,使氮原子上的电子云密度降低,削弱了结合质子的能力,而苯环上的电子云密度相应地增加,使苯环活化,有利于亲电取代反应的进行。

凡糖分子中存在有苷羟基者都具有还原性,反之则无。二糖分子中,由于单糖的结合方式不同,有的有苷羟基,有的没有。二糖或多糖在一定条件下能水解,水解的最终产物是单糖。间苯二酚与果糖的显色反应是酮糖的鉴别反应。

蛋白质由各种氨基酸组成。在酸和碱的作用下蛋白质能够水解,水解的最终产物为各种不同的 α-氨基酸。α-氨基酸能与某些特殊试剂发生颜色反应,借此可鉴别蛋白质的存在。如缩二脲反应、黄蛋白反应、茚三酮反应等。缩二脲反应表明蛋白质分子中有两个以上的肽键,黄蛋白反应表明其分子中有苯环结构,茚三酮反应表明有 α-氨基酸存在。

三、仪器与试剂

1. 仪器

试管,试管架,试管夹 烧杯(300 mL),酒精灯,量筒(5 mL),滴管。

2. 试剂

苯胺,浓盐酸,饱和溴水,5%葡萄糖溶液,5%果糖溶液,5%蔗糖溶液,5%麦芽糖溶液,1%淀粉溶液,裴林试剂,2%硝酸银溶液,2%氨水,氢氧化钠(5%,10%),硫酸(6 mol/L),10%碳酸钠,0.05%间苯二酚盐酸溶液,苯肼试剂,尿素,蛋白质溶液,硫酸铜溶液(1%),茚三酮乙醇溶液(0.1%),浓硝酸,饱和氯化钠溶液,饱和硫酸铵溶液,乙醇(95%),活性炭,饱和苯酚溶液。

四、实验内容

1. 芳胺 Ar—NH$_2$

(1) 碱性试验,成盐反应

$$\text{C}_6\text{H}_5\text{—NH}_2 + \text{HCl} \longrightarrow \text{C}_6\text{H}_5\text{—NH}_3^+\text{Cl}^- \quad (易溶于水)$$

取试管1支,加苯胺2滴,再加浓盐酸2滴,有何现象发生? 再加蒸馏水2 mL,摇动试管,又有何现象?

(2)溴化反应

$$\underset{}{\text{C}_6\text{H}_5\text{NH}_2} + 3\text{Br}_2 \longrightarrow \underset{}{\text{2,4,6-Br}_3\text{C}_6\text{H}_2\text{NH}_2} \downarrow + 3\text{HBr}$$

取试管1支,加蒸馏水2 mL和一小滴苯胺,用力摇动试管,使苯胺全部溶解,溶液变清亮,然后加入饱和溴水3滴,边滴边摇动试管,每滴加一滴时,注意观察试管中的变化。

2. 碳水化合物

(1)糖的还原性

①银镜反应。将托伦试剂分装入两支洁净的小试管,分别加入质量分数为5%的葡萄糖溶液和质量分数为5%的蔗糖溶液1滴,摇匀后在温水浴中静置3~5 min,取出观察两支试管中有何现象。

②与斐林试剂作用。取大试管1支,各加入斐林试剂Ⅰ和斐林试剂Ⅱ3 mL,混匀,即配成鲜蓝色的斐林试剂,然后将斐林试剂均分入五支小试管中,再分别加入质量分数为5%的葡萄糖溶液、质量分数为5%的果糖溶液、质量分数为5%的蔗糖溶液、质量分数为5%的麦芽糖溶液和质量分数为1%的淀粉溶液2滴,振荡均匀后,同时将五支试管放入沸水浴中加热2~3 min。取出后置于试管架上冷却,注意观察各试管中颜色的变化,是否有红色沉淀生成? 解释发生现象的原因。

(2)二糖或多糖的水解。在两支试管中分别加入质量分数为5%的蔗糖溶液和质量分数为1%的淀粉溶液1 mL,再向第一支试管内加3 mol/L的硫酸一滴,第二支试管加两滴,混匀后于沸水浴中加热10~15min,取出放冷,再逐滴加入质量分数为10%的碳酸钠溶液,中和至无气泡放出,试液待用。

另取试管一支,各加入斐林试剂Ⅰ和斐林试剂Ⅱ1 mL,混匀后分别取0.5 mL于上待用试液中,摇匀,然后于沸水浴中加热3~5 min,观察并解释所发生的现象。

(3)酮糖反应。在两支试管中分别加入0.5 mL质量分数为5%的葡萄糖溶液和质量分数为5%的果糖溶液,再分别加入质量分数为0.05%的间-苯二酚盐酸溶液1 mL混匀,将试管同置于沸水浴中加热2 min,比较两试管内溶液颜色的变化。

(4)成脎反应。取四支试管,分别加入质量分数为5%的葡萄糖溶液,质量分数为5%的果糖溶液、质量分数为5%的蔗糖溶液和质量分数为5%的麦芽糖溶液1 mL,再分别加入新配制的苯肼试剂0.5 mL,摇匀,取一小团棉花塞住试管口(防止加热过程中苯肼蒸气逸出),然后将试管同时放入沸水浴中加热,留心观察,随时将出现沉淀的试管取出,并记下沉淀析出的时间。加热30 min后取出所有试管,置于试管架上让其自然冷却,继续观察10~15 min,比较试管内生成糖脎的顺序。取少量糖脎于载玻片上,在显微镜下观察各种糖脎的结晶形状和颜色。

3. 蛋白质

(1) 颜色反应。

①尿素缩合呈及缩二脲反应。取黄豆大小尿素一粒于小试管内,用试管夹夹住试管上部在灯焰上直接加热至熔后重又变成固体时离火,放冷后加 10% 氢氧化钠溶液 1 mL(若不溶解,可稍加热),待全部溶解后,加质量分数为 1% 的硫酸铜溶液 2 滴,摇匀后观察有何现象发生。

②蛋白质的缩贰脲反应。取干净试管一支,依次加入蛋白质溶液 1 mL,质量分数为 10% 的氢氧化钠溶液 1 mL,质量分数为 1% 的硫酸铜溶液 2 滴,摇匀后观察现象(硫酸铜应避免过量,以防止在碱性溶液中生成沉淀而干扰蛋白质的颜色反应)。

③黄蛋白反应。取一支试管,加蛋白质溶液 1 mL,再加浓硝酸 3 滴,此时出现白色沉淀,再将沉淀放在沸水浴中加热,观察试管内沉淀颜色的变化,取出放冷后,再加质量分数为 10% 的氢氧化钠溶液 1 mL,又有何变化?

④茚三酮反应。

a. 取小滤纸片一张,滴上一滴蛋白质溶液,用风吹干后,在斑痕上滴加一滴质量分数为 0.1% 的茚三酮乙醇溶液,在灯焰上方小心烘干,有何现象?

b. 取试管一支,加蛋白质溶液 0.5 mL 及质量分数为 0.1% 的茚三酮乙醇溶液 2 滴,混匀后在沸水浴中加热 1~2 min,有何现象发生?

(2) 盐析作用。取试管一支,加入蛋白质溶液 0.5 mL,饱和氯化钠溶液 3~4 滴,混匀后再加饱和硫酸铵溶液 1 mL,有何现象发生?再加 2~3 mL 蒸馏水稀释,摇匀,观察蛋白质沉淀是否重又溶解?

(3) 变性作用。取两支试管,分别加入蛋白质溶液 1 mL,再向第一支试管加质量分数为 95% 的乙醇溶液 2 mL,向第二支试管加苯酚饱和溶液 1 mL,观察有何变化?

五、实验说明

苯肼有毒,切忌与皮肤接触。若不慎触及,应立即用质量分数为 5% 的醋酸溶液冲洗,再用肥皂洗涤,最后用清水冲洗。未使用完的苯肼试剂,应密封好,避光储存。

六、试剂配制

(1) 质量分数为 1% 的淀粉溶液的配制。将 1 g 可溶性淀粉溶于 5 mL 冷的蒸馏水中,用力搅成稀浆状,然后倒入 94 mL 刚煮沸的蒸馏水中,即得近于透明的胶体溶液,放冷后待用。

(2) 斐林试剂的配制。

①斐林试剂 I 的配制。将硫酸铜晶体($CuSO_4 \cdot 5H_2O$) 3.5 g 溶于 100 mL 蒸馏水中,加 0.5 mL 浓硫酸,混匀,即得浅蓝色的斐林试剂 I。

②斐林试剂 II 的配制。将酒石酸钾钠($KNaC_4H_4 \cdot 5H_2O$) 17 g 和分析纯氢氧化钠 5 g 共溶于 100 mL 蒸馏水中,必要时用玻璃毛过滤即得无色清亮的斐林试剂 II。斐林试剂 I 和斐林试剂 II 应分别保存,使用时等量混合即为斐林试剂。

(3) 质量分数为 0.05% 的间-苯二酚盐酸溶液的配制。将 0.05 g 间-苯二酚溶于

50 mL浓盐酸中,再用蒸馏水稀释至100 mL。

(4)苯肼试剂的配制。将苯肼试剂5 mL溶于50 mL质量分数为10%的醋酸溶液中,加活性碳0.5 g(若为颗粒,研成粉状)搅拌后过滤,将滤液保存在棕色试剂瓶内。本试剂应在使用时配制,久置会失效。

(5)蛋白质溶液的配制。取一个鲜鸡蛋的蛋清(约25 mL)加水100 mL,搅拌10 min,过滤,滤液即为卵蛋白溶液。

(6)质量分数为0.1%的茚三酮乙醇溶液的配制。将0.1 g茚三酮溶于125 mL质量分数为95%的乙醇中即可,使用时临时配制。

七、思考题

(1)举例说明什么是还原糖,非还原糖。
(2)为什么糖脎反应可用来鉴别还原糖和非还原糖?葡萄糖和果糖为什么会生成相同的糖脎?
(3)蔗糖和淀粉哪个更容易发生水解反应?为什么?
(4)哪些蛋白质能够发生黄蛋白反应?为什么?
(5)氨基酸能否发生缩贰脲反应?为什么?
(6)为什么乙醇、苯酚可以作为杀菌剂?

实验29 未知有机物的鉴定

一、实验目的

(1)进一步掌握常见有机化合物的基本性质;
(2)掌握一般有机物的化学鉴定方法。

二、实验原理

未知物的鉴定是学习有机化学的重要内容之一,未知物的鉴定可采用化学分析方法、仪器分析方法,这里指的是采用化学方法。化学方法鉴定需要选择特征反应,且有明显的实验现象(如有气体生成、有沉淀生成或固体溶解、有颜色变化等)。

本实验给定10种化合物,每位同学从教师处可拿到一种化合物,它是给定的十种化合物中的一种,要能正确地进行鉴别,要熟悉化合物的性质,最后通过测定熔点、沸点或折光率进行确认。

三、试剂

$FeCl_3$,Br_2-H_2O,$AgNO_3-NH_3$,2,4-二硝基苯肼,NaOH 溶液,$KMnO_4$ 溶液(H^+),$NaHCO_3$溶液,斐林试剂Ⅰ和斐林试剂Ⅱ,碘液,苏丹。

给定的10种化合物:
乙酸乙酯,丙酮,苯甲醛,环己酮,甲酸乙酯,甲酰胺,苯酚,草酸,乙酸,乙醛。

四、实验内容

（1）领取待鉴定样品。

（2）根据给定的10种化合物,进行分类(如用羰基试剂鉴别出羰基化合物类、用三氯化铁鉴别出酚类等),设计出鉴定思路和具体方案,然后进行具体鉴定。

（3）最后对初步结果进行验证(采用学过的知识,如晶体样品可测熔点,液体纯样品可测沸点、折光率,也可用给定的化学试剂进行化学方法验证,如甲酸乙酯通过水解含有甲酸已鉴别出后,再通过碘仿反应检验甲醇,验证甲酸乙酯。要求至少采用一种方法进行验证),给定的10种化合物的熔点、沸点和折光率见表2.16。

（4）将最后结果报告指导教师确认。

表2.16 给定的10种化合物的熔点、沸点和折光率表

化合物名称	熔 点	沸 点	折光率
乙酸乙酯	-83.6	77.1	1.372
甲酸乙酯	-80.5	54.5	1.360
甲酰胺	2.55	105.6	1.445
丙酮	94.7	56.1	1.356
环己酮	-16.4	155.7	1.451
苯甲醛	-26	178.1	1.546
乙醛	-123	20.1	1.328
草酸	—	升华157.0	—
苯酚	40.9	181.8	1.550
乙酸	16.7	117.8	1.370

2.3 分析化学实验

实验30 水的碱度的测定

一、实验目的

（1）掌握水的碱度的测定原理和方法；
（2）进一步掌握酸碱滴定终点的判断。

二、实验原理

水的碱度是指水中所含能够接受质子的物质的总量,一般有重碳酸盐(HCO_3^-)碱度、

碳酸盐(CO_3^{2-})碱度和氢氧化物(OH^-)碱度。这些碱度一般与水中 pH 值有关,一般 pH>10 时主要是 OH^- 碱度;pH=8.31 时,CO_3^{2-} 就全部转化为 HCO_3^-,而 pH=12.5 时,HCO_3^- 又全部转化为 CO_3^{2-};pH<4.5 时主要是 H_2CO_3,可认为碱度为 0。

水的碱度可采用连续滴定法测定,即取一定体积水样,首先以酚酞为指示剂,用 HCl 标准液滴定至溶液由红色变为无色为终点,盐酸标准液用量为 P(mL),接着以甲基橙为指示剂,继续用同浓度 HCl 标准液滴定至溶液由橘黄色变为橘红色为终点,用量为 M(mL)。如果 $P>M$,则有 OH^- 和 CO_3^{2-} 碱度;$P<M$,则有 CO_3^{2-} 和 HCO_3^- 碱度;$P=M$,则只有 CO_3^{2-} 碱度;$P>0,M=0$,则只有 OH^- 碱度;$P=0,M>0$,则只有 HCO_3^- 碱度。根据前后两个滴定终点消耗的盐酸标准液的用量(P 与 M)来判断水样中 OH^-、CO_3^{2-} 和 HCO_3^- 碱度的组成和计算水中的碱度。

水的碱度常以 CaO 的质量浓度($mg \cdot L^{-1}$)计和 $CaCO_3$ 的质量浓度($mg \cdot L^{-1}$)计,即

$$总碱度(CaO)/(mg \cdot L^{-1}) = \frac{c(P+M) \times 28.04}{V} \times 1\,000$$

$$总碱度(CaCO_3)/(mg \cdot L^{-1}) = \frac{c(P+M) \times 50.05}{V} \times 1\,000$$

式中,c 为 HCl 标准溶液的浓度,$mol \cdot L^{-1}$;28.04 为 $\frac{1}{2}$CaO 的摩尔质量,$g \cdot mol^{-1}$;50.05 为 $\frac{1}{2}CaCO_3$ 的摩尔质量,$g \cdot mol^{-1}$;V 为水样体积,mL;P 为酚酞为指示剂滴定至终点时消耗 HCl 标准液的体积,mL;M 为甲基橙为指示剂滴定至终点时消耗 HCl 标准液的体积,mL。

三、仪器与试剂

1. 仪器
50 mL 酸式滴定管,250 mL 锥形瓶,100 mL 移液管。

2. 试剂
HCl 标准溶液(约 0.1 $mol \cdot L^{-1}$),酚酞指示剂(0.1%,溶剂为质量分数为 90% 的乙醇溶液),甲基橙指示剂(质量分数为 0.1% 的水溶液),无 CO_2 蒸馏水。

四、实验内容

(1)用移液管吸取两份水样和无 CO_2 蒸馏水各 100 mL,分别放入 250 mL 锥形瓶中,加入 2~3 滴酚酞指示剂,摇匀。

(2)若溶液呈红色,用 0.100 0 $mol \cdot L^{-1}$ 的 HCl 标准溶液滴定至刚好无色(可与无 CO_2 蒸馏水的锥形瓶比较),记录用量 P(mL)。若加酚酞指示剂后溶液为无色,则不需要用 HCl 标准溶液滴定,接着进行下步操作。

(3)于每瓶中加入甲基橙指示剂 2~3 滴,摇匀。

(4)若水样变为橘黄色,继续用 0.100 0 $mol \cdot L^{-1}$ 的 HCl 标准溶液滴定至刚好变为橘红色为止(可与无 CO_2 蒸馏水的锥形瓶比较),记录用量 M(mL)。若加甲基橙指示剂后溶液为橘红色,则不需要用 HCl 标准溶液滴定。

五、数据记录与处理

1. 数据记录

表 2.17 数据记录

	锥形瓶编号	1	2
酚酞指示剂	滴定管始读数/mL		
	滴定管终读数/mL		
	P/mL		
	P 平均值/mL		
甲基橙指示剂	滴定管始读数/mL		
	滴定管终读数/mL		
	M/mL		
	M 平均值/mL		

2. 数据处理

判断水样的碱度组成并以碳酸钙计碱度。

氢氧化物碱度_____ $mg \cdot L^{-1}$；碳酸盐碱度_____ $mg \cdot L^{-1}$；

重碳酸盐碱度_____ $mg \cdot L^{-1}$；总碱度_____ $mg \cdot L^{-1}$。

六、思考题

(1) 如果水样直接以甲基橙为指示剂进行滴定，测得的碱度是总碱度吗？为什么？

(2) 无二氧化碳蒸馏水起何作用？为什么？

实验 31　混合碱中碳酸钠与碳酸氢钠含量的测定

一、实验目的

(1) 了解双指示剂法测定混合碱中 Na_2CO_3 和 $NaHCO_3$ 质量分数的基本原理。

(2) 熟悉酸碱滴定法选用指示剂的原则。

(3) 学习用容量瓶将试液定容的方法。

二、实验原理

Na_2CO_3 和 $NaHCO_3$ 是强碱弱酸盐，而 H_2CO_3 的酸性很弱，所以可以用 HCl 来滴定，

由于 Na_2CO_3 比 $NaHCO_3$ 的碱性强,因此在 Na_2CO_3 和 $NaHCO_3$ 混合液中,滴加 HCl 时首先和 Na_2CO_3 作用。而 Na_2CO_3 和 HCl 是分两步进行的,先以酚酞作为指示剂,用标准盐酸溶液滴定到溶液的颜色由红色到无色时,Na_2CO_3 全部被中和为 $NaHCO_3$,即 Na_2CO_3 被中和了一半,令此时消耗的标准盐酸溶液为 $V_1(mL)$,其反应式为

$$Na_2CO_3 + HCl = NaCl + NaHCO_3$$

再加甲基橙指示剂,继续用 HCl 溶液滴定至第二个等量点,溶液从黄色到橙色。此时,第一等量点生成的 $NaHCO_3$ 和原混合物中的 $NaHCO_3$,都被中和成 CO_2,令此时消耗 HCl 溶液的体积为 $V_2(mL)$,其反应式为

$$NaHCO_3 + HCl = NaCl + H_2O + CO_2 \uparrow$$

第一等量点时 pH=8.32,第二等量点时 pH=3.89。

因此,用 HCl 滴定 Na_2CO_3 和 $NaHCO_3$ 混合液时,滴定 Na_2CO_3 消耗的标准盐酸溶液为 $2V_1(mL)$,滴定 $NaHCO_3$ 消耗的标准盐酸溶液为 $V_2-V_1(mL)$。

三、仪器与试剂

1. 仪器

分析天平,称量瓶,250 mL 容量瓶,250 mL 锥形瓶,25 mL 移液管,50 mL 酸式滴定管。

2. 试剂

HCl 标准溶液(约 $0.1\ mol \cdot L^{-1}$),混合碱试样,酚酞指示剂,甲基橙指示剂。

四、实验内容

(1)准确称取 Na_2CO_3 和 $NaHCO_3$ 混合样品约 2 g,放入 150 mL 烧杯中,加 50 mL 蒸馏水溶解,然后将溶液定量完全转移到 250 mL 容量瓶中定容,充分摇匀。

(2)用移液管吸取 25.00 mL 上述混合碱溶液 2 份于 250 mL 锥形瓶中,加 2 滴酚酞指示剂,用 HCl 标准溶液滴定至红色消失。记下 HCl 用量 $V_1(mL)$。然后再加入 2 滴甲基橙指示剂,用 HCl 溶液继续滴定至溶液由黄色变为橙色,记下 HCl 用量 $V_2(mL)$。平行测定两次,计算混合碱中 Na_2CO_3 和 $NaHCO_3$ 的质量分数为

$$w(Na_2CO_3) = \frac{c(HCl) \times V_1 \times \dfrac{M(Na_2CO_3)}{1\ 000}}{m_{样}/10} \times 100\%$$

$$w(NaHCO_3) = \frac{c(HCl) \times (V_2-V_1) \times \dfrac{M(NaHCO_3)}{1\ 000}}{m_{样}/10} \times 100\%$$

五、数据记录与处理

1. 数据记录

表 2.18 数据记录

锥形瓶编号		混合碱试样质量 $m_{样}$ / g	记录一个碱样质量	
			1	2
酚酞指示剂	滴定管终读数/mL			
	滴定管始读数/mL			
	V_1/mL			
	V_1 平均值/mL			
甲基橙指示剂	滴定管终读数/mL			
	滴定管始读数/mL			
	V_2/mL			
	V_2 平均值/mL			

2. 数据处理

混合碱中 Na_2CO_3 的质量分数为_____

混合碱中 $NaHCO_3$ 的质量分数为_____

六、思考题

(1) 双指示剂法测定混合碱的原理是什么?

(2) 如何判断混合碱的组成?

实验 32 EDTA 标准溶液的配制与标定

一、实验目的

(1) 学习 EDTA 标准溶液的配制和标定方法。

(2) 了解配位滴定的特点和金属指示剂的使用及终点颜色变化。

二、实验原理

乙二胺四乙酸(简称 EDTA)难溶于水,常温下溶解度为 $0.0007\ mol\cdot L^{-1}$(约 $0.2\ g\cdot L^{-1}$),不适合在分析中应用,而其二钠盐溶解度较大,为 $0.3\ mol\cdot L^{-1}$(约 $120\ g\cdot L^{-1}$),故通常用乙二胺四乙酸二钠盐(亦称 EDTA)配制标准溶液,一般采用标定法配制 EDTA 标准溶液。因 EDTA 能与大多数金属离子形成 1∶1 的稳定配合物,所以可以用含有金属离子的基准物质,如 Zn、Cu、Pb、$CaCO_3$、$MgSO_4 \cdot 7H_2O$ 等,在一定的 pH 值条件下,选择适当的指示剂来标定。一般选用与被测组分含有相同金属离子的基准物质进行标定,这样分析条件相同,误差可以减小。

本实验选用 $CaCO_3$ 作为基准物质,用酸性铬蓝 K 与萘酚绿 B(二者质量之比约为(2∶5)~(1∶2))混合指示剂(简称 KB 指示剂)作为指示剂,在 NH_3-NH_4Cl 缓冲溶液($pH \approx 10$)中进行标定,其反应如下:

滴定前
$$Ca^{2+} + In^{3-}(金属指示剂,蓝绿色) = [CaIn]^- \quad (红色配合物)$$

滴定开始至终点前
$$Ca^{2+} + Y^{4-} = [CaY]^{2-} \quad (无色配合物)$$

终点时
$$[CaIn]^-(红色) + Y^{4-} = [CaY]^{2-}(无色) + In^{3-}(蓝绿色)$$

三、仪器与试剂

1. 仪器

500 mL 细口瓶,50 mL 滴定管,250 mL 锥形瓶,25 mL 移液管,烧杯,分析天平。

2. 试剂

乙二胺四乙酸二钠(固体 AR),$CaCO_3$(固体 AR),KB 指示剂,甲基红指示液(0.1 g 溶入 100 mL 质量分数为 60% 的乙醇溶液中),pH = 10 的 NH_3-NH_4Cl 缓冲溶液(称取 16.9 g NH_4Cl 溶入 143 mL 浓氨水中,用水稀释至 250 mL),3 $mol \cdot L^{-1}$ 氨水。

四、实验内容

1. EDTA 标准溶液的配制

称取优级纯(或分析纯)EDTA 二钠盐(含二分子结晶水)约 1.9 g 于 250 mL 烧杯中,加蒸馏水 150 mL,加热溶解,必要时过滤。冷却后用蒸馏水稀释至 500 mL,摇匀,保存在细口瓶中,浓度约为 0.01 $mol \cdot L^{-1}$。

2. 0.01 $mol \cdot L^{-1}$ 钙标准溶液的配制

准确称量 0.25 g 左右分析纯 $CaCO_3$(预先在 105~110℃下干燥 2 h)于 250 mL 烧杯中,加适量蒸馏水润湿,逐滴加入 4 $mol \cdot L^{-1}$ 的盐酸溶液至碳酸钙完全溶解。加 100 mL 蒸馏水煮沸数分钟(除去 CO_2),冷至室温,加入数滴甲基红指示液,逐滴加入 3 $mol \cdot L^{-1}$ 的氨水直至溶液变成橙色为止。然后将其溶液定量完全转移到 250 mL 容量瓶中,用蒸馏水稀释至刻度,摇匀。

3. EDTA 标准溶液的标定

用移液管移取上述钙标准溶液 25.00 mL 于 250 mL 三角瓶中,加蒸馏水 30 mL,逐滴加入 1∶1 氨水至溶液呈中性。再加入 NH_3-NH_4Cl 缓冲溶液(pH = 10) 10 mL,KB 指示剂约 0.1 g(至溶液透明清亮),摇匀,用 EDTA 溶液滴定至溶液由酒红色变为蓝绿色即为终点。平行测定三次,根据 $CaCO_3$ 的质量和用去的 EDTA 溶液的体积计算出 EDTA 的准确

浓度,即

$$c(\text{EDTA}) = \frac{\frac{1}{10} \times 1\ 000 \times m(\text{CaCO}_3)}{M(\text{CaCO}_3) \times V(\text{EDTA})}$$

式中,$c(\text{EDTA})$ 为 EDTA 标准溶液的浓度,$mol \cdot L^{-1}$;$m(\text{CaCO}_3)$ 为 CaCO$_3$ 的质量,g;$V(\text{EDTA})$ 为滴定用去的 EDTA 溶液的体积,mL;$M(\text{CaCO}_3)$ 为 CaCO$_3$ 的摩尔质量,$g \cdot mol^{-1}$。

五、数据记录与处理

1. 数据记录

表 2.19 数据记录

编号 $m(\text{CaCO}_3)$/g	记录一个 CaCO$_3$ 样品质量		
	1	2	3
$V_{\text{EDTA},始}$/mL			
$V_{\text{EDTA},终}$/mL			
V_{EDTA}/mL			
V_{EDTA}平均值/mL			
EDTA 浓度/$mol \cdot L^{-1}$			

2. 数据处理

EDTA 溶液的浓度为_____

六、思考题

(1)为什么要用间接法配制 EDTA 标准溶液?

(2)配位滴定过程中为什么加缓冲溶液?

实验 33　水硬度的测定

一、实验目的

(1)了解水硬度的表示方法和测定意义。

(2)进一步理解配位滴定分析的原理和方法,了解金属指示剂的变色原理及滴定终点的判断。

(3)掌握 EDTA 法测定水中 Ca^{2+}、Mg^{2+} 含量的原理和方法。

二、实验原理

水的总硬度通常表示水中钙、镁的总量,其中钙、镁的酸式碳酸盐遇热即形成碳酸盐沉淀而被除去,这部分钙、镁含量称为水的暂时硬度,即

$$Ca(HCO_3)_2 =\!=\!= CaCO_3\downarrow + CO_2\uparrow + H_2O$$

而以氯化物、硫酸盐、硝酸盐等形式存在的钙、镁含量称为水的永久硬度。永久硬水中的钙、镁在加热时不沉淀(但在锅炉中溶解度低时可以析出成为锅垢)。

许多工农业生产不能用硬水,所以需要事先分析水中钙盐和镁盐的含量。测定水的硬度,就是测定水中钙、镁含量而折算成 CaO 含量,然后用硬度单位表示。也可用水中钙、镁的质量(mg)表示。这里介绍常用的两种表示方法。

(1)以德国度(°)计,表示 10 万份水中含有 1 份 CaO,即 1 L 水中含有 10 mg CaO 时为 1°。

(2)以质量浓度($mg\cdot L^{-1}$)计,表示 1 L 水中含有 $CaCO_3$ 的质量。

测定水的总硬度一般采用 EDTA 滴定法。先测定钙、镁的总含量,再测钙量,然后由钙、镁总量和钙的含量,求出镁的含量。即在 pH≈10 的氨性缓冲溶液中,以铬黑 T 为指示剂,用 EDTA 标准溶液滴定。在化学计量点前,Ca^{2+}、Mg^{2+} 与铬黑 T 形成紫红色配合物,当用 EDTA 标准溶液滴定至化学计量点时,游离出指示剂,溶液呈现纯蓝色。

滴定时,Fe^{3+}、Al^{3+} 等干扰离子,可用三乙醇胺掩蔽,Cu^{2+}、Pb^{2+}、Zn^{2+} 等金属离子可用 KCN、Na_2S 或巯基乙酸掩蔽。由于铬黑 T 和 Mg^{2+} 显色灵敏度高于 Ca^{2+} 显色的灵敏度,当水样中 Mg^{2+} 含量较低时,终点变色不敏锐。为此可在 EDTA 标准溶液中加入适量 Mg^{2+}(标定前加入,不影响测定结果);或者在缓冲溶液中加入一定量的 Mg-EDTA 盐,利用置换滴定来提高终点变色的敏锐性;也可采用 KB 混合指示剂,此时终点的颜色由紫红色变为蓝绿色。

三、仪器与试剂

1. 仪器

50 mL 酸式滴定管,250 mL 锥型瓶,50 mL 移液管。

2. 试剂

约 0.010 00 $mol\cdot L^{-1}$ 的 EDTA 标准溶液,NH_3-NH_4Cl 缓冲溶液(pH=10),质量分数为 20% 的三乙醇胺溶液,质量分数为 2% 的 Na_2S 溶液,质量分数为 20% 的盐酸羟胺溶液,4 $mol\cdot L^{-1}$ HCl 溶液,2 $mol\cdot L^{-1}$ NaOH 溶液,铬黑 T 指示剂,钙指示剂。

四、实验内容

1. 总硬度的测定

取 50.00 mL 澄清的水样三份,置于 250 mL 锥形瓶中。加 1~2 滴 4 $mol\cdot L^{-1}$ 的 HCl 溶液酸化,煮沸数分钟以除去 CO_2,冷却至室温。分别加入 5 滴盐酸羟胺溶液、1 mL 三乙醇胺溶液(掩蔽 Fe^{3+}、Al^{3+} 等高价金属离子),5 mL pH=10.0 的缓冲溶液和 1 mL Na_2S 溶液(掩蔽 Cu^{2+}、Zn^{2+} 等重金属离子),摇匀。再放入适量铬黑 T 指示剂(至溶液颜色清亮),再摇匀。此时溶液呈酒红色,以 0.010 00 $mol\cdot L^{-1}$ 的 EDTA 标准溶液滴定至溶液刚好转变为纯蓝色,即为终点,记录EDTA标准溶液的用量 V_1(mL)。平行测定三次。

2.钙含量的测定

另量取50.00 mL澄清水样三份,置于250 mL锥形瓶中,加1 mL 2 mol·L^{-1}的NaOH溶液,摇匀。加适量钙指示剂(至溶液颜色清亮),再摇匀。此时溶液呈红色,用0.010 00 mol·L^{-1}的EDTA标准溶液滴定至溶液刚好转变为纯蓝色即为终点。记录EDTA标准溶液的用量V_2(mL)。平行测定三次。

3.镁含量的测定

由钙镁总量减去钙含量即为镁含量。

根据以上数据按下式计算水样的总硬度和每升水样中Ca^{2+}、Mg^{2+}的质量(mg)即钙、镁的硬度,即

总硬度 $$\rho(CaO) = \frac{V_1 \times c(EDTA) \times M(CaO)}{V_{水}} \times 1\,000$$

总硬度 $$德国度 = \frac{V_1 \times c(EDTA) \times M(CaO)}{V_{水}} \times 100$$

钙硬度 $$\rho(Ca^{2+}) = \frac{V_2 \times c(EDTA) \times M(Ca)}{V_{水}} \times 1\,000$$

镁硬度 $$\rho(Mg^{2+}) = \frac{(V_1 - V_2) \times c(EDTA) \times M(Mg)}{V_{水}} \times 1\,000$$

五、数据记录与处理

1.数据记录

表2.20 数据记录

	水样编号	1	2	3
总硬度的测定	$V_{EDTA,始}$/mL			
	$V_{EDTA,终}$/mL			
	V_1/mL			
	V_1 平均值/mL			
	总硬度(以CaO计)/mg·L^{-1}			
	总硬度(以德国度计)/(°)			
	水样编号	4	5	6
钙硬度的测定	$V_{EDTA,始}$/mL			
	$V_{EDTA,终}$/mL			
	V_2/mL			
	V_2 平均值/mL			
	钙硬度(Ca)/mg·L^{-1}			
	镁硬度(Mg)/mg·L^{-1}			

2.实验结果

总硬度($CaCO_3$,$mg \cdot L^{-1}$)为_____。

总硬度(°)计_____。

钙硬度(Ca,$mg \cdot L^{-1}$)为_____。

镁硬度(Mg,$mg \cdot L^{-1}$)为_____。

六、思考题

(1)用 EDTA 测定水的总硬度时,如何控制溶液酸度?选择什么指示剂?

(2)滴定到终点时,溶液的纯蓝色是哪一种物质的颜色?

(3)为什么掩蔽 Fe^{3+}、Al^{3+} 要在酸性溶液中加入三乙醇胺?

(4)水样测定中第一步酸化起何作用?什么情况下可以省略掉?

实验34 水中氯离子含量的测定 (沉淀滴定法)

一、实验目的

(1)学习 $AgNO_3$ 标准溶液的配制方法。

(2)掌握莫尔法测定氯离子的方法原理及测定条件。

(3)掌握沉淀滴定法滴定终点的判断方法。

二、实验原理

在中性或弱碱性溶液中(pH=6.5~10.5),以铬酸钾 K_2CrO_4 为指示剂,用 $AgNO_3$ 标准溶液直接滴定水中 Cl^- 时,由于 AgCl 的溶解度(8.72×10^{-8} $mol \cdot L^{-1}$)小于 Ag_2CrO_4 的溶解度(3.94×10^{-7} $mol \cdot L^{-1}$),根据分步沉淀的原理,在滴定过程中,首先析出 AgCl 沉淀,到达化学计量点后,稍过量的 Ag^+ 与 CrO_4^{2-} 生成砖红色的 Ag_2CrO_4 沉淀,指示达到滴定终点。

滴定反应方程式为

$$Ag^+ + Cl^- = AgCl \downarrow \quad (白色沉淀)$$

$$2Ag^+ + CrO_4^{2-} = Ag_2CrO_4 \downarrow \quad (砖红色沉淀)$$

由于滴定终点时,$AgNO_3$ 的实际用量比理论用量稍多点,因此需要以蒸馏水做空白试验扣除。根据 $AgNO_3$ 标准溶液的物质的量浓度和用量计算水样中 Cl^- 的含量。

为保证在等量点时恰好生成砖红色 Ag_2CrO_4 沉淀,CrO_4^{2-} 的物质的量浓度应控制在 5.0×10^{-3} $mol \cdot L^{-1}$ 左右为宜,过大或过小都会影响指示终点的正确性。

应用莫尔法测定时,酸度应控制在 pH 值为 6.5~10.5(中性或弱碱性)的条件下进行。

三、仪器与试剂

1. 仪器
50 mL 酸式滴定管,分析天平,250 mL 容量瓶,烧杯,250 mL 锥形瓶,50 mL 移液管。

2. 试剂
质量分数为 5% 的 K_2CrO_4 溶液,$AgNO_3$(分析纯),NaCl(分析纯)。

四、实验内容

1. 硝酸银溶液的配制与标定

(1)NaCl 基准物的干燥方法。基准 NaCl 应先在 120℃下烘干 2 h,或放在坩埚中于 500℃的温度中灼烧至不发出爆裂声为止。

(2)0.1 mol·L^{-1} 的 $AgNO_3$ 标准溶液的配制。在台秤上称取 5.1 g $AgNO_3$ 固体,加蒸馏水溶解后置于棕色容量瓶中,稀释至 250 mL,待用。

(3)0.1 mol·L^{-1} 的 $AgNO_3$ 标准溶液的标定。准确称取 0.15~0.20 g 的 NaCl 基准物,倾入锥形瓶中,加蒸馏水 25 mL 溶解,然后加质量分数为 5% 的 K_2CrO_4 溶液 1 mL,边剧烈振荡,边滴加 $AgNO_3$ 溶液,至生成的砖红色沉淀不褪去,记录 $AgNO_3$ 所耗体积 V_1(mL),平行测定三次。同时吸取 25 mL 蒸馏水做空白试验,记录消耗 $AgNO_3$ 溶液的体积 V_0(mL),计算 $AgNO_3$ 溶液物质的量浓度的平均值,即

$$c(AgNO_3) \times (V_1 - V_0) = \frac{m(NaCl)}{M(NaCl)} \times 1\,000$$

2. 水样中 Cl^- 含量的测定

吸取 50 mL 水样三份和 50 mL 蒸馏水(做空白试验)分别放入锥形瓶中,加质量分数为 5% 的 K_2CrO_4 溶液 1 mL,用 $AgNO_3$ 标准溶液在剧烈的振荡下进行滴定,直至刚刚出现淡的橘红色,即为终点。记录消耗 $AgNO_3$ 标准溶液的体积 V_2(mL)。平行测定三次,按下式计算水样中氯离子的浓度

$$\rho(Cl^-)/(mg \cdot L^{-1}) = \frac{(V_2 - V_0)c \times 35.45 \times 1\,000}{V_水}$$

式中,V_2 为水样消耗 $AgNO_3$ 标准溶液的体积,mL;c 为 $AgNO_3$ 标准溶液的物质的量浓度,mol·L^{-1};V_0 为蒸馏水消耗 $AgNO_3$ 标准溶液的体积,mL;$V_水$ 为水样体积,mL;35.45 为氯离子的摩尔质量,g·mol^{-1}。

五、数据记录与处理

1. 数据记录

表 2.21 数据记录

	实验编号	1	2	3	空白
硝酸银溶液的标定	NaCl 基准物的量 m/g				
	滴定剂用量/mL	V_{1-1}	V_{1-2}	V_{1-3}	V_0
	滴定终点读数/mL				
	滴定起始读数/mL				
	硝酸银用量 V_1/mL				
	硝酸银溶液物质的量浓度/(mol·L^{-1})				—
	c(AgNO$_3$)平均值/(mol·L^{-1})				
水样中Cl$^-$的测定	滴定剂用量/mL	V_{2-1}	V_{2-2}	V_{2-3}	V_0
	滴定终点读数/mL				
	滴定起始读数/mL				
	硝酸银用量 V_2/mL				
	水样中 Cl$^-$ 质量浓度/(mg·L^{-1})				—
	水样中 Cl$^-$ 质量浓度平均值/(mg·L^{-1})				

2. 实验结果

本试验所测水中氯离子质量浓度为_____ mg·L^{-1}。

六、思考题

(1)滴定过程中为什么要剧烈振荡?
(2)指示剂的用量对测定结果有何影响?

实验 35 氯化钡中钡含量的测定 (质量法)

一、实验目的

(1)熟悉并掌握重量分析的基本操作,包括沉淀、陈化、过滤、洗涤、转移、烘干、炭化、灰化、灼烧、恒重等。
(2)了解晶型沉淀的性质及其沉淀的条件。
(3)了解本实验误差的来源及其消除方法。

二、实验原理

Ba^{2+} 与 SO$_4^{2-}$ 作用,形成难溶于水的 BaSO$_4$ 沉淀,沉淀经陈化、过滤、洗涤并灼烧至恒重,由所得到的 BaSO$_4$ 的质量和试样的质量即可计算试样中钡的质量分数。

为了得到较大颗粒的纯净的 BaSO$_4$ 晶形沉淀,试样溶于水后,用稀盐酸酸化,加热至近沸,在不断搅动下,缓慢加入热的、适当过量的稀 H$_2$SO$_4$ 沉淀剂,这样,有利于得到较好的沉淀。

三、仪器与试剂

1. 仪器

烧杯,玻璃棒,表面皿,电炉,漏斗,滤纸,瓷坩埚,马弗炉,分析天平。

2. 试剂

氯化钡试样,6 mol·L^{-1}的HCl溶液,0.1 mol·L^{-1}的H_2SO_4溶液(沉淀剂),0.01 mol·L^{-1}的H_2SO_4溶液(洗涤剂),6 mol·L^{-1}的HNO_3溶液,质量分数为0.1%的$AgNO_3$溶液。

四、实验内容

1. 瓷坩埚的恒重

取两只瓷坩埚,洗净,晾干,编号,然后在马弗炉里于800~850℃下灼烧到恒重。

2. 试样溶液的制备

准确称取$BaCl_2·2H_2O$试样0.3 g左右(称准至0.1 mg)两份,分别置于两个250 mL烧杯中,加70 mL蒸馏水,搅拌使其溶解,再加入1~2 mL 6 mol·L^{-1}的盐酸,盖上表面皿。

3. 沉淀

将一份$BaCl_2$溶液试样和一份0.1 mol·L^{-1}硫酸沉淀剂溶液加热至近沸(不能沸腾),并保持在90℃左右,一边搅动溶液,一边用滴管将20 mL左右的热沉淀剂逐滴加入试液中。待沉淀下沉后,再在上层清液中滴几滴沉淀剂溶液,以检验沉淀是否完全。沉淀完全后,加少量水吹洗表面皿和烧杯壁,再盖上表面皿,放置过夜陈化。另一份试液也按上法沉淀后放置陈化。

沉淀也可在水浴中加热陈化。一般加热陈化1 h后,冷至室温即可进行过滤。

4. 过滤和洗涤

预先准备两只充满水柱的漏斗,用慢速定量滤纸过滤$BaSO_4$沉淀。先用倾析法将沉淀上面的清液沿玻璃棒倾入漏斗中。再用0.01 mol·L^{-1}的硫酸洗涤液洗涤沉淀两次,每次用量为20~30 mL。接着把沉淀全部移到滤纸上,最后在滤纸上继续用蒸馏水洗涤,直到滤液不含Cl$^-$为止。

5. 沉淀的灼烧与恒重

把洗净的沉淀用滤纸包裹后,移入已恒重的坩埚中,在800~850℃下进行烘干、炭化、灰化、灼烧直至恒重,冷却、称量。

根据试样及沉淀的质量计算$w(Ba)$,即

$$w(Ba) = \frac{m(BaSO_4) \times \dfrac{M(Ba)}{M(BaSO_4)}}{m_{样}} \times 100\%$$

五、数据记录与处理

1. 数据记录

表 2.22 数据记录

编 号	试样 I	试样 II
$m_{样}$/g		
坩埚+$BaSO_4$ 沉淀的质量/g		
空坩埚的质量/g		
$m(BaSO_4)$/g		
$w(Ba)$/%		
$w(Ba)$/% 平均值		
相对偏差		
平均相对偏差		

2. 数据处理

试样中钡的质量分数为_____。

六、思考题

(1) 若实验中 $BaCl_2$ 和 $BaSO_4$ 形成了共沉淀,则结果将偏高还是偏低?
(2) 试用沉淀理论来解释本实验的沉淀条件。
(3) 炭化和灰化的目的是什么?
(4) 本实验主要误差来源有哪些?如何消除?

实验 36 高锰酸钾标准溶液的配制与标定

一、实验目的

(1) 了解 $KMnO_4$ 标准溶液的配制方法和保存条件;
(2) 掌握 $Na_2C_2O_4$ 作为基准物质标定 $KMnO_4$ 溶液浓度的方法。

二、实验原理

$KMnO_4$ 是氧化还原滴定中最常用的氧化滴定剂之一,在强酸性溶液中与还原剂发生下列半反应

$$MnO_4^- + 8H^+ + 5e \Longrightarrow Mn^{2+} + 4H_2O \qquad E^{\ominus}(MnO_4^-/Mn^{2+}) = 1.51 \text{ V}$$

滴定过程所用介质为 H_2SO_4,且 $KMnO_4$ 本身颜色变化明显,可作为指示剂。但是,实验室配制 $KMnO_4$ 标准溶液时,由于试剂中常会有少量 MnO_2 和其他杂质,蒸馏水中也常含有微量还原性物质,能慢慢使 $KMnO_4$ 还原为 $MnO(OH)_2$ 沉淀和 Mn^{2+},而 $MnO(OH)_2$、Mn^{2+} 和光线等都能促进 $KMnO_4$ 分解。故一般先配制近似浓度的 $KMnO_4$ 溶液,除尽杂质,并在暗处放置 7~10 天,再进行标定。

标定 $KMnO_4$ 溶液的基准物质有 $Na_2C_2O_4$,$H_2C_2O_4 \cdot 2H_2O$,$(NH_4)_2Fe(SO_4)_2 \cdot 6H_2O$

等,其中 $Na_2C_2O_4$ 最常用,反应如下

$$2MnO_4^- + 5C_2O_4^{2-} + 16H^+ = 2Mn^{2+} + 10CO_2\uparrow + 8H_2O$$

此反应要在 H_2SO_4 介质中、较高温度和有 Mn^{2+} 作为催化剂的条件下进行。滴定初期,反应很慢,$KMnO_4$ 溶液必须逐滴加入。逐渐生成的 Mn^{2+} 有催化作用,结果使反应速度慢慢加快。本实验无需另加指示剂,溶液由无色变为红色半分钟不褪去即为终点,记录消耗的 $KMnO_4$ 体积,并计算 $KMnO_4$ 溶液的准确浓度。

三、仪器与试剂

1.仪器
台秤,分析天平,微孔玻璃漏斗,棕色试剂瓶,250 mL 锥形瓶,50 mL 酸式滴定管。

2.试剂
$KMnO_4$ 固体,3 mol·L^{-1} H_2SO_4,$Na_2C_2O_4$(分析纯)。

四、实验内容

1. 0.02 mol·L^{-1} 的 $KMnO_4$ 标准溶液的配制
称取 $KMnO_4$ 固体约 1.6 g 溶于 500 mL 水中,盖上表面皿,加热至沸并保持微沸状态 1 h。冷却后,用微孔漏斗过滤,滤液储存于棕色试剂瓶中。

2. $KMnO_4$ 溶液的标定
在分析天平上,称取 0.16～0.20 g $Na_2C_2O_4$ 三份,分别置于 250 mL 锥形瓶中,加蒸馏水 50 mL,使其溶解。加入 3 mol·L^{-1} 的 H_2SO_4 溶液 10 mL,加热至 75～85 ℃,趁热用 $KMnO_4$ 溶液滴定。刚开始,滴入一滴 $KMnO_4$ 溶液,摇动,待红色褪去,溶液中产生了 Mn^{2+} 后,再加第二滴,随着反应速度的加快,滴定速度逐渐加快,在滴定的全过程中,$KMnO_4$ 的加入不可太快,滴定溶液呈微红色并持续 30 s 不褪色即为终点。平行测定三次,按下式计算 $KMnO_4$ 溶液的浓度

$$c(KMnO_4) = \frac{\frac{2}{5}m(Na_2C_2O_4)}{M(Na_2C_2O_4)\dfrac{V(KMnO_4)}{1\,000}}$$

五、数据记录与处理

1.数据记录

表 2.23 数据记录

实验编号	1	2	3
$m(Na_2C_2O_4)$/g			
$V(KMnO_4)$始读数/mL			
$V(KMnO_4)$终读数/mL			
$V(KMnO_4)$/mL			
$c(KMnO_4)$/(mol·L^{-1})			
$c(KMnO_4)$平均值/(mol·L^{-1})			

2. 数据处理
$c(KMnO_4) = $ _____ $mol \cdot L^{-1}$。

六、思考题
(1) $KMnO_4$ 标准溶液为什么不能直接配制?
(2) 标定 $KMnO_4$ 溶液时,为什么第 1 滴 $KMnO_4$ 的颜色褪色很慢,以后反而逐渐加快?
(3) 为什么标定须在强酸性溶液中,并在加热的情况下进行? 酸度过低对滴定有何影响? 温度过高又有何影响?

实验 37 水中高锰酸盐指数的测定
(高锰酸钾法)

一、实验目的
(1) 进一步学习高锰酸钾氧化还原滴定法的原理和方法;
(2) 掌握清洁水样中高锰酸盐指数的测定原理和方法。

二、实验原理
高锰酸盐指数是反映水体中有机及无机可氧化物质污染的常用指标。定义为:在一定条件下,用高锰酸钾氧化水样中的某些有机物及无机还原性物质,由消耗的高锰酸钾的量计算相当的氧量。但高锰酸盐指数不能作为理论需氧量或总有机物含量的指标,因为在规定的条件下,许多有机物只能部分地被氧化,易挥发的有机物也不包含在测定值之内。

在酸性条件下,高锰酸钾 $KMnO_4$ 将水样中的某些有机物及还原性物质氧化,剩余的 $KMnO_4$ 用过量的草酸钠 $Na_2C_2O_4$ 还原,再以 $KMnO_4$ 标准溶液回滴剩余的 $Na_2C_2O_4$,根据加入过量 $KMnO_4$ 和 $Na_2C_2O_4$ 标准溶液的量及最后滴定所消耗的 $KMnO_4$ 标准溶液的用量,计算水样中高锰酸盐指数,以相应的氧量($_2$, $mg \cdot L^{-1}$)来表示。

三、仪器与试剂
1. 仪器
50 mL 酸式滴定管,250 mL 锥形瓶,移液管,吸量管,电炉。
2. 试剂
$KMnO_4$ 标准溶液(1/5 $KMnO_4$ ≈ 0.01 $mol \cdot L^{-1}$),$Na_2C_2O_4$ 标准溶液(1/2 $Na_2C_2O_4$ ≈ 0.01 $mol \cdot L^{-1}$),(1+3)H_2SO_4 溶液。

四、实验内容
(1) 取样。取清洁透明水样 100 mL,浑浊水样 10~25 mL,加蒸馏水稀释至 100 mL。

将水样放入 250 mL 锥形瓶中。共取三份。

（2）加入 5 mL(1+3)H_2SO_4 溶液,从滴定管中准确放出 10.00 mL(V_1) 0.010 00 mol·L^{-1} 的 $KMnO_4$ 标准溶液,并投入几粒玻璃珠,加热至沸腾,从此时准确煮沸 10 min。若溶液红色消失,说明水中有机物含量太多,则需重取水样稀释,直至按上述方法煮沸 10 min 后仍显红色为止。

（3）稍冷后（约 80 ℃）趁热准确加入 10.00 mL(V_2) 0.010 00 mol·L^{-1} 的 $Na_2C_2O_4$ 标准溶液,摇匀,红色褪去,立即用 0.010 00 mol·L^{-1} 的 $KMnO_4$ 标准溶液滴定至溶液显微红色,30 s 内不褪色即为终点。记录消耗的 $KMnO_4$ 标准溶液的量(V_1')。

（4）计算

$$高锰酸盐指数(O_2, mg·L^{-1}) = \frac{[c_1(V_1+V_1')-c_2V_2]\times 8 \times 1\,000}{V_水}$$

式中,c_1 为 $KMnO_4$ 标准溶液的物质的量浓度,1/5$KMnO_4$,mol·L^{-1};V_1 为开始加入的 $KMnO_4$ 标准溶液的体积,mL;V_1' 为最后滴加的 $KMnO_4$ 标准溶液的体积,mL;c_2 为 $Na_2C_2O_4$ 标准溶液的物质的量浓度,1/2 $Na_2C_2O_4$,mol·L^{-1};V_2 为加入的 $Na_2C_2O_4$ 标准溶液的体积,mL;8 为氧的摩尔质量,1/2 O,g·mol^{-1};$V_水$ 为水样的体积,mL。

五、数据记录与处理

1. 数据记录

表 2.24 数据记录

	c_1(1/5$KMnO_4$)/(mol·L^{-1})			
	c_2(1/2$Na_2C_2O_4$)/(mol·L^{-1})			
	实验编号	1	2	3
水样的测定	加入 $KMnO_4$ 量 V_1/mL			
	加入 $Na_2C_2O_4$ 量 V_2/mL			
	滴定管终读数/mL			
	滴定管始读数/mL			
	滴定 $KMnO_4$ 用量 V_1'/mL			
	高锰酸盐指数/(O_2,mg·L^{-1})			
高锰酸盐指数平均值/(O_2,mg·L^{-1})				

2. 数据处理

本水样高锰酸盐指数为_____ O_2,mg·L^{-1}。

六、实验说明

（1）严格来讲,水样应置于沸水浴中加热 30 min,以充分氧化需氧有机物;本实验氧化加热时应完全敞开,如果废水中易挥发性化合物质量浓度较高时,应使用回流装置加热,否则结果将偏低。

(2)水样中 Cl^- 质量浓度较高时,应在酸性介质中加入 $AgNO_3$ 溶液进行预处理,否则,Cl^- 在酸性 $KMnO_4$ 中能被氧化,使结果偏高。

七、思考题

(1)在高锰酸盐指数的实际测定中,往往引入 $KMnO_4$ 标准溶液的校正系数 K,简述它的测定方法,说明 K 与物质的量浓度 c 的关系。

(2)如果水样中 Cl^- 的质量浓度大于 300 $mg \cdot L^{-1}$ 时,则氯离子干扰测定,应如何测定可防止干扰?

实验38 水中化学需氧量(COD)的测定
(重铬酸钾法)

一、实验目的

(1)学会硫酸亚铁铵标准溶液的标定方法。
(2)掌握重铬酸钾法测定水中 COD 的方法。
(3)了解测定 COD 的意义。

二、实验原理

化学需氧量(Chemical Oxygen Demanded,COD)是恒量水被还原性物质污染程度的重要综合性指标之一,是环境保护和水质控制中经常需要测定的项目。它是指在一定条件下,氧化 1 L 水中还原性物质所消耗强氧化剂的量,通常以氧化这些物质所消耗的 O_2 的质量(mg)表示。COD 值越高,说明水体污染越严重。当前测定化学需氧量常用的方法有 $KMnO_4$ 和 $K_2Cr_2O_7$ 法,前者用于测定较清洁的水样,后者用于污染严重的水样和工业废水。同一水样用上述两种方法测定的结果是不同的,因此在报告化学需氧量的测定结果时要注明测定方法。

本实验采用重铬酸钾法,即在强酸性条件下向被测水样中加入过量的重铬酸钾溶液,加热水样,使重铬酸钾 $K_2Cr_2O_7$ 与水样中有机污染物充分反应后,再以试亚铁灵为指示剂,用硫酸亚铁铵 $(NH_4)_2Fe(SO_4)_2$ 标准溶液回滴剩余的重铬酸钾,计量点时,溶液由浅蓝色变为红色指示终点。根据 $(NH_4)_2Fe(SO_4)_2$ 标准溶液的用量计算化学需氧量 COD $(O_2,mg \cdot L^{-1})$。主要反应方程式如下

$$2Cr_2O_7^{2-}+3C+16H^+ \xrightarrow{Ag_2SO_4} 4Cr^{3+}+3CO_2\uparrow+8H_2O$$
(过量) (有机物)

$$Cr_2O_7^{2-}+6Fe^{2+}+14H^+ = 6Fe^{3+}+2Cr^{3+}+7H_2O$$
(剩余)

计量点时 $\quad$ Fe$(C_{12}H_8N_2)_3^{3+}$ ⟶ Fe$(C_{12}H_8N_2)_3^{2+}$
$\quad\quad\quad\quad\quad\quad\quad\quad$（蓝色）$\quad\quad\quad\quad$（红色）

返滴定过程中,溶液的颜色变化是由橙黄色变为蓝绿色,再变为蓝色,终点时立即变为红色。同时取一份无有机物的蒸馏水做空白试验。

三、仪器与试剂

1. 仪器

50 mL 酸式滴定管,250 mL 磨口锥形瓶,电炉,回流装置,玻璃珠等,25 mL 移液管。

2. 试剂

重铬酸钾 $K_2Cr_2O_7$ 标准溶液(1/6 $K_2Cr_2O_7$ = 0.250 0 mol·L^{-1}),$(NH_4)_2Fe(SO_4)_2$ 标准溶液的浓度(待标定,约为 0.25 mol·L^{-1}),浓 H_2SO_4,$HgSO_4$,试亚铁灵指示剂(1.485 g 邻二氮菲及 0.695 g $FeSO_4 \cdot 7H_2O$ 溶于蒸馏水并稀释至 100 mL),Ag_2SO_4-H_2SO_4 溶液(75 mL 浓 H_2SO_4 中含有 1 g Ag_2SO_4),无有机物的蒸馏水(将含有少量 $KMnO_4$ 的碱性溶液的蒸馏水蒸馏即得)。

四、实验内容

1. 硫酸亚铁铵溶液的标定

准确吸取三份 10.00 mL 的 0.250 0 mol·L^{-1} 的 $K_2Cr_2O_7$ 标准溶液(1/6 $K_2Cr_2O_7$)于 250 mL 锥形瓶中,加蒸馏水至 100 mL 左右,缓慢加入 10 mL 左右浓 H_2SO_4,混匀,冷却后加一滴试亚铁灵指示剂,用硫酸亚铁铵$(NH_4)_2Fe(SO_4)_2$ 溶液滴定至溶液由橙黄色经蓝绿色变为蓝色后,立即变为红色为终点,记录硫酸亚铁铵用量 V_1(mL)。计算硫酸亚铁铵 $[(NH_4)_2Fe(SO_4)_2]$ 溶液的物质的量浓度为

$$c = \frac{0.250\ 0 \times 10.00}{V_1}$$

式中,c 为 $(NH_4)_2Fe(SO_4)_2$ 溶液的物质的量浓度,mol·L^{-1};V_1 为标定时消耗 $(NH_4)_2Fe(SO_4)_2$ 溶液的体积,mL。

2. 水样中 COD 的测定(回流法)

(1) 准确吸取 25 mL 水样两份于 250 mL 磨口回流锥形瓶中(图 2.14),加数粒玻璃珠和 0.2 g $HgSO_4$。

(2) 缓慢加 5 mL Ag_2SO_4-H_2SO_4 溶液,摇动使 $HgSO_4$ 溶解。

(3) 准确加入 10.00 mL 0.250 0 mol·L^{-1} 的 $K_2Cr_2O_7$ 标准溶液,再缓慢加入 25 mL 的 Ag_2SO_4-H_2SO_4 溶液,连接磨口回流冷凝管,加热回流 2 h(自开始沸腾时计时)。

(4) 冷却后,用 10 mL 蒸馏水冲洗冷凝管壁,取下锥形瓶,用蒸馏水稀释至 150 mL。

(5) 溶液再度冷却后,加两滴试亚铁灵指示剂,用硫酸亚铁铵$(NH_4)_2Fe(SO_4)_2$ 标准溶液滴定至溶液由橙黄色经蓝绿色变为蓝色后,立即变为红色为终点,记录滴定剂用量 V_2(mL)。

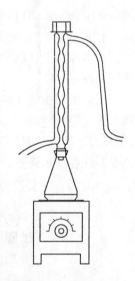

图 2.14 回流装置

(6)同时以 25 mL 蒸馏水作空白试验,按上述操作步骤测定,记录滴定剂用量 V_0(mL)。则水样中

$$\text{COD}/(\text{O}_2, \text{mg} \cdot \text{L}^{-1}) = \frac{(V_0 - V_2) \times c \times 8 \times 1\,000}{V_{\text{水}}}$$

式中,V_0 为空白试验时消耗 $(\text{NH}_4)_2\text{Fe}(\text{SO}_4)_2$ 标准溶液的体积,mL;V_2 为滴定水样时消耗 $(\text{NH}_4)_2\text{Fe}(\text{SO}_4)_2$ 标准溶液的体积,mL;c 为 $(\text{NH}_4)_2\text{Fe}(\text{SO}_4)_2$ 标准溶液的物质的量浓度,mol·L^{-1};8 为氧的摩尔质量(32 g·mol^{-1})的 1/4;$V_{\text{水}}$ 为水样的体积,mL。

五、数据记录与处理

1. 数据处理

表 2.25 数据记录

实验编号	1	2	3
$(\text{NH}_4)_2\text{Fe}(\text{SO}_4)_2$ 溶液的标定	V_{1-1}	V_{1-2}	V_{1-3}
滴定管终点读数/mL			
滴定管起始读数/mL			
V_1/mL			
V_1 平均值/mL			
$c((\text{NH}_4)_2\text{Fe}(\text{SO}_4)_2)/(\text{mol} \cdot \text{L}^{-1})$			
水样 COD 的测定	V_{2-1}	V_{2-2}	V_0
滴定管终点读数/mL			
滴定管起始读数/mL			
V_2/mL			
V_2 平均值/mL			
COD/(O_2, mg·L^{-1})			

2. 数据处理

水样 COD 的准确值 _____ O_2,mg·L^{-1}。

六、思考题

(1)水中高锰酸盐指数与化学需氧量有何异同?哪些因素影响 COD 测定的结果,为什么?

(2)水样中加入 $\text{K}_2\text{Cr}_2\text{O}_7$ 回流过程中,若回流液变为绿色说明了什么?应如何处理?

(3)COD 的计算公式中,为什么用空白值(V_0)减水样值(V_2)?

实验 39 碘和硫代硫酸钠标准溶液的配制与标定

一、实验目的

（1）掌握 $Na_2S_2O_3$ 及 I_2 溶液的配制方法；

（2）掌握标定 $Na_2S_2O_3$ 及 I_2 溶液浓度的原理和方法。

二、实验原理

商品碘含有杂质，且易挥发，故用市售 I_2 配标准溶液时，只能先配成近似浓度，然后再进行标定。结晶的 $Na_2S_2O_3 \cdot 5H_2O$ 一般都含有少量杂质，如 S，Na_2SO_4，Na_2CO_3，NaCl 等，而且 $Na_2S_2O_3$ 溶液不稳定，容易分解，因此也不能用直接法配成标准溶液，只能间接标定其浓度。

碘量法的基本反应式为

$$2S_2O_3^{2-} + I_2 =\!=\!= S_4O_6^{2-} + 2I^-$$

若将配制好的 I_2 和 $Na_2S_2O_3$ 溶液进行比较滴定，达滴定终点时有如下关系

$$c(Na_2S_2O_3) \times V(Na_2S_2O_3) = 2c(I_2) \times V(I_2)$$

只要测出其中任一种溶液的准确浓度，便可求出另一溶液的准确浓度。通常标定 $Na_2S_2O_3$ 溶液比较方便，所用的氧化剂有 $KBrO_3$，KIO_3，$K_2Cr_2O_7$，$KMnO_4$ 等，而以 $K_2Cr_2O_7$ 最为方便，结果也相当准确，因此本实验就用 $K_2Cr_2O_7$ 来标定 $Na_2S_2O_3$ 溶液的浓度。

准确称取一定量 $K_2Cr_2O_7$ 基准试剂，配成溶液，加入过量的 KI，在酸性溶液中定量地完成下列反应

$$6I^- + Cr_2O_7^{2-} + 14H^+ =\!=\!= 2Cr^{3+} + 3I_2 + 7H_2O \tag{1}$$

生成的游离 I_2，立即用 $Na_2S_2O_3$ 溶液滴定，反应为

$$2S_2O_3^{2-} + I_2 =\!=\!= S_4O_6^{2-} + 2I^- \tag{2}$$

结果实际上相当于 $K_2Cr_2O_7$ 氧化了 $Na_2S_2O_3$。I^- 虽在反应（1）中被氧化，但又在反应（2）中被还原为 I^-，结果并未发生变化。由反应方程式（1）和反应方程式（2）可知 $K_2Cr_2O_7$ 与 $Na_2S_2O_3$ 反应的物质的量比为 1∶6，即

$$n(K_2Cr_2O_7) : n(Na_2S_2O_3) = 1 : 6$$

因而根据滴定的 $Na_2S_2O_3$ 溶液的体积和所取的 $K_2Cr_2O_7$ 质量，即可算出 $Na_2S_2O_3$ 溶液的准确浓度

$$c(Na_2S_2O_3) = \frac{6m(K_2Cr_2O_7)}{M(K_2Cr_2O_7) \dfrac{V(Na_2S_2O_3)}{1\,000}} \tag{3}$$

碘量法用新配制的淀粉溶液作为指示剂，I_2 与淀粉生成蓝色的加合物，反应很灵敏。

三、仪器与试剂

1. 仪器
分析天平,250 mL 碘量瓶,250 mL 容量瓶,25 mL 移液管,50 mL 酸式滴定管。

2. 试剂
分析纯 $K_2Cr_2O_7(s)$,$H_2SO_4(1\ mol\cdot L^{-1})$ 溶液,$Na_2S_2O_3\cdot 5H_2O$ 固体,KI 固体,I_2 固体,淀粉溶液(0.5%),Na_2CO_3 固体。

四、实验内容

1. I_2 和 $Na_2S_2O_3$ 溶液的配制

(1) $0.1\ mol\cdot L^{-1}$ 的 $Na_2S_2O_3$ 溶液的配制。用台天平称取 $Na_2S_2O_3\cdot 5H_2O$ 固体约 6.2 g,溶于适量刚煮沸并已冷却的水中,加入 Na_2CO_3 约 0.05 g 后,稀释至 250 mL,倒入细口试剂瓶中,放置 1~2 周后标定。

(2) $0.05\ mol\cdot L^{-1}$ 的 I_2 溶液的配制。在台天平上称取 I_2(预先磨细过)约 3.2 g,置于 250 mL 烧杯中,加 6 g KI,再加少量水,搅拌,待 I_2 全部溶解后,加水稀释到 250 mL,混合均匀。储藏在棕色细口瓶中,放置于暗处。

2. $Na_2S_2O_3$ 溶液的标定

在分析天平上精确称取 0.15 g 左右 $K_2Cr_2O_7$ 基准试剂(预先干燥过)三份,分别置于三个 250 mL 锥形瓶中(最好用带有磨口塞的锥形瓶或碘量瓶),加入 10~20 mL 蒸馏水使之溶解。加 2 g KI,10 mL $1\ mol\cdot L^{-1}$ 的 H_2SO_4,充分混合溶解后,盖好塞子以防止因 I_2 挥发而损失。在暗处放置 5 min($K_2Cr_2O_7$ 与 KI 反应较慢,在带塞瓶中放置一会儿使其充分反应),然后加 50 mL 水稀释后(滴定前将溶液稀释,既可降低酸度,减慢 I 被空气氧化的速度,又可使 $K_2Cr_2O_7$ 的分解作用减小,稀释后 Cr^{3+} 的绿色变浅,便于观察终点),用 $Na_2S_2O_3$ 溶液滴定到溶液呈浅黄色时,加 2 mL 淀粉溶液,继续滴入 $Na_2S_2O_3$ 溶液直至蓝色刚刚消失而 Cr^{3+} 的绿色出现即为终点。记录滴定所消耗的 $Na_2S_2O_3$ 溶液的体积,填在表 2.24 中。代入公式(3)计算 $Na_2S_2O_3$ 溶液的浓度。

3. I_2 和 $Na_2S_2O_3$ 溶液的比较滴定

本实验用 $Na_2S_2O_3$ 溶液滴定 I_2 溶液。将 $Na_2S_2O_3$ 溶液装入碱式滴定管中,用移液管移取 25.00 mL I_2 溶液于锥形瓶中,加 50 mL 水,用 $Na_2S_2O_3$ 标准溶液滴定至溶液呈浅黄色时,加入 2 mL 质量分数为 0.5% 的淀粉指示剂,再用 $Na_2S_2O_3$ 溶液继续滴定至溶液的蓝色恰好消失即为终点。记录所消耗的 $Na_2S_2O_3$ 溶液的体积填在表 2.25 中。

重复滴定三次,计算其平均值,即

$$c(I_2)=\frac{1}{2}c(NaS_2O_3)\times\frac{V(Na_2S_2O_3)}{V(I_2)}$$

五、数据记录与处理

1. 数据记录

表2.26　$Na_2S_2O_3$ 溶液的标定

实验编号	1	2	3
$m(K_2Cr_2O_7)/g$			
$V(Na_2S_2O_3)$ 始读数/mL			
$V(Na_2S_2O_3)$ 终读数/mL			
$V(Na_2S_2O_3)$/mL			
$c(Na_2S_2O_3)/(mol \cdot L^{-1})$			
$c(Na_2S_2O_3)$ 平均值/$(mol \cdot L^{-1})$			

表2.27　I_2 溶液的标定

实验编号	1	2	3
$c(Na_2S_2O_3)/(mol \cdot L^{-1})$			
$V(I_2)$/mL			
$V(Na_2S_2O_3)$ 始读数/mL			
$V(Na_2S_2O_3)$ 终读数/mL			
$V(Na_2S_2O_3)$/mL			
$c(I_2)/(mol \cdot L^{-1})$			
$c(I_2)$ 平均值/$(mol \cdot L^{-1})$			

2. 数据处理

$Na_2S_2O_3$ 溶液的物质的量浓度为＿＿＿＿＿＿＿＿ $mol \cdot L^{-1}$。

I_2 溶液的物质的量浓度为＿＿＿＿＿＿＿＿ $mol \cdot L^{-1}$。

六、思考题

（1）配制 I_2 溶液为何要加入 KI？

（2）用 $Na_2S_2O_3$ 溶液滴定 I_2 溶液和用 I_2 溶液滴定 $Na_2S_2O_3$ 溶液时都是用淀粉指示剂，为什么要在不同时候加入？终点颜色变化有何不同？

（3）标定 $Na_2S_2O_3$ 溶液时，加入的 KI 溶液量要很精确吗？为什么？

实验 40 水中溶解氧(DO)的测定
（碘量法）

一、实验目的

(1)学会水中 DO 的固定方法。
(2)掌握碘量法测定水中溶解氧的原理和方法。
(3)掌握水样存在不同干扰物的处理方法或选择合适的测定方法。

二、实验原理

溶解于水中的氧称为溶解氧(DO)。水中溶解氧的多少与水生动植物的生存及水中的某些工业设备的使用寿命均有密切关系。例如,当水中溶解氧过低(小于 4 mg·L^{-1})时,许多鱼类就可能发生窒息或残废,而某些厌氧细菌则会迅速繁殖;当溶解氧过高时,则对工业用水中的金属设备和水中金属构筑物有较强的腐蚀作用。水体中溶解氧量的多少在一定程度上能够反映出水体受污染的程度,因此,水中溶解氧的测定对保护环境等方面有着重要的意义。

测定水中溶解氧常用碘量法及其修正法和膜电极法。清洁水可直接采用碘量法测定。其原理是:水样中加入硫酸锰和碱性碘化钾,水中溶解氧将低价锰氧化成高价锰,生成四价锰的氢氧化物棕色沉淀。加酸后,氢氧化物沉淀溶解并与碘离子反应,释放出游离碘。以淀粉为指示剂,用硫代硫酸钠滴定释放出的碘,即可计算出水样中溶解氧的含量。反应式为

$$MnSO_4 + 2NaOH = Mn(OH)_2 \downarrow + Na_2SO_4$$
（白色）
$$2Mn(OH)_2 + O_2 = 2MnO(OH)_2 \downarrow$$
（棕色,即 H_2MnO_3 亚锰酸）
$$MnO(OH)_2 + 2KI + 2H_2SO_4 = I_2 + K_2SO_4 + 3H_2O + MnSO_4$$
$$I_2 + 2Na_2S_2O_3 = 2NaI + Na_2S_4O_6 \quad （连四硫酸钠）$$

此实验有以下注意事项。

(1)碘量法测定 DO 适用于清洁的地面水和地下水。
(2)一般规定要在取得水样后立即进行溶解氧的测定,如果不能在取水样处完成,应该在水样采取后立即加入硫酸锰及碱性碘化钾溶液,使溶解氧"固定"在水中,其余的测定步骤可送往实验室进行。取样与进行测定时间间隔不要太长,以不超过 4 h 为宜。
(3)瓶中充满水样时,必须不留空气泡,不然空气泡中的氧也会氧化 $Mn(OH)_2$,使分析结果偏高。
(4)水中如果有亚硝酸盐存在,亚硝酸盐质量浓度大于 0.1 mg·L^{-1}时,由于亚硝酸盐与碘化钾作用能析出游离碘,在反应中析出的 NO 在滴定时受空气氧化而生成亚硝酸。

亚硝酸又会从碘化钾中将碘析出,这样就使分析结果偏高。为了获得正确的结果,可在用浓硫酸溶解沉淀之前,在水样瓶中加入数滴质量分数为5%的叠氮化钠溶液。

三、仪器与试剂

1. 仪器

50 mL 酸式滴定管,吸量管,25 mL 移液管,250 mL 锥形瓶,250 mL 溶解氧瓶。

2. 试剂

1+3 硫酸溶液,质量分数为1%的淀粉指示剂,硫代硫酸钠标准溶液($c(Na_2S_2O_3)$ = 0.025 mol·L^{-1},用 $K_2Cr_2O_7$ 标准溶液标定)。

硫酸锰溶液:称取 480 g $MnSO_4·4H_2O$ 或 400 g $MnSO_4·2H_2O$ 溶于水,稀释至1 000 mL。

碱性碘化钾溶液:称取 500 g 的 NaOH 溶于 400 mL 水中,冷却,另称取 150 g 碘化钾溶于 200 mL 水中,两者混合,加蒸馏水稀释至1 000 mL,静置 24 h,倾出上层清液于棕色瓶中,避光保存。

四、实验内容

1. 水样采集

用水样冲洗溶解氧瓶(图 2.15)后,沿瓶壁直接注入水样或用虹吸法将细玻璃管插入溶解氧瓶底部,注入水样溢流出瓶容积的 $\frac{1}{3}$ ~ $\frac{1}{2}$ 左右,迅速盖上瓶塞。取样时不能使采集的水样与空气接触,且瓶口不能留有气泡,否则另行取样。

图 2.15 溶解氧瓶和瓶塞

2. 溶解氧的固定

(1)取样后,立即用吸量管加入 1 mL 硫酸锰溶液。加注时,应将移液管插入溶解氧瓶(图 2.15)的液面下,切勿将吸量管中的空气注入瓶中。

(2)用同样方法加入 2 mL 碱性碘化钾溶液。

(3)盖紧瓶塞(注意:瓶中绝不可留有气泡!),颠倒混合 3 次,静置。待生成的棕色沉淀降至瓶一半深度时,再次颠倒混合均匀。

3. 溶解氧的测定

(1)将溶解氧瓶再次静置,使沉淀降至瓶底。

(2)析出碘。轻轻打开瓶塞,立即用移液管插入液面下加入 2.0 mL(1+5)的硫酸,小心盖好瓶塞。颠倒混合至沉淀物全部溶解,放置暗处 5 min。

(3)滴定。分别吸取 25 mL 上述水样 2 份于 250 mL 锥形瓶中,用硫代硫酸钠标准溶液滴定释放出的碘,至溶液呈淡黄色时,加入 1 mL 淀粉指示剂(溶液显蓝色),继续用硫代硫酸钠滴定至蓝色刚好变为无色即为终点,记录滴定剂用量。

(4)计算

$$溶解氧 DO(O_2, mg·L^{-1}) = \frac{V \times c \times 8 \times 1\,000}{V_水}$$

式中,c 为硫代硫酸钠标准溶液物质的量浓度,mol·L^{-1};V 为滴定时消耗硫代硫酸钠溶液的体积,mL;8 为 O_2 摩尔质量的 1/4;$V_水$ 为水样的体积,mL。

五、数据记录与处理

1. 数据记录

表 2.28 数据记录

水样编号	1	2
$c(Na_2S_2O_3)/(mol·L^{-1})$		
滴定管起始读数/mL		
滴定管终点读数/mL		
$V(NaS_2SO_4)$/mL		
溶解氧/(O_2,mg·L^{-1})		
溶解氧平均值/(O_2,mg·L^{-1})		

2. 数据处理

水样溶解氧为_____ O_2,mg·L^{-1},溶解氧处于_____饱和状态。

六、思考题

(1)在水样中,有时加入 $MnSO_4$ 和碱性 KI 溶液后,只生成白色沉淀,是否还需要继续滴定?为什么?

(2)如果水样中 NO_2^- 的质量浓度大于 0.05 mg·L^{-1},Fe^{2+} 质量浓度小于 1 mg·L^{-1} 时,测定水中溶解氧应采用什么方法为好?

(3)碘量法测定水中余氯、DO 时,淀粉指示剂加入的先后次序对滴定有何影响?

实验 41 维生素 C 含量的测定

一、实验目的

通过维生素 C 含量的测定,掌握直接碘量法及其操作。

二、实验原理

用碘标准溶液可以直接测定维生素 C 等一些还原性物质,维生素 C 分子中的二烯醇基被氧化成二酮基反应不必加碱就可进行的很完全。相反,由于维生素C的还原能力强而易被空气氧化,所以,在测定中必须加入稀HAc,使溶液保持足够的酸度,以减少副反应的发生。

三、仪器与试剂

1. 仪器

分析天平,50 mL酸式滴定管,250 mL的锥形瓶。

2. 试剂

维生素C,1:1HAc溶液,0.05 mol·L^{-1}I$_2$标准溶液,0.5%的淀粉指示剂。

四、实验内容

准确称取试样0.2 g置于250 mL的锥形瓶中,加入新煮沸过的蒸馏水100 mL和10 mL 1:1 HAc,完全溶解后,再加入3 mL淀粉指示剂,立即用I$_2$标准溶液滴定至溶液显稳定的蓝色,重复滴定两次并按下式计算维生素C的质量百分数为

$$w(\text{Vc}) = \frac{c(\text{I}_2) \times \frac{V(\text{I}_2)}{1\,000} \times M(\text{Vc})}{m_{样}} \times 100\%$$

式中,$c(\text{I}_2)$为I$_2$标准溶液的浓度,mol·L^{-1};$M(\text{Vc}) = 176.13$ g·mol^{-1}维生素C的摩尔质量;$V(\text{I}_2)$为滴定时所用I$_2$标准溶液的体积,mL;$m_{样}$为试样质量,g。

五、数据记录与处理

1. 数据记录

表2.29 数据记录

实验编号	1	2
$m_{样}$/g		
$V(\text{I}_2)_{始}$/mL		
$V(\text{I}_2)_{终}$/mL		
$V(\text{I}_2)$/mL		
$w(\text{Vc})$/%		
$w(\text{Vc})$/(%)平均值		

2. 数据处理

维生素C的质量百分数为_____。

六、思考题

(1)测定维生素C为什么要加入稀醋酸?

(2)溶解样品时为什么要用新煮沸过的蒸馏水?

实验 42 吸收光谱曲线的绘制

一、实验目的

(1) 初步熟悉分光光度计的构造和使用方法；
(2) 掌握吸收光谱曲线和工作曲线的绘制。

二、实验原理

同一种物质对不同波长光的吸光度不同，以吸光度 A 为纵坐标，辐射波长 λ 为横坐标作图，得到该物质的吸收光谱或吸收曲线，吸光度最大处对应的波长称为最大吸收波长 λ_{max}。对于不同物质，它们的吸收曲线形状和 λ_{max} 不同。吸收曲线可以提供物质的结构信息，并作为物质定性分析的依据之一。而不同浓度的同一种物质，其吸收曲线形状相似，λ_{max} 不变，但在某一定波长下吸光度 A 有差异，在 λ_{max} 处吸光度 A 的差异最大，此特性可作为物质定量分析的依据，且因在 λ_{max} 处吸光度随浓度变化的幅度最大，所以测定最灵敏。吸收曲线是定量分析中选择入射光波长的重要依据。

用邻二氮菲显色测 Fe 是国家标准方法，Fe(Ⅱ)在 pH=2~9 介质与邻二氮菲生成稳定的橙红色配合物，并在 508 nm 处呈最大吸收，其摩尔吸光系数 $\varepsilon_{508}=1.1\times10^4$ $L\cdot mol^{-1}\cdot cm^{-1}$。

$$Fe^{2+}+3phen \longrightarrow Fe(phen)_3^{2+}$$
橙红色

当铁以 Fe^{3+} 形式存在时，可预选用还原剂盐酸羟胺（或对苯二酚等）将其还原成 Fe^{2+}，其反应式为

$$2Fe^{3+}+2NH_2OH\cdot HCl =\!=\!= 2Fe^{2+}+N_2\uparrow+2H_2O+4H^++2Cl^-$$

测定时控制溶液酸度在 pH=3~8 范围内较为适宜。酸度高时，反应进行较慢；酸度太低时，Fe^{2+} 离子易水解，影响显色。

三、仪器与试剂

1. 仪器

分光光度计，50 mL 具塞比色管或 50 mL 的容量瓶，吸量管。

2. 试剂

100 $\mu g\cdot mL^{-1}$ 铁标准溶液：准确称取 0.702 2 g 分析纯 $(NH_4)_2Fe(SO_4)_2\cdot 6H_2O$ 置于 100 mL 烧杯中，以 20 mL(1+1) HCl 溶解后移入 1 000 mL 容量瓶中，以水稀释至刻度，摇匀。此溶液中铁的质量浓度为 100 $\mu g\cdot mL^{-1}$，Fe^{2+} 的物质的量浓度为 1.79×10^{-3} $mol\cdot L^{-1}$。

质量分数为 10% 的盐酸羟胺溶液：称取 5 g 盐酸羟胺溶于 45 mL 水中。

pH=4.6 的缓冲溶液：将 68 g 乙酸钠溶于 500 mL 蒸馏水中，加入 29 mL 冰醋酸稀释至 1 000 mL。

质量分数为 0.15% 的邻二氮菲溶液。

四、实验内容

(1)准确移取 1.00 mL 100 μg·mL^{-1}的铁标准溶液,同时取 1.00 mL 去离子水(空白试验)分别放入 50 mL 比色管中,加入 1 mL 质量分数为 10% 的盐酸羟胺溶液,混匀。放置 2 min 后,加入 2.0 mL 邻二氮菲显色剂和 5.0 mL HAc-NaAc 缓冲溶液(pH=4.6),用水稀释至刻度,摇匀。

(2)在分光光度计上将邻二氮菲-Fe(Ⅱ)溶液和空白溶液分别盛于 1 cm 比色皿中,安放于仪器比色皿架上,按仪器使用方法操作,从波长 420~600 nm,每隔 10 nm 测定一次吸光度,每换一个波长必须用空白溶液调零,在最大吸收波长附近(508 nm 附近)每隔 2 nm 测定一个吸光度。记录不同波长处的吸光度值。

(3)以波长为横坐标,吸光度为纵坐标绘制吸收曲线,吸收曲线上的最大吸收波长为进行测定的适宜波长。

五、数据记录与处理

1. 数据记录

表 2.30 数据记录

波长 λ/nm	420	430	440	450	460	470	480	490	500
吸光度 A									
波长 λ/nm	502	504	506	508	510	512	514	516	518
吸光度 A									
波长 λ/nm	520	530	540	550	560	570	580	590	600
吸光度 A									

2. 绘制曲线

(1)以波长为横坐标,以吸光度为纵坐标,将各数值描绘在坐标纸上,并连成光滑曲线,即为吸收光谱。

(2)从吸收曲线上查得溶液的最大吸收波长 λ_{max},即为测定铁的测量(工作)波长。

λ_{max} = _____ nm

对应 ε = _____ L·mol^{-1}·cm^{-1}

六、思考题

(1)吸光度 A 为 0.25,相当透光度 $T\%$ 为多少?

(2)改变波长后为什么要重新校正空白吸光度为 0?

(3)如果水样含铁很高或很低,应该如何进行测定?如果要求分别测定 Fe^{2+} 和 Fe^{3+},应如何测定?

(4)摩尔吸光系数的定义是什么?根据本试验结果,计算邻二氮菲-Fe(Ⅱ)配合物的摩尔吸光系数。

(5)本实验各种试剂加入量哪些要求比较准确?哪些则不必?为什么?

实验 43　邻二氮菲显色反应测定水中铁的含量

一、实验目的

(1) 掌握邻二氮菲法测定铁的基本原理和条件。
(2) 掌握工作曲线法的实验技术。
(3) 学习分光光度计的使用方法。

二、实验原理

根据朗伯-比耳定律：$A=\varepsilon bc$，当入射光波长 λ 及光程 b 一定时，在一定浓度范围内，有色物质的吸光度 A 与该物质的物质的量浓度 c 成正比。只要绘出以吸光度 A 为纵坐标，物质的量浓度 c 为横坐标的标准曲线，测出试液的吸光度，就可以由标准曲线查得对应的浓度值，即未知样的物质的量。用分光光度法测定试样中的微量铁，目前一般采用邻二氮菲法，该法具有灵敏度高、选择性好、稳定性强且干扰易消除等优点。在 pH = 2~9 的溶液中，Fe^{2+} 与邻二氮菲(phen)生成稳定的橘红色配合物 $Fe(phen)_3^{2+}$，即

该橙红色配合物的 $\lg K_稳 = 21.3$，最大吸收波长 λ_{max} 为 508 nm，摩尔吸光系数 $\varepsilon_{508} = 1.1 \times 10^4 \ L \cdot mol^{-1} \cdot cm^{-1}$，而 Fe^{3+} 能与邻二氮菲生成 3:1 配合物，呈淡蓝色，$\lg K_稳 = 14.1$，所以在加入显色剂之前，应用盐酸羟胺($NH_2OH \cdot HCl$)将 Fe^{3+} 还原为 Fe^{2+}，其反应式如下

$$2Fe^{3+} + 2NH_2OH \cdot HCl = 2Fe^{2+} + N_2 \uparrow + H_2O + 4H^+ + 2Cl^-$$

测定时控制溶液的酸度为 pH≈5 较为适宜。加盐酸羟胺后用邻二氮菲可测定试样中总铁的质量浓度，不加盐酸羟胺用邻二氮菲测定试样中亚铁的质量浓度。

三、仪器与试剂

1. 仪器

容量瓶，刻度吸量管，50 mL 比色管，分光光度计
2. 试剂

铁标准液(10 μg·mL^{-1})：准确吸取 50 mL 100 μg·mL^{-1} 的铁标准溶液于 500 mL 容量瓶中，加 20 mL 2 mol·L^{-1} 的 HCl 溶液，用水稀释至刻度，摇匀。

质量分数为 10% 的盐酸羟胺溶液(用时新配)，质量分数为 0.15% 的邻二氮菲溶液

(用时现配),pH=4.6 的缓冲溶液,含铁水样(铁的质量浓度为 0.30~1.40 mg·L^{-1})。

四、实验内容

1. 溶液的显色反应

(1)取 50 mL 比色管 11 支,洗涤干净。用吸量管在前 7 支管中分别准确加入 10 μg·mL^{-1} 的铁标准溶液 0 mL(空白试样)、0.50 mL、1.00 mL、2.50 mL、3.50 mL、5.00 mL、7.00 mL;用移液管分别在后 4 支管中加入 25.00 mL 含铁水样。

(2)在 1~9 号管中各加入 1 mL 质量分数为 10% 的盐酸羟胺溶液,摇匀,静置 2 min,其中 8、9 号管中水样加盐酸羟胺溶液测定总铁含量,10~11 号管中不加盐酸羟胺溶液以测水样中亚铁的质量浓度。

(3)在 11 支管中分别加入 2 mL 质量分数为 0.15% 的邻二氮菲溶液和 5 mL pH=4.6 的缓冲溶液,用水稀释至刻度,即 50 mL,振荡,摇匀,放置 10 min。

2. 溶液吸光度的测定

按分光光度计使用方法操作,在 508 nm 处,用 1 cm 比色皿,以不含铁的"空白试样"作参比溶液调零(因在同一波长下测吸光度,所以只在开始一次性调零,不需要每次调零),分别测定各邻二氮菲–Fe(Ⅱ)溶液的吸光度。

五、数据记录与处理

1. 标准曲线的绘制

以标准系列(1~7 号比色管)中各溶液的含铁量(μg/50 mL)为横坐标,对应的吸光度为纵坐标绘制标准曲线。

表 2.31 数据记录

比色管编号	1	2	3	4	5	6	7
铁标准溶液加入量/mL	0.00	0.50	1.00	2.50	3.50	5.00	7.00
铁质量浓度/[μg·(50 mL)$^{-1}$]							
铁质量浓度 ρ/(mg·L^{-1})							
吸光度值 A							

以铁的质量浓度 c 为横坐标,吸光度 A 为纵坐标,绘制 A–c 标准曲线。为提高标准曲线的精确程度,可用线性回归法确定该曲线的回归方程

$$\rho = aA + b$$

式中,ρ 为水中 Fe^{2+} 的质量浓度,mg·L^{-1};A 为 Fe^{2+} 对应的吸光度;a 为回归直线斜率;b 为回归直线截距。

请参阅 1.43 节用 Excel 或 Origin 软件进行实验数据处理。

2. 样品的测定

在相同条件下测量水样吸光度值,在标准曲线上查出试样溶液中铁的质量浓度(μg/50 mL),然后计算试样溶液的原始浓度。

表 2.32 数据记录

总铁的测定				亚铁的测定			
水样编号		8	9	水样编号		10	11
吸光度值				吸光度值			
总铁含量	查得试样质量浓度 ρ_1/(mg·L^{-1})			亚铁含量	查得试样质量浓度 ρ_2/(mg·L^{-1})		
	ρ_1 平均值 /(mg·L^{-1})				ρ_2 平均值 /(mg·L^{-1})		
	水样总铁质量浓度 $2\rho_1$/(mg·L^{-1})				水样总铁质量浓度 $2\rho_2$/(mg·L^{-1})		

3. 数据处理

水样中铁的质量浓度_____ mg·L^{-1}；亚铁质量浓度_____ mg·L^{-1}；高铁质量浓度_____ mg·L^{-1}。

六、思考题

(1)邻二氮菲分光光度法测定微量铁时为何要加入盐酸羟胺溶液？为什么测总铁时须加盐酸羟胺,而测亚铁时,不加盐酸羟胺？

(2)吸收曲线与标准曲线有何区别？在实际应用中有何意义？

(3)透光率与吸光度两者关系如何？

(4)邻二氮菲与铁的显色反应,其主要条件有哪些？

(5)加各种试剂的顺序能否颠倒？

实验 44 离子选择电极法测定水中氟离子的含量

一、实验目的

(1)了解用氟离子选择电极测定水中氟的质量浓度的原理和方法。
(2)学会用标准曲线法测定水中氟的质量浓度。
(3)进一步掌握酸度计的使用方法。

二、实验原理

离子选择电极法是指用离子选择性电极作为指示电极,甘汞电极作为参比电极的电位分析法,通过测定原电池的电动势来确定电极电位。氟离子选择性电极属固体膜电极,是目前最成熟的一种离子选择电极,其电极是对氟离子有响应的 LaF$_3$ 制成的单晶敏感膜,电极内装 0.1 mol·L^{-1} 的 NaF 和 0.1 mol·L^{-1} 的 NaCl 溶液,以 Ag-AgCl 电极为内参比电极。

用氟离子选择测定水样中氟离子的质量浓度时,以氟离子选择电极作为指示电极,以饱和甘汞电极作为参比电极,组成原电池,如果忽略液接电位,其电池的电动势(E)在一定条件下与F^-离子活度的对数值成直线关系,即

$$E = b - 0.059\,2\lg a(F^-)$$

式中,b在一定条件下为一常数。通过测量电池电动势,可以测定F^-的活度。当溶液的总离子强度不变时,离子的活度系数为一定值,则E与F^-的物质的量浓度$c(F^-)$的对数值成直线关系。

对游离F^-离子测定有干扰的主要离子是OH^-,因此被测试液的pH值应保持在5~6之间。在pH较低时游离F^-形成了HF分子,电极不能响应;pH值过高则OH^-有干扰。此外,能与F^-生成稳定配合物或难溶化合物的元素也会干扰测定,通常可加掩蔽剂消除其干扰,因此,为了测定F^-的物质的量浓度,常在标准溶液与试样溶液中,同时加入足够量的相等的离子强度缓冲溶液以控制一定的离子强度和酸度,并消除其他离子的干扰。

当F^-物质的量浓度在$1\sim10^{-6}$ mol·L^{-1}时,氟电极电势与pF(F^-离子浓度的负对数)成直线关系,可用标准曲线法进行测定。标准曲线法是在测定未知液之前,先将指示电极和参比电极放在一系列含有不同浓度的待测离子(含有离子强度调节缓冲溶液)的标准溶液中,测定它们的电动势(E),并画出E-pF图,在一定浓度范围内它是一条直线,然后在待测的未知溶液中(含有与标准溶液同样的离子强度缓冲溶液),并用同一对电极测其电动势(E_x)。从E-pF图上找出与E相应的F^-物质的量浓度。

本实验就是用此方法来测定自来水中氟离子的物质的量浓度。

三、仪器与试剂

1. 仪器

酸度计,氟离子选择电极,饱和甘汞电极,磁力搅拌器,100 mL小烧杯6个。

2. 试剂

1.000×10^{-1} mol·L^{-1} F^-标准储备液:准确称取NaF(120℃烘1 h)4.199 g溶于1 000 mL容量瓶中,用蒸馏水稀释至刻度,储存于聚乙烯瓶中。

总离子强度调节缓冲液(TISAB):称取58 g NaCl,12 g 柠檬酸钠溶于500 mL水中,再加57 mL乙酸,搅拌,缓缓加入6 mol·L^{-1}的NaOH溶液125 mL,然后稀释至1 000 mL。

四、实验内容

1. 氟电极的准备

使用前应将氟电极放在10^{-4} mol·L^{-1} F^-溶液中浸泡约半小时,然后再用蒸馏水清洗电极至空白值为-300 mV左右,最后浸泡在水中待用。

2. 标准系列溶液的配制

在100 mL容量瓶中用移液管移入10.00 mL 1.000×10^{-1} mol·L^{-1}的F^-标准溶液,加入10 mL TISAB离子强度缓冲溶液,用蒸馏水稀释至刻度,摇匀,即得1.000×10^{-2} mol·L^{-1}的F^-标准溶液。用类似方法配制1.000×10^{-3} mol·L^{-1},1.000×10^{-4} mol·L^{-1},1.000×10^{-5} mol·L^{-1},1.000×10^{-6} mol·L^{-1}的F^-标准溶液,只是每次加入9 mL离子强度缓冲液。

3. 系列标准溶液电动势的测定

将上述配制的 5 种 F⁻ 标准溶液,由低物质的量浓度到高物质的量浓度依次转入 100 mL 塑料小烧杯中(小烧杯要清洗干净并用待装液润洗),放入搅拌子,插入氟电极和参比电极(电极每次插入前都要用蒸馏水冲洗干净并用滤纸条将水吸干),在磁力搅拌器上搅拌 4 min 后,停止搅拌 30 s,开始读取平衡电势,每隔 30 s 读一次数,直至 3 min 内不变为止,记录读数。如此测定各种物质的量浓度标准液中的电动势。试验装置如图 2.16 所示。

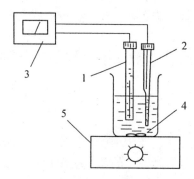

图 2.16 实验装置
1—氟离子选择电极;2—甘汞电极;3—电位计;
4—搅拌磁子;5—磁力搅拌器

4. 以 pF 为横坐标、E(mV) 为纵坐标绘出标准曲线

5. 水样的测定

准确吸取自来水样 50 mL 于 100 mL 容量瓶中,加入 10 mL 离子强度调节缓冲溶液,用蒸馏水稀释至刻度,摇匀。在与标准曲线相同的条件下测出其电势。从标准曲线上查出相应于标准溶液的 F⁻ 物质的量浓度 $c_{查}$(mol·L⁻¹)。从而可计算出水样中 F⁻ 的物质的量浓度 $c_{水} = 2c_{查}$。

6. 实验完毕,将电极清洗干净,若电极暂不再使用,则应风干后保存好。

五、数据记录与处理

1. 数据记录

表 2.33 数据记录

编 号	1	2	3	4	5
标样 c(F⁻)/(mol·L⁻¹)	1.000×10^{-2}	1.000×10^{-3}	1.000×10^{-4}	1.000×10^{-5}	1.000×10^{-6}
$-\lg c$(F⁻)	2	3	4	5	6
标样中 E/mV					
水样中 E/mV					
水样 $c_{查}$/(mol·L⁻¹)					

2. 绘制标准曲线

以氟离子浓度的负对数为横坐标,对应的电位值为纵坐标作图(E-$\lg c$(F⁻)),应为一直线(可用13×9 cm坐标纸,建议用Excel软件绘图并打印)。

3. 算出水样中氟离子的质量浓度

$$c_水 = 2c_查 = \underline{\qquad\qquad\qquad}$$

六、思考题

(1)用氟离子选择电极法测定自来水中氟离子质量浓度时,加入的TISAB的组成和作用各是什么?

(2)本实验还可利用标准加入法进行定量。标准曲线法和标准加入法各有何特点?

实验45 原子吸收光谱法测定水中镁的含量

一、实验目的

(1)学习和掌握原子吸收分光光度法进行定量分析的方法。
(2)学习和了解原子吸收分光光度计的基本结构和使用方法。

二、实验原理

原子吸收分光光度法是基于物质所产生的原子蒸气对特定谱线(即待测元素的特征谱线)的吸收作用来进行定量分析的一种方法。该法具有灵敏度高、选择性好、操作简便、快速和准确度好等特点,因而被广泛应用于各部门,是测定微量元素的首选分析方法。一般情况下,其相对误差大约在1%~2%之间,可用于70余种元素的微量测定。

若使用锐线光源,待测组分为低浓度的情况下,基态原子蒸气对共振线的吸收符合下式

$$A = \lg \frac{1}{T} = \lg \frac{I_0}{I} = d \, l \, N_0 \tag{1}$$

式中,A为吸光度;T为透光率;I_0为入射光强度;I为经原子蒸气吸收后的透射光强度;d为比例系数;l为样品的光程长度;N_0为基态原子数目。

当用于试样原子的火焰温度低于3 000 K时,原子蒸气中基态原子数目实际上非常接近原子的总数目。在固定的试验条件下,待测组分原子总数与待测组分物质的量浓度的比是一个常数,故上式可写成

$$A = kcl \tag{2}$$

式中,k为比例系数,当l以cm为单位,c以$mol \cdot L^{-1}$为单位表示时,k称为摩尔吸收系数,单位为$L \cdot mol^{-1} \cdot cm^{-1}$。式(2)就是朗伯-比耳(Lambert-Beer)定律的数学表达式。如果控制l为定值,上式变为

$$A = kc \tag{3}$$

式(3)就是原子吸收分光光度法的定量基础。定量方法可用标准加入法或标准曲线法。

实验测定水中Mg的物质的量,测定波长选用285.2 nm或202.5 nm。

三、仪器与试剂

1. 仪器

原子吸收分光光度计,镁元素空心阴极灯,乙炔钢瓶,无油空气压缩机或空气钢瓶,聚乙烯试剂瓶(500 mL),烧杯(200 mL),容量瓶(50 mL,500 mL),吸量管(5 mL、10 mL)。

2. 试剂

(1) $1.000\ g\cdot L^{-1}$ 的 Mg 储备标准溶液。称取 0.500 0 g 高纯金属 Mg 溶解于少量 $6\ mol\cdot L^{-1}$ 的 HCl 溶液中,移入 500 mL 容量瓶中,加水至刻度、摇匀。将此溶液转移至聚乙烯试剂瓶中保存。

(2) $50\ mg\cdot L^{-1}$ 的 Mg 的工作标准溶液。取 2.50 mL $1.000\ g\cdot L^{-1}$ 的 Mg 储备标准溶液于 50 mL 容量瓶中,加水稀释至刻度,摇匀。

(3) 质量分数为 10% 的氯化镧溶液。称取 1.76 g 氯化镧 $LaCl_3$ 溶于水中,稀释至 100 mL。

四、实验内容

1. 标准系列溶液的配制

在 5 个干净的 50 mL 容量瓶中,分别加入 1.00 mL,2.00 mL,3.00 mL,4.00 mL 和 5.00 mL $50\ mg\cdot L^{-1}$ 的 Mg 的工作标准溶液,再加 5 mL 质量分数为 10% 的 $LaCl_3$ 溶液,用去离子水稀释至刻度,摇匀。

2. 未知试样溶液的配制

取 10.0 mL 自来水于 50 mL 容量瓶中,再加 5 mL 质量分数为 10% 的 $LaCl_3$ 溶液,用去离子水稀释至刻度,摇匀。

3. 标准加入法工作溶液的配制

在 4 个 50 mL 容量瓶中,各加入 5.00 mL 自来水,然后依次加入 0.00 mL,1.00 mL,2.00 mL 和 3.00 mL $50\ mg\cdot L^{-1}$ 的 Mg 的工作标准溶液,加去离子水稀释至刻度,摇匀。

4. 测量

按原子吸收分光光度计中的仪器操作步骤开动仪器,预热 10～30 min,然后开动空气压缩机,并调节空气流量达预定值,再开乙炔气体,调节乙炔流量比预定值稍大,立即点火,再精细调节至选定流量,待火焰稳定 5～10 min 后,即可测定。

测定条件因仪器型号不同而异,可供参考的测定条件是:测定波长 285.2 nm 或 202.5 nm,前一条吸收线灵敏度较高,后一条则适合于测定物质的浓度量较大的标准溶液和试液。空心阴极灯的灯电流为 2 mA,灯高为 4 格,光谱通带为 0.2 nm,燃助比为 1∶4。

用蒸馏水调节仪器的吸光度为 0。按由稀到浓的次序测量实验步骤 1～3 中所配制溶液的吸光度。

五、数据记录与处理

1. 数据记录

表 2.34 标准曲线法

实 验 编 号	1	2	3	4	5
标准溶液体积/mL	1.00	2.00	3.00	4.00	5.00
Mg(质量浓度)/[μg·(50 mL)$^{-1}$]	50.00	100.0	150.0	200.0	250.0
Mg 的质量浓度 ρ/(mg·L^{-1})	1.00	2.00	3.00	4.00	5.00
吸光度值					
水样吸光度值					
水样中 Mg 的质量浓度/(mg·L^{-1})	$\rho_{水}=5\rho_{查}$				

表 2.35 标准加入法

实 验 编 号	1	2	3	4
标准溶液体积/mL	0.00	1.00	2.00	3.00
Mg 质量浓度/[μg·(50 mL)$^{-1}$]	0.00	50.00	100.0	150.0
Mg 的质量浓度 ρ/(mg·L^{-1})	0.00	1.00	2.00	3.00
吸光度值				
水样中 Mg 质量浓度/(mg·L^{-1})	$\rho_{水}=10\rho_{查}$			

2. 数据处理

(1)绘制标准曲线,求出水中 Mg 的质量浓度。用 Mg 的标准系列溶液的吸光度绘制标准曲线,由未知试样的吸光度求出自来水中的 Mg 的质量浓度。

(2)绘制工作曲线,求出水中 Mg 的质量浓度。以标准加入法用 Mg 的工作标准溶液测定的吸光度绘制工作曲线,将曲线外推至 $A=0$,求出自来水中 Mg 的质量浓度。

(3)比较两种测定方法。比较两种方法所得结果,并用相对误差表示。

3. 数据处理

本水样中镁的质量浓度为_____ mg·L^{-1}。

六、思考题

(1)用空气-乙炔火焰法测定水中钙镁时,在水样中加入过量 La 盐或 Sr 盐的目的是什么?

(2)原子吸收光谱法测定不同元素时,对光源有什么要求?

(3)用原子吸收光谱法和 EDTA 络合滴定法测定水中金属元素或离子时有何异同?

(4)标准加入法测定自来水中的 Mg 时,为什么可以将工作曲线外推来求 Mg 的质量浓度?

实验46 紫外吸收光谱法测定水中的总酚

一、实验目的
(1)掌握紫外-可见分光光度计的构造和使用方法。
(2)学会并掌握紫外吸收光谱曲线的绘制和测量波长的选择以及标准曲线的绘制。

二、实验原理
酚类化合物的水溶液在 210~300 nm 之间有不同的吸收峰。这些吸收峰在加入 NaOH 或 KOH 水溶液后出现了较集中的吸收峰,且强度有很大增加,主要集中在范围很窄的两个波段,一个峰集中在 288.5~297.5 nm 之间,另一个峰集中在 235.5~241 nm 之间。用算术平均值 238 nm 和 292.6 nm 代表这两个最大吸收峰位置,因此,可选用 238 nm 和 292.6 nm 作为测定的最适宜波长。一般水样酚的质量浓度较高时,用 1 cm 石英皿在 292.6 nm 处测定;酚质量浓度较低时,用 3 cm 石英皿在 238 nm 处测定。因此,可将水样碱化后作为测定样,水样酸化后作为空白样,用紫外分光光度法测定水中的酚的质量浓度。

三、仪器与试剂

1. 仪器

分光光度计,10 mL 具塞磨口硬质玻璃试管(或比色皿)若干支,1 mL 吸量管 1 支,10 mL 移液管 1 支。

2. 试剂

0.250 g·L^{-1}苯酚标准水溶液:准确移取 25.0 mg 分析纯苯酚,用少量不含酚蒸馏水溶解,移入 100 mL 容量瓶中,并稀释至刻度,混匀。此溶液苯酚质量浓度为 0.250 mg·mL^{-1}。

不含酚蒸馏水:蒸馏水中加入少量高锰酸钾的碱性溶液(pH>11)后进行蒸馏制得(蒸馏过程中水应保持红色)。或于 1 L 蒸馏水中加 0.2 g 经 200℃ 活化 0.5 h 的活性炭粉末,充分振摇后,放置过夜,用双层中速滤纸过滤制得。

10 mol·L^{-1}NaOH 水溶液,0.5 mol·L^{-1} 的 HCl 水溶液。

四、实验内容

1. 吸收光谱曲线的绘制和测量波长的选择

(1)用吸量管吸取 0.8 mL 苯酚标准溶液(0.250 mg·mL^{-1})两份,分别放入硬质玻璃试管中,用无酚蒸馏水稀释至 10 mL,摇匀。

(2)其中一管中加一滴 10 mol·L^{-1} 的 NaOH 水溶液,另一管中加一滴 0.5 mol·L^{-1} 的 HCl 水溶液作为空白试剂。

(3)以酸化标样作空白对照,碱化标样作测定样,在分光光度计上,取狭缝宽度为

2.05 mm,用 1 cm 石英比色皿,在波长 220~350 nm 范围内,从 220 nm 起每隔 10 nm 测定一次吸光度值,并做记录。以波长为横坐标,对应的吸光度值为纵坐标绘制吸收光谱曲线,并选择测量波长。

2. 绘制标准曲线

用吸量管分别吸取 0.00 mL,0.40 mL,0.80 mL,1.20 mL,1.60 mL 和 2.00 mL 苯酚标准溶液(0.250 mg·mL^{-1})各两份,分别放入硬质玻璃试管中(编上序号),用无酚蒸馏水稀释至 10 mL,摇匀,此苯酚标准溶液系列对应的质量浓度为 0.00 mg·L^{-1},10.0 mg·L^{-1},20.0 mg·L^{-1},30.0 mg·L^{-1},40.0 mg·L^{-1} 和 50.0 mg·L^{-1}。同样以酸化标样作空白对照,碱化标样作测定样,在选定的工作波长处测定对应的吸光度值,作记录。以苯酚标准溶液的质量浓度(mg·L^{-1})为横坐标,对应的吸光度值为纵坐标绘制标准曲线。

3. 水样的测定

(1)取含酚水样 10 mL 两份,分别放入硬质玻璃试管中。

(2)其中一管中加一滴 10 mol·L^{-1} 的 NaOH 水溶液,另一管中加一滴 0.5 mol·L^{-1} 的 HCl 水溶液,混匀。

(3)以酸化标样作为空白对照(调零)、碱化标样作为测定样,在选定的测量波长处测定吸光度值,然后在标准曲线上查出对应水样中的总酚质量浓度(mg·L^{-1})。

五、数据记录与处理

1. 数据记录

表 2.36 吸收光谱曲线的绘制

波长 λ/nm	220	230	240	250	260	270	280
吸光度 A							
波长 λ/nm	290	300	310	320	330	340	350
吸光度 A							

表 2.37 标准曲线的绘制和水样的测定

实验编号	1	2	3	4	5	6
移取的苯酚标准溶液体积/mL	0.00	0.40	0.80	1.20	1.60	2.00
配制的苯酚系列标准液质量浓度/(mg·L^{-1})	0.00	10.0	20.0	30.0	40.0	50.0
标样吸光度 A 值						
水样吸光度 A 值						
水样中苯酚的质量浓度/(mg·L^{-1})						
苯酚的质量浓度平均值/(mg·L^{-1})						

2. 绘制苯酚吸收光谱曲线,并选择测量波长

λ = _____

3. 绘制标准曲线

由曲线上求算水样中总酚质量浓度(mg·L^{-1})= _____

六、思考题

(1)本实验中为什么选用石英比色皿？
(2)为什么要分别对水样进行碱化和酸化，其作用各是什么？

实验47　磷钼蓝分光光度法测定土壤全磷

一、实验目的

(1)掌握磷钼蓝法测定磷含量的原理和实验条件；
(2)巩固分光光度计的使用方法。

二、实验原理

土壤全磷的测定一般都采用磷钼蓝法，即在高温条件下，土壤中含磷矿物及有机磷化合物与高沸点的 H_2SO_4 和强氧化剂 $HClO_4$ 作用，使之完全分解，全部转化为磷酸盐而进入溶液。在一定酸度下，磷酸与钼酸铵作用生成磷钼杂多酸，以适当的还原剂将其还原成磷钼杂多蓝，使溶液呈蓝色，蓝色的深浅与磷的含量成正比，可进行分光光度法测定。

磷钼蓝法常用的还原剂有多种，本实验采用在酒石酸锑钾的存在下，用抗坏血酸作还原剂，将磷钼杂多酸还原为磷钼杂多蓝。常称为"钼锑抗"(钼酸铵—酒石酸锑钾—抗坏血酸试剂的简称)法。此法手续简便，颜色稳定，干扰离子允许量大，很适于进行土壤中磷的测定。

钼锑抗法要求显色温度为15～60℃，颜色在8 h内可保持稳定。要求显色酸度为0.45～0.65 mol·L^{-1}，若酸度太小，钼蓝稳定时间较短，若酸度过大，则显色变慢。

三、仪器与试剂

1. 仪器

分析天平，分光光度计，50 mL及100 mL容量瓶，5 mL及10 mL吸量管，10 mL量筒，50 mL锥形瓶，小漏斗，无磷滤纸。

2. 试剂

(1)浓 H_2SO_4。
(2)70%～72% $HClO_4$。
(3)钼锑贮存液：153 mL浓 H_2SO_4 缓慢地倒入约400 mL水中，搅拌，冷却。10 g钼酸铵溶解于约60℃的300 mL水中，冷却。然后将 H_2SO_4 溶液缓缓倒入钼酸铵溶液中，再加入100 mL 0.5%酒石酸锑钾溶液，最后用水稀释至1 L，避光贮存。
(4)钼锑抗显色剂：1.50 g抗坏血酸(左旋，旋光度+21～+22°)溶于100 mL钼锑贮存液中，注意随配随用。

(5)0.2%二硝基酚指示剂:0.2 g 2,6-二硝基酚或2,4-二硝基酚溶于100 mL水中。

(6)磷标准溶液(5.00 μg·mL^{-1}):0.4390 g KH$_2$PO$_4$(105 ℃烘过2 h)溶于200 mL水中,加入5 mL浓H$_2$SO$_4$,转入1 L容量瓶中,用水稀释至刻度,此为100 μg·mL^{-1}标液,可长期保存,使用时准确稀释20倍后作为标准溶液。

四、实验内容

1.待测液的制备

准确称取通过100目筛的烘干土壤试样约1.0 g于50 mL锥形瓶中,以少量水湿润,加入8 mL浓H$_2$SO$_4$,摇动(最好放置过夜),再加入70% ~72%的HClO$_4$ 10滴,摇匀,瓶口上放一小漏斗,慢慢加热消煮至瓶内溶液开始转白后,继续消煮20 min,全部消煮时间约45~60 min。冷却后,用干燥漏斗和无磷滤纸将消煮液滤入100 mL容量瓶中,用少量水重复淋洗,保证定量转移完全,用水稀释至刻度,备用。

2.工作曲线的绘制及待测液吸光度的测定

分别准确移取5.00 μg·mL^{-1}磷标准液0.00 mL,1.00 mL,2.00 mL,3.00 mL,4.00 mL,5.00 mL,6.00 mL于7只编号的50 mL容量瓶中,再准确移取5.00 mL待测液(可根据土壤试样中磷含量的多少确定应该吸取待测液的体积)于8号容量瓶中,分别加蒸馏水稀释至约30 mL,加二硝基酚指示剂2滴,用稀NaOH溶液和稀H$_2$SO$_4$溶液调节pH至溶液刚呈微黄色,然后加入钼锑抗显色剂5 mL,用蒸馏水稀释至刻度,充分摇匀。在高于15 ℃条件下放置30 min,用1 cm比色皿,在700 nm波长下,以试剂空白溶液为参比依次测定各溶液的吸光度。

以吸光度为纵坐标,浓度为横坐标绘制工作曲线,根据待测液的吸光度,在工作曲线上查出相应的浓度,计算原待测液中含磷量,进而得到土壤的全磷含量。

土壤中磷的质量分数

$$w = \frac{10c_x \times 100 \times \frac{1}{1\ 000} \times \frac{1}{1\ 000}}{m_{样}} \times 100\%$$

式中,c_x为从标准曲线上查得分析试液中磷的含量,mg·L^{-1};$m_{样}$为土壤试样的质量,g。

五、实验记录与处理

1.实验记录

表2.38 实验记录

实验编号	1	2	3	4	5	6
移取的磷标准液体积/mL	1.00	2.00	3.00	4.00	5.00	6.00
磷系列标准液浓度/(mg·L^{-1})						
标样吸光度A_i						
试样吸光度值A_x						
查得分析试液中磷的含量C_x/(mg·L^{-1})						
计算土壤试液中磷的含量$10C_x$/(mg·L^{-1})						

2.实验结果

根据实验结果计算出土壤试样中磷的百分含量为_____。

六、思考题

(1)钼蓝分光光度计测定磷的原理和适宜的测定条件是什么?
(2)为什么量取磷待测液的体积要根据土壤试样中磷含量的多少来确定?
(3)根据自己的实验数据,计算磷钼杂多蓝在测定条件下的摩尔吸光系数。
(4)显色剂的用量过多或过少对实验结果有无影响?

实验48　溶剂萃取气相色谱法测定饮用水中的氯仿

一、实验目的

(1)熟悉溶剂萃取富集水样的原理和方法。
(2)了解气相色谱仪的基本结构、性能和操作方法。
(3)掌握气相色谱法的基本原理和定量方法。

二、实验原理

气相色谱分离原理是利用试样中各组分在色谱柱中的气相和固定相的分配系数不同,当汽化后的试样被载气带入色谱柱中运动时,各组分就在其中的两相间进行反复多次的分配。由于在固定相中各组分的溶解能力不同,经过一定的柱长后,各组分间彼此分离,依次离开色谱柱并进入检测器。检测器将组分的量转变成对应大小的信号(电信号或光信号),信号经放大器放大后,在记录器上描绘出各组分的色谱图,利用色谱图进行定性、定量分析。

保留时间(t_r):样品组分从进样到最后出现浓度最大点的时间,即组分流经全柱时分配于气相和液相中时间的总和。

峰高(h):色谱峰的顶点与基线之间的距离。

半峰宽($W_{1/2}$):峰高一半处色谱峰的宽度。

峰面积(A):近似计算是峰高与半峰宽之积。

柱的总分离有效指标——分辨率(R):相邻两峰保留时间之差与其各自半峰宽之和的比值,即

$$R = \frac{t_r(2) - t_r(1)}{W_{1/2}(2) - W_{1/2}(1)}$$

饮用水氯消毒中产生的氯仿 $CHCl_3$、二氯一溴甲烷 $CHCl_2Br$、一氯二溴甲烷 $CHClBr_2$ 和溴仿 $CHBr_3$ 等微量卤仿,用正己烷-乙醚混合溶剂(二者体积比为1:1)萃取富集后,用带有电子捕获检测器(ECD)的气相色谱(GC)法分离、定量。根据峰高或峰面积由标准曲线查出水样中卤仿的质量浓度。

三、仪器与试剂

1. 仪器

配有 ECD 检测器的气相色谱仪,微量注射器(100 μL,1 μL),容量瓶(100 mL,10 mL)。

2. 试剂

$CHCl_3$ 标准溶液:准确吸取 67.74 μL 色谱纯 $CHCl_3$,加入到盛有少量正己烷的 10 mL 容量瓶中,用正己烷稀释至刻度,此 $CHCl_3$ 质量浓度为 10 μg/μL。再取 10 μg/μL 的 $CHCl_3$ 标准溶液 100 μL,加入到盛有少量正己烷的 10 mL 容量瓶中,用正己烷稀释至刻度,此 $CHCl_3$ 质量浓度为 0.1 μg/μL,置于冰箱中待用。

无 $CHCl_3$ 的蒸馏水(将普通蒸馏水煮沸 20 min 即得),色谱纯 $CHCl_3$,分析纯正己烷,分析纯乙醚,含 $CHCl_3$ 水样。

四、实验内容

1. 色谱条件的选择

根据具体实验确定色谱条件。

固定相与柱温:OV-101 毛细管柱 50 m×0.3 mm,64℃;质量分数为 10% 的 FFAP 填充柱 1.5 m×3 mm,90℃。

载气:体积分数为 99.999% 的氮气,流速 33.3 cm·s^{-1},流量 40 mL·min^{-1}。

电子捕获检测器 ECD(Ni^{63}),检测室温度 220℃,汽化室温度 210℃。

2. 系列标准液的测定

(1)用微量注射器吸取 0.0 μL,1.0 μL,2.0 μL,3.0 μL,4.0 μL 的 $CHCl_3$ 标准溶液(0.01 μg/μL),分别放入盛有少量无 $CHCl_3$ 蒸馏水的 100 mL 容量瓶中,稀释至刻度。

(2)加入 1.0 mL 正己烷、乙醚混合溶剂(二者体积比为 1∶1),萃取 2 min。

(3)放置 2 min 后,用微量注射器取有机相 0.5 μL,进样。记录峰高或峰面积。

3. 水样的测定

吸取 100 mL 水样于 100 mL 预先加 0.2 g 抗坏血酸的容量瓶中,重复上面 2 中的(2)、(3)程序,记录峰高或峰面积,要求做 2 个平行样。

五、数据记录与处理

1. 数据记录

仪器名称_____   检测器_____

填充柱_____   载气_____

柱温_____   检测室温度_____

汽化室温度_____

表 2.39 数据记录

实验编号	1	2	3	4	5
氯仿标准溶液体积/[μL·(100 mL)$^{-1}$]	0.0	10.0	20.0	30.0	40.0
质量浓度/μg	0.0	1.0	2.0	3.0	4.0
CHCl$_3$ 的质量浓度/(μg·L^{-1})	0.0	10.0	20.0	30.0	40.0
标样峰面积					
水样峰面积					

2. 绘制标准曲线

扣除空白后,以 CHCl$_3$ 质量浓度为横坐标,对应的峰面积为纵坐标绘制标准曲线(用 Excel 软件或坐标纸绘图)。

3. 数据处理

由测得水样的峰面积,在标准曲线上求出水样中 CHCl$_3$ 的质量浓度(μg·L^{-1})。

六、实验说明

(1)本实验采用了溶剂萃取法测定氯仿,对于氯仿这样易挥发的有机物,采用顶空气相色谱分析很准确,但较费时。

(2)在空白测定中,有时由于纯水处理不当、量瓶污染等原因,可能使空白测定值偏高。

(3)测定含有余氯的水样时,应先加入质量浓度为 2 g·L^{-1} 的抗坏血酸,以消除余氯的继续氯化作用。

七、思考题

(1)色谱法中保留时间(t_r)有何意义?本实验中 CHCl$_3$ 的保留时间(t_r)是多少?

(2)色谱峰面积的作用是什么?

2.4 物理化学实验

实验 49 液相反应实验平衡常数的测定

一、实验目的

(1)利用分光光度计测定低浓度下铁离子与硫氰酸根离子生成硫氰合铁离子液相反应的实验平衡常数;

(2)通过实验了解实验平衡常数的数值不因反应物初始浓度不同而变化。

二、实验原理

铁离子与硫氰酸根离子在溶液中可生成一系列的络离子,并共存于同一平衡体系中,但当铁离子与硫氰酸根离子的浓度很低时,只有如下的反应

$$Fe^{3+} + SCN^- \longrightarrow FeSCN^{2+}$$

即反应被控制在仅仅生成最简单的 $FeSCN^{2+}$ 络离子。其平衡常数表示为

$$K_c = \frac{c(FeSCN^{2+})}{c(Fe^{3+})c(SCN^-)}$$

通过实验和计算可以看出,在同一温度下,改变铁离子(或硫氰酸根离子)浓度时,溶液的颜色改变,平衡发生移动,但平衡常数 K_c 保持不变。

根据朗伯-比尔定律可知吸光度与溶液浓度成正比,因此,可借助于分光光度计测定其吸光度,从而计算出平衡时硫氰合铁离子的浓度以及铁离子和硫氰酸根离子的浓度,进而求出该反应的平衡常数 K_c。

三、仪器与试剂

1. 仪器

722 型分光光度计,50 mL 烧杯 4 个,50 mL 锥形瓶 2 个,10 mL 移液管 6 支。

2. 试剂

4×10^{-4} mol·L^{-1} 的 NH_4SCN 溶液,1×10^{-1} mol·L^{-1} 和 1×10^{-2} mol·L^{-1} 的 $FeCl_3$ 溶液。

四、实验内容

1. 不同浓度试样的配制

(1) 取 4 个 50 mL 的烧杯,编成 1、2、3、4 号,用移液管向编号的烧杯中各注入 5 mL 4×10^{-4} mol·L^{-1} 的 NH_4SCN 溶液。

(2) 在 1 号烧杯中直接注入 5 mL 1×10^{-1} mol·L^{-1} 的 Fe^{3+} 离子溶液。

(3) 在 2 号烧杯中直接注入 5 mL 1×10^{-2} mol·L^{-1} 的 Fe^{3+} 离子溶液。

(4) 取 50 mL 干燥锥形瓶 1 个,注入 10 mL 1×10^{-2} mol·L^{-1} 的 Fe^{3+} 离子溶液,然后加纯水 10 mL 稀释,即得 Fe^{3+} 物质的量浓度为 5×10^{-3} mol·L^{-1} 的稀释液。取出稀释液 5 mL 加到 3 号烧杯中。

(5) 另取(4)中稀释液(即 Fe^{3+} 离子浓度为 5×10^{-3} mol·L^{-1}) 10 mL 注入干燥锥形瓶中,再加纯水 10 mL,配制成浓度为 2.5×10^{-3} mol·L^{-1} 的 Fe^{3+} 离子溶液,取此溶液 5 mL 加到 4 号烧杯中。各烧杯中离子初始浓度,如表 2.40 所示。

表 2.40 各烧杯中离子初始浓度

烧 杯 号	1	2	3	4
$c(SCN^-)/(mol·L^{-1})$	2×10^{-4}	2×10^{-4}	2×10^{-4}	2×10^{-4}
$c(Fe^{3+})/(mol·L^{-1})$	5×10^{-2}	5×10^{-3}	2.5×10^{-3}	1.25×10^{-3}

2. 分光光度计的调节与溶液吸光度的测定

将 722 型分光光度计调整好,并把波长调到 475 nm 处,然后分别测定上述 4 个编号

烧杯中各溶液的吸光度。

五、数据记录与处理

表 2.41 数据处理

温度：　　　　　压力：

编号	$c(Fe^{3+})(ini)$	$c(SCN^-)(ini)$	吸光度	吸光度比	$c(FeSCN^{2+})(equ)$	$c(Fe^{3+})(equ)$	$C(SCN^-)(equ)$	K_c
1								
2								
3								
4								

表中数据按下列方法计算：

(1) 对 1 号烧杯 Fe^{3+} 离子与 SCN^- 离子反应达平衡时，可以认为 SCN^- 全部消耗。则平衡时硫氰合铁离子的物质的量浓度即为反应开始时硫氰酸根离子浓度。即有

$$c(FeSCN^{2+})(equ)_1 = c(SCN^-)(ini)$$

(2) 以 1 号溶液的吸光度为基准，求出对应 2、3、4 号溶液的吸光度比。

(3) 2、3、4 号各溶液中 $c(FeSCN^{2+})(equ)$，$c(Fe^{3+})(equ)$ 以及可分别按下式求得

$c(FeSCN^{2+})(equ) = $ 吸光度比 $\times c(FeSCN^{2+})(equ)_1 = $ 吸光度比 $\times c(SCN^-)(ini)$

$c(Fe^{3+})(equ) = c(Fe^{3+})(ini) - c(FeSCN^{2+})(equ)$

$c(SCN^-)(equ) = c(SCN^-(ini)) - c(FeSCN^{2+})(equ)$

六、思考题

(1) 标准平衡常数主要受到什么因素的影响？
(2) 在一定温度条件下，如何利用平衡常数判断化学反应自发性？

实验 50　液体饱和蒸气压的测定

一、实验目的

(1) 掌握纯液体饱和蒸气压与温度的关系；
(2) 熟悉用克-克方程计算摩尔气化热；
(3) 掌握测定液体饱和蒸气压的方法。

二、实验原理

在一定温度下，气液平衡时的蒸气的压力叫做该液体在该温度下的饱和蒸气压，蒸发 1 摩尔液体所需要吸收的热量，即为该温度下液体的摩尔气化热。饱和蒸气压与温度的关系服从克拉贝龙-克劳修斯方程式

$$\frac{d(\ln p/[p])}{dT} = \frac{\Delta_{vap}H_m}{RT^2} \tag{1}$$

式中，R 为摩尔气体常数；$\Delta_{vap}H_m$ 为液体的摩尔气化热。

在一定的外压下，液体加热，当饱和蒸气压等于外界压力时，液体"沸腾"，其对应的温度称为沸点。而饱和蒸气压恰为 1.01325×10^5 Pa 时，所对应的沸点称为该液体的正常沸点。如果温度改变区间不大，则可把 $\Delta_{vap}H_m$ 视为常数，将上式积分得

$$\lg p/[p] = -\frac{\Delta_{vap}H_m}{2.303R} \cdot \frac{1}{T} + C \tag{2}$$

以 $\lg p/[p]$ 对 $\frac{1}{T/K}$ 作图，即得一条直线，其斜率应为

$$m = -\frac{\Delta_{vap}H_m}{2.303R}$$

所以
$$\Delta_{vap}H_m = -2.303Rm \tag{3}$$

测定饱和蒸气压常用的方法有两种：

（1）动态法。其中常用的有饱和气流法，即通过一定体积的待测液体所饱和的气流，用某物质完全吸收，然后称量吸收物增加的重量，求出蒸气的分压力。

（2）静态法。把待测物质放在一个封闭体中在不同温度下直接测量蒸气压或在不同外压下测液体的沸点。本实验采用静态法。

静态法的测定仪器如图 2.20 所示的平衡管，平衡管是由三个相连的玻璃球 a、b 和 c 组成。a 球中储存有待测液体，b、c 球中的待测液体在底部用玻璃管连通。当 a、b 球的上部纯粹是待测液体的蒸气，而 b 球与 c 球之间的管中液面在同一水平时，则表示加在 b 管液面上的蒸气压与加在 c 管液面上的外压相等。此时液体的温度即是体系的气液平衡温度，亦即沸点。待测液体的体积占 a 球的 2/3 为宜。

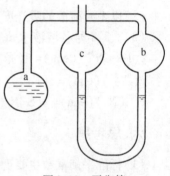

图 2.20 平衡管

三、仪器与试剂

1. 仪器

SYP-I玻璃恒温水浴，SWQ 智能数字恒温控制器，缓冲储气罐，蒸气压测定装置，DP-A 精密数字压力计，SHZ —Ⅲ循环水式真空泵，乳胶管，真空管。

2. 试剂

异丙醇（AR）。

四、实验内容

1. 体系减压，排除空气

按图 2.21 将仪器装好。在开始实验前要检查装置是否漏气，关闭储气气罐的平衡阀

2,打开进气阀和平衡阀1,开动水泵,当测压仪的示数为-50~60 kPa时,关闭进气阀,观察测压仪读数,若读数不变,则系统不漏气;若真空度下降,则系统漏气,要查清漏气原因并排除之。若体系不漏气,则在平衡管的a球中装入2/3体积的异丙醇,在b、c球之向的U形管中也装入少量的异丙醇。U形管中不可装太多,否则既不利于观察液面,也易于倒灌。将平衡管安装到装置上,通冷凝水,同时开始对体系减压至真空度达-90 kPa以上,减压数分钟以赶净平衡管中的空气,然后关闭进气阀。

2. 测量不同温度下的饱和蒸气压

将恒温槽恒温至30℃,慢慢打开平衡阀2,当b、c球之间的U形管内两液面相平时,立即关闭平衡阀2,读取测压仪的真空度示数。此后,依次将恒温槽恒温至32℃,34℃,36℃,38℃,40℃,42℃,44℃,46℃,48℃,50℃分别测其饱和蒸气压的真空度。

实验完毕后,打开平衡阀2通入大气后方可关闭水循环泵,否则可使水泵中的水倒灌入系统。

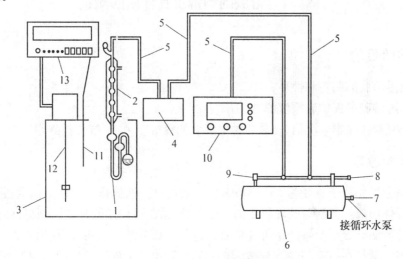

图2.21 液体饱和蒸气压测定装置

1—平衡管;2—冷凝管;3—恒温槽;4—联接接口;5—真空管;6—储气罐;7—进气阀;8—平衡阀1;9—平衡阀2;10—数字压力计;11—温度计探头;12—搅拌器;13—恒温控制器

五、数据记录与处理

(1)温度、压力数据列表,算出不同温度的饱和蒸气压。

(2)以$\lg p \sim \dfrac{1}{T}$对作图,由直线的斜率计算异丙醇的摩尔气化热。

表2.50 实验记录

温度/℃	30	32	34	36	38	40	42	44	46	48	50
真空度/kPa)											
蒸气压 p/kPa											
$1/T$/K^{-1}											
$\lg p$											

六、实验说明

(1) 平衡管的 U 型管中不可装太多异丙醇，否则即不利于观察液面，也易于倒灌。
(2) 在体系抽空后，先保持一段时间，待空气排空后，方可继续做下面的实验。
(3) 实验结束后，一定要先将体系放空，再关闭循环水泵，否则可能使水泵中的水倒灌入系统。

七、思考题

(1) 为什么平衡管 a、b 之间的空气要赶净？怎样判断空气已被赶净？
(2) 本实验的主要误差有哪些？

实验 51　溶胶的制备及其性质的测定

一、实验目的

(1) 熟悉溶胶的制备和性质；
(2) 学习溶胶的保护和聚沉的方法；
(3) 用直观法测定聚沉值，比较 3 种电解质的聚沉能力，了解价数规则。

二、实验原理

胶体是分散相粒子直径为 1~100 nm 的一种高度分散体系。控制适当的条件可以制得稳定的胶体溶液。要制备比较稳定的胶体溶液，通常可以用两种方法制得，即分子凝聚法和粒子分散法。分子凝聚法是将真溶液通过化学反应或改换介质等方法来制取溶胶。分散法是将大颗粒在一定条件下分散为胶粒，形成溶胶。例如，加热使 $FeCl_3$ 溶液水解，向稀 H_3AsO_3 溶液中通入 H_2S 气体(或加入 H_2S 水溶液)，生成难溶的 $Fe(OH)_3$，As_2S_3，它们聚结过程中分别吸附了 FeO^+，HS^- 离子(作为电位离子)便成为具有胶粒大小的带电粒子，形成了比较稳定的溶胶。

溶胶具有三大特性：丁铎尔效应、布朗运动和电泳，其中常用丁铎尔效应来区别于真溶液，用电泳来验证胶粒所带的电性。

结构决定性质，图 2.22 是以 KI 来稳定的 AgI 溶胶的结构式和胶团构造示意图。

由图 2.22 可看出，胶粒是带电的，而胶团是电中性的。在电场中，胶粒会产生定向运动，因而会看到电泳现象。

当胶粒运动时，胶核表面因吸附电荷带电，和均匀溶液相内部之间具有一电势差，称为热力学电势或 φ_0 电势。φ_0 电势的大小决定于溶液中电势离子的浓度。同时，由于胶粒表面带电，胶粒表面和均匀溶液相内部之间也会产生电势差，称动电势，又称 ζ 电势。ζ 电势随固定层内离子浓度的改变而变化。

胶团的扩散双电层结构(图 2.23)是胶体暂时稳定存在的原因。有时候需要破坏溶胶,使胶团形成大的颗粒而沉降下来,这一过程称为溶胶的聚沉。使溶胶聚沉的方法有多种,可以在溶胶中加入电解质。在溶胶中加入电解质后,由于电解质中与反离子带相同电荷的离子进入固定层,使胶核表面异电性的离子增加了,ζ 电势因而降低,当胶粒的布朗运动具有的能量足以克服该 ζ 电势的势能时,胶粒相互碰撞而聚沉。还可以对溶胶加热或加入带异电荷的溶胶,会破坏胶团的双电层结构,导致溶胶聚沉。

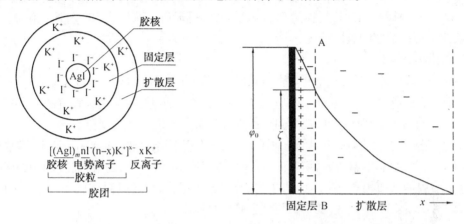

图 2.22　AgI 胶团结构示意图　　　图 2.23　双电层结构示意图

常用的破坏溶胶的方法是向溶胶中加电解质。电解质对某一溶胶的聚沉能力用聚沉值表示。使 1 L 溶胶聚沉的电解质的最小浓度称为聚沉值。从电解质的聚沉作用的实验研究,得出一个经验规则(Hardy-Schulze 价数规则),根据这个规则,电解质使溶胶聚沉的能力主要取决于与胶粒所带电荷相反的离子电荷数,聚沉值随起聚沉作用的离子的价数的增加而降低,即电荷数越大,聚沉能力越强。对于二价离子,发生聚沉作用的突变浓度比一价离子要低数十倍,而三价离子要低数百倍。

在溶胶中加入大量高分子溶液(如白明胶),可以保护溶胶,增加胶体的稳定性。

三、仪器与试剂

1. 仪器

1 mL 移液管 1 支,2 mL 移液管 3 支,5 mL 移液管 1 支,20 mL 试管 12 支,滴管 1 支,250 mL 烧杯 1 只,100 mL 量筒 1 只,玻璃棒 1 根,酒精灯,暗箱及光源,电泳仪。

2. 试剂

硫的酒精饱和溶液,10% $FeCl_3$ 溶液,饱和 H_3AsO_3 溶液,0.1 mol·L^{-1} $AgNO_3$ 溶液,0.1 mol·L^{-1} KI 溶液,饱和 H_2S 水溶液,4 mol·L^{-1} KCl 溶液,0.005 mol·L^{-1} K_2SO_4,0.1 mol·L^{-1} KNO_3 溶液,0.005 mol·L^{-1} $K_3[Fe(CN)_6]$ 溶液,白明胶,0.5 mol·L^{-1} 的 KCl 溶液,0.05 mol·L^{-1} 的 $MgCl_2$ 溶液,0.0004 mol·L^{-1} 的 $Al(NO_3)_3$ 溶液。

四、实验内容

1. 溶胶的制备

(1) 改变溶剂法制备硫溶胶。向 3 mL 蒸馏水中滴加硫的酒精饱和溶液(约 3 ~ 4

滴),边加边摇动试管,观察所得硫溶胶的颜色,试加以解释。

(2)利用水解反应制备 Fe(OH)$_3$ 溶胶。用量筒取 95 mL 蒸馏水于 250 mL 烧杯中,加热至沸。然后逐滴加入 10% FeCl$_3$ 溶液 5 mL,并不断搅拌。加完后,继续煮沸 1~2 min 观察颜色的变化。写出 Fe(OH)$_3$ 溶胶的胶团结构。

(3)制备 AgI 溶胶。在 250 mL 烧杯中加入 1 mL(20 滴)0.1 mol·L^{-1} 的 KI 溶液,加 100 mL 蒸馏水稀释,然后边搅拌边滴加 0.5 mL(10 滴)0.1 mol·L^{-1} 的 AgNO$_3$ 溶液,得到 AgI 胶体。写出溶胶的胶团结构。

2. 溶胶的性质

(1)溶胶的光学性质——丁铎尔效应。取前面自制的 Fe(OH)$_3$ 溶胶和 As$_2$S$_3$ 溶胶,分别装入试管中,放入丁铎尔效应的暗箱中,用灯光照射,在与光线垂直的方向观察丁铎尔效应,如图 2.24 所示。将观察到什么现象?解释所观察到的现象。

(2)溶胶的电学性质——电泳(演示)。取一个 U 型电泳仪,将 6~7 mL 蒸馏水由中间漏斗注入 U 型管内,滴加 4 滴(0.1 mol·L^{-1})KNO$_3$ 溶液,然后缓缓地注入 Fe(OH)$_3$ 溶胶,保持溶胶的液面相齐,在 U 型管的两端分别插入电极,接通电源,电压调至 30~40 V,如图 2.25 所示。20 min 后,观察实验现象并解释原因。

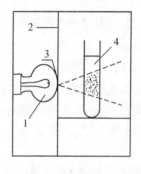

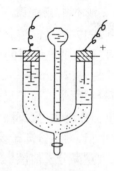

图 2.24 丁铎尔效应
1—灯泡;2—隔板;3—洞口;4—溶胶

图 2.25 简单的电泳装置

以同样的方法将新配制的 As$_2$S$_3$ 溶胶,注入到 U 型管中,插入电极,电压分别调至 110 V,20 min 后,观察实验现象并解释原因。

3. 溶胶的聚沉及其保护

(1)异电荷溶胶的相互聚沉。取 1 mL Fe(OH)$_3$ 溶胶于试管中,加入等量的 As$_2$S$_3$ 溶胶,振荡试管,观察有何现象,并加以解释。

(2)电解质对溶胶的聚沉作用。在 3 支试管中各加入 Fe(OH)$_3$ 溶胶 2 mL,然后分别逐滴加入 KCl(4 mol·L^{-1})、K$_2$SO$_4$(0.005 mol·L^{-1})和 K$_3$[Fe(CN)$_6$](0.005 mol·L^{-1}),摇匀。直到溶胶变混浊,记下所需 3 种电解质的滴数,比较它们的聚沉能力。

(3)加热对溶胶的聚沉作用。在两支试管中分别取 2 mL 的 Fe(OH)$_3$ 溶胶和 2 mL 的 As$_2$S$_3$ 溶胶,加热至沸,观察颜色有何变化,静置冷却,观察有何现象,并加以解释。

(4)高分子溶液对溶胶的保护作用(白明胶的保护作用)。在两支试管中,各加入

5 mL Fe(OH)$_3$,然后在第一支试管中加入白明胶 3 滴,第二支试管中加入蒸馏水 3 滴,并小心摇动试管,2 min 后,分别加入 K$_2$SO$_4$(0.005 mol·L^{-1})溶液,边滴边摇,记录聚沉时各试管中所需 K$_2$SO$_4$ 溶液的滴数,并说明原因。

4. 聚沉值的测定

(1)测定氯化钾溶液的聚沉值。按蒸馏水、氯化钾溶液和溶胶的先后顺序,按表 2.51 所列的体积加入编号试管中。混合均匀后静置 15 min,观察现象。确定产生沉淀的试管中何者氯化钾用量最少,并计算其聚沉值。

表 2.51 试管中现象记录

试管编号	1	2	3	4
V(0.5 mol·L^{-1} KCl)/mL	0	0.5	1.5	2.0
$V_{蒸馏水}$/mL	2.5	2.0	1.0	0.5
碘化银溶胶/mL	5	5	5	5
聚沉情况(有无混浊或沉淀)				
聚沉值				

3. 测定氯化镁溶液的聚沉值

按蒸馏水、氯化镁溶液和溶胶的先后顺序。按表 2.52 所列的体积数加入编号试管中,混合均匀后静置 15 min。观察现象,同上法确定氯化镁的聚沉值。

表 2.52 试管中现象记录

试管编号	1	2	3	4
V(0.05 mol·L^{-1} MgCl$_2$)/mL	0	0.1	0.2	0.4
$V_{蒸馏水}$/mL	2.5	2.4	2.3	2.1
$V_{碘化银溶胶}$/mL	5	5	5	5
聚沉情况(有无混浊或沉淀)				
聚沉值				

4. 测定硝酸铝溶液的聚沉值

按蒸馏水、硝酸铝溶液和溶胶的先后顺序,按表 2.53 所列的体积数加入编号试管中,以相同的方法测定硝酸铝的聚沉值。

表 2.53 试管中现象记录

试管编号	1	2	3	4
V(0.000 4 mol·L^{-1} Al(NO$_3$)$_3$)/mL	0	0.2	0.4	0.6
$V_{蒸馏水}$/mL	2.5	2.3	2.1	1.9
$V_{碘化银溶胶}$/mL	5	5	5	5
聚沉情况(有无混浊或沉淀)				
聚沉值				

五、数据记录与处理

(1) 写出碘化银溶胶的胶团结构式。

(2) 分别计算氯化钾、氯化镁、硝酸铝对碘化银溶胶($mmol \cdot L^{-1}$),即

$$聚沉值 = \frac{c_{ini} \times V_{min}}{V} \times 1\ 000$$

式中,c_{ini}为电解质溶液的初始物质的量浓度,$mol \cdot L^{-1}$;V_{min}为产生混浊时用量最少的电解质溶液的体积,mL;V为溶胶的体积,mL。

(3) 比较3种电解质的聚沉值,确定胶体粒子带电符号。

六、思考题

(1) 写出电解质对胶体产生聚沉作用的机理,并将上述实验结果与Hardy-Schalze规则相比较。

(2) 电场中,能独立运动的是胶团中的哪一部分?决定胶粒电性的因素是什么?

(3) 把三氯化铁溶液加到冷水中,能否得到$Fe(OH)_3$溶胶,为什么?加热时间能否过长?为什么?

(4) 溶胶为什么能稳定存在?怎样使溶胶聚沉?不同电解质对溶胶的聚沉作用有何不同?

实验52 溶液吸附法测定固体吸附量和比表面积

一、实验目的

(1) 用次甲基蓝水溶液吸附法测定颗粒活性炭的比表面积;
(2) 了解兰格缪尔单分子层吸附理论及溶液法测定比表面积的基本原理。

二、实验原理

水溶性染料的吸附已应用于测定固体比表面,在所有染料中次甲基蓝具有最大的吸附倾向。研究表明,在一定的浓度范围内,大多数固体对次甲基蓝的吸附是单分子层吸附,符合兰格缪尔吸附理论。

兰格缪尔吸附理论的基本假定是:固体表面是均匀的;吸附是单分子层吸附,吸附剂一旦被吸附质覆盖就不能再吸附;吸附平衡是动态平衡,吸附速率与空白表面成正比,解吸速率与覆盖度成正比;被吸附在固体表面的分子之间无作用力。

设固体表面的吸附位总数为N,覆盖度为θ,溶液中吸附质的浓度为c,根据上述假定,有

吸附质分子(在溶液) ⟶ 吸附质分子(在固体表面)

吸附速率 $\qquad v_{吸} = k_1 N(1-\theta)c$

解吸速率 $\qquad v_{解} = k_{-1} N\theta$

当达到动态平衡时 $k_1 N(1-\theta)c = k_{-1} N\theta$

由此可得

$$\theta = \frac{k_1 c}{k_{-1} + k_1 c} = \frac{K_{吸} c}{1 + K_{吸} c} \tag{1}$$

式中,$K_{吸} = \dfrac{k_1}{k_{-1}}$,称为吸附平衡常数,其值决定于吸附剂和吸附质的本性及温度,$K_{吸}$ 值越大,固体对吸附质吸附能力越强。若以 $\varGamma$ 表示浓度 c 时的平衡吸附量,$\varGamma_\infty$ 表示全部吸附位被占据的单分子层吸附量,即饱和吸附量,则 $\theta = \dfrac{\varGamma}{\varGamma_\infty}$,代入式(1),得

$$\varGamma = \varGamma_\infty \frac{K_{吸} c}{1 + K_{吸} c} \tag{2}$$

将式(2)重新整理,可得如下形式

$$\frac{c}{\varGamma} = \frac{1}{\varGamma_\infty K_{吸}} + \frac{1}{\varGamma_\infty} c \tag{3}$$

作 $c/\varGamma$ 对 c 关系图,从其直线斜率可求得 $\varGamma_\infty$,再结合截距便得到 $K_{吸}$。$\varGamma_\infty$ 指每克吸附剂饱和吸附质的物质的量,若每个吸附质分子在吸附剂上所占据的面积为 σ_A,则吸附剂的比表面积可按下式计算

$$S = \varGamma_\infty L \sigma_A \tag{4}$$

式中,S 为吸附剂比表面积;L 为阿伏加德罗常数;σ_A 为次甲级蓝 $\sigma_A = 39 \times 10^{-20}\ \mathrm{m}^2$。

根据光吸收定律,当入射光为一定波长的单色光时,某溶液的吸光度与溶液中有色物质的浓度及溶液层的厚度成正比,即

$$A = \lg \frac{I_0}{I} = abc \tag{5}$$

式中,A 为吸光度;I_0 为入射光强度;I 为透过光强度;a 为吸光系数;b 为光径长度或液层厚度;c 为溶液浓度。

次甲基蓝溶液在可见区有两个吸收峰:445 nm 和 665 nm,但在 445 nm 处活性炭吸附对吸收峰有很大的干扰,故本实验选用的工作波长为 665 nm,并用 722 型分光光度计测定吸附前后溶液吸光度的变化。

三、仪器与试剂

1. 仪器

722 型分光光度计及其附件(1 套),容量瓶(500 mL)6 只,康氏振荡器(1 台),具塞锥形瓶(100 mL)5 个;容量瓶(100 mL)5 只,滴定管 2 支。

2. 试剂

次甲基蓝溶液(0.2% 左右原始溶液),0.01% 标准溶液($3.126 \times 10^{-4}\ \mathrm{mol \cdot L^{-1}}$),颗粒状非石墨型活性炭。

四、实验内容

1. 样品活化
将颗粒活性炭置于瓷坩埚中放入 500℃ 马弗炉活化 1 h，然后置于干燥器中备用。

2. 次甲基蓝标准溶液的配制
分别取 0 mL,1 mL,3 mL,5 mL,7 mL 质量分数为 0.01% 的标准的次甲基蓝溶液于 100 mL 容量瓶中，用蒸馏水稀释至刻度，待用（表 2.54）。

3. 原始溶液处理
为了准确测量质量分数为 0.2% 的次甲基蓝原始溶液的物质的量浓度，取 1 mL 溶液放入 500 mL 容量瓶中，并用蒸馏水稀释至刻度，待用。

4. 溶液吸附
取 5 只洗净干燥的带塞锥形瓶，编号，分别准确称取活化过的活性炭约 0.1 g 置于瓶中，按表 2.56 配制不同浓度的次甲基蓝溶液（分别用滴定管取质量分数为 0.2% 的原始溶液和蒸馏水）50 mL，然后塞上磨口塞，放置在康氏振荡器上振荡 1.5 h。样品振荡达到平衡后，将锥形瓶取下，静置，用砂芯漏斗或普通漏斗过滤，滤去活性炭，不必水洗，得到吸附平衡后溶液。分别准确取滤液 1 mL 放入 500 mL 容量瓶中，并用蒸馏水稀释至刻度，待用。

5. 测量吸光度
以蒸馏水为空白溶液，工作波长为 665 nm，分别测量 5 个标准溶液、5 个稀释后的平衡溶液以及稀释后的原始溶液的吸光度，将结果分别填入各表中。

五、数据记录与处理

1. 作次甲基蓝溶液物质的量浓度对吸光度的工作曲线
（1）算出各个标准溶液的物质的量浓度。

表 2.54　标准溶液吸光度

编　　号	1	2	3	4	5
标准溶液体积/mL	0	1	3	5	7
标准溶液物质的量浓度/$(mol \cdot L^{-1})$					
吸光度					

（2）以次甲基蓝标准溶液吸光度对物质的量浓度作图，所得直线即为工作曲线。

2. 求次甲基蓝原始溶液物质的量浓度和各个平衡溶液物质的量浓度
（1）计算吸附溶液的初始浓度。按实验步骤 4 的溶液配制方法，计算各吸附溶液的初始物质的量浓度 c_0。

（2）由实验测定的稀释后的质量分数为 0.2% 的原始溶液的吸光度，从工作曲线上查得对应的浓度，乘上稀释倍数 500，即为原始溶液的物质的量浓度。

表 2.55　原始溶液浓度

吸光度	浓度/(mol·L^{-1})

(3)由实验测定的各个稀释后的平衡溶液吸光度,从工作曲线上查得对应物质的量浓度,乘上稀释倍数 500,即为平衡溶液物质的量浓度。

3. 计算吸附量(填入表 2.56)

由平衡物质的量浓度 c 及初始物质的量浓度 c_0 数据,按下式计算吸附量,即

$$\Gamma = \frac{(c_0-c)V}{1\,000m}$$

式中,V 为吸附溶液的体积,即 50 mL;m 为加入溶液的活性炭质量,g。

表 2.56　有关数据记录

编　号	1	2	3	4	5
活性炭质量 m/g					
原始溶液体积/mL	40	30	20	10	5
蒸馏水体积/mL	10	20	30	40	45
初始物质的量浓度 c_0/(mol·L^{-1})					
吸光度					
平衡物质的量浓度 c/(mol·L^{-1})					
Γ/(mol·g^{-1})					
c/Γ					

4. 作兰格缪尔吸附等温线

以 Γ 为纵坐标,c 为横坐标,作 Γ 对 c 的吸附等温线。

5. 求饱和吸附量

由 Γ 和 c 数据计算 $\dfrac{c}{\Gamma}$ 值,然后作 $\dfrac{c}{\Gamma}$ - c 图,由图和式(3)求得饱和吸附量 Γ_∞,并用虚线在 Γ - c 图上表示出来。这一虚线即是吸附量 Γ 的渐近线。

6. 写出本实验的兰格缪尔吸附等温式。

7. 计算活性炭样品的比表面积

将 Γ_∞ 值代入式(4),可算得活性炭样品的比表面积。

六、思考题

简述兰格缪尔单分子层吸附理论包含哪些方面。

实验 53　乙酸乙酯皂化反应速率常数的测定

一、实验目的

电导率法测定乙酸乙酯皂化反应过程中电导率的变化,计算二级反应速率常数。

二、实验原理

乙酸乙酯与氢氧化钠的反应称为皂化反应,在水溶液中是二级反应,其反应式为

$$CH_3COOC_2H_5 + OH^- \longrightarrow CH_3COO^- + C_2H_5OH$$

在反应过程中,各物质的浓度将随着时间的变化而改变,不同反应时间的 OH^- 浓度,可以用标准的酸溶液滴定求得,也可以通过间接测量溶液的电导值得到。为处理方便,设 $CH_3COOC_2H_5$ 和 NaOH 起始浓度相同,都为 a。当反应进行到时刻 t 时,参与反应的 $CH_3COOC_2H_5$ 和 NaOH 的浓度为 x,则此时 CH_3COO^- 和 C_2H_5OH 的浓度为 $(a-x)$,即

$$CH_3COOC_2H_5 + NaOH \rightleftharpoons CH_3COONa + C_2H_5OH$$

$t=0$ 时	a	a	0	0
$t=t$ 时	$a-x$	$a-x$	x	x
$t\to\infty$ 时	0	0	a	a

二级反应反应速率的表达式为

$$\frac{dx}{dt} = k(a-x)^2$$

式中,k 为反应速率常数。

将上式不定积分,可得

$$\frac{1}{a-x} = kt + B \quad (B \text{ 为积分常数})$$

定积分可得

$$kt = \frac{x}{a(a-x)}$$

由于初始浓度 a 是已知的,所以要想测得 k 值,只要测得反应至 t 时刻时生成物的浓度 x,然后以 $\frac{1}{a-x}$ 对 t 作图,得一直线,则直线的斜率就是反应的速率常数 k。

生成物的浓度 x 的测定方法有许多种,我们采用电导值来求 x。

在反应之初,系统的电导主要是 NaOH 贡献的,而反应过程中,电导主要由 NaOH 和 CH_3COONa 共同贡献。由于 Na^+ 在反应过程中浓度保持不变,因此其电导值不发生改变,可以不考虑。因为 OH^- 的导电能力要比 CH_3COO^- 强,所以随着反应的进行,系统的电导值是减少的。由于反应中消耗的 OH^- 的量和 CH_3COO^- 的生成量相等,所以电导值减少的量与 CH_3COO^- 的浓度成正比,即

$t=t$ 时　　　　　　　　　　$x = K(G_0 - G_t)$

$$t \to \infty \text{ 时} \qquad a = K(G_0 - G_\infty)$$

式中,G_0 为反应开始时体系的电导值;G_∞ 为反应完全进行时体系的电导值;K 为比例系数。

将上式代入速度式中可得

$$kt = \frac{G_0 - G_t}{a(G_t - G_\infty)}$$

整理后可得

$$G_t = \frac{1}{ka} \cdot \frac{G_0 - G_t}{t} + G_\infty$$

测定不同时刻 t 时体系的电导值 G_t,以 G_t 为纵坐标,以 $\frac{G_0 - G_t}{t}$ 为横坐标作图,可得一直线,直线的斜率为 $\frac{1}{ka}$,从而可求得反应速率常数 k 的值。

三、仪器与试剂

1. 仪器

恒温水浴锅,电导率仪,秒表,混合反应器,移液管,试管。

2. 试剂

$0.1\ mol \cdot L^{-1}$ 的 NaOH,$0.1\ mol \cdot L^{-1}$ 的乙酸乙酯。

四、实验内容

(1) 调节恒温水浴锅,使其温度为 25℃ 左右,波动范围不超过 0.5℃。

(2) 装置反应液。用移液管取 10 mL 新配制的乙酸乙酯,装入反应器的支管内,再取 10 mL 的 NaOH 装入反应器的主管内(反应之前两者不得接触),然后将反应器放入恒温水浴锅内,恒温 30 min。

(3) 反应开始和电导测量。首先将电极放入反应器的主管内,再将支管的液体小心地倒入主管内,并反复折返几次,使其混合均匀,注意当两种液体一经接触,反应就已经开始,进行电导值的测量,5 min 后读出电导率的值,开始时可每隔 5 min 测量一次,当数值变化不大时,可改为 10 min 测一次,直到没有变化为止。

(4) 实验结束后,倒掉反应液,将反应器与电极一同用蒸馏水清洗,备用。

五、数据记录与处理

(1) 以 G_t 为纵轴,t 为横轴作图,外推至 $t = 0$,截距即 G_∞。

(2) 以 G_t 为纵轴,$(G_0 - G_t)/t$ 为横轴作图,由所得直线的斜率可求得反应速率常数 K 值。

表 2.57　实验记录表

时间/min	5	10	15	20	25	30	35	40	50	60
G_t										
$(G_0 - G_t)/t$										

六、思考题

(1)随着反应的进行,体系的电导值是增加还是减少?为什么?

(2)本实验中,是否需要校准仪器,进行电导率值的准确测量?为什么?

实验 54　双液系的气-液平衡相图

一、实验目的

绘制在大气压力下下环己烷-乙醇双液系的气-液平衡相图,了解相图和相律的概念;掌握测定双组分液体沸点的方法;掌握用折光率确定二元液体组成的方法。

二、实验原理

任意两个在常温时为液态的物质混合起来组成的体系称为双液系。两种溶液若能按任意比例进行混溶,称为完全互溶双液系;若只能在一定比例范围内混溶,称为部分互溶双液系。环己烷-乙醇二元体系就是完全互溶双液系。

液体的沸点是指液体的蒸气压和外压相等时的温度。在一定的外压下,纯液体的沸点有确定的值。但对于双液系,沸点不仅与外压有关,还和双液系的组成有关。恒压下将完全互溶双液体系蒸馏,测定馏出物(气相)和蒸馏液(液相)的组成,就能绘出 $T-x$ 图。$T-x$ 图表明了在沸点时的液相组成和与之平衡的气相组成之间的关系。如图 2.26 所示。上面一条是气相线,下面一条是液相线,对于某一沸点温度所对应的二曲线上的两个点,就是该温度下气液平衡时的气相点和液相点,其相应的组成可从横轴上获得,即 x、y。

双液系的 $T-x$ 图有三种情况:

(1)理想溶液的 $T-x$ 图(图 2.26(a)),溶液符合拉乌尔定律或与拉乌尔定律偏差不大。它表示混合液的沸点介于 A、B 二纯组分沸点之间。这类双液系可用分馏法从溶液中分离出两个纯组分。

(2)有最高恒沸点体系的 $T-x$ 图(图 2.26(b))和有最低恒沸点体系的 $T-x$ 图,如图 2.26(c)所示。对于实际溶液,由于 A、B 二组分的相互影响,常与拉乌尔定律有较大偏差,所以这两类体系的 $T-x$ 图上有一个最高点(正偏差)或一个最低点(负偏差),在此点相互平衡的液相和液气相具有相同的组成,分别叫做最高恒沸点和最低恒沸点。对于这类的双液系,根据原始溶液的组成,用分馏法只能分离出一个纯组分和一个恒沸混合物。

本实验采用回流冷凝的方法绘制环己烷-乙醇体系的 $T-x$ 图。在 100 kPa 下测定一系列不同组成的混合溶液的沸点及在沸点时呈平衡的气液两相的组成。气液两相的组成

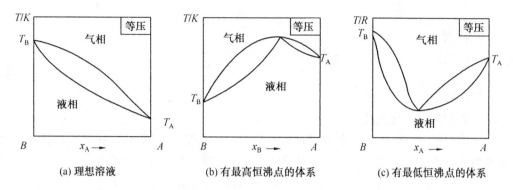

(a) 理想溶液　　　　(b) 有最高恒沸点的体系　　　　(c) 有最低恒沸点的体系

图 2.26　完全互溶双液系的 T-x 图

的测定是用阿贝折光仪测定液体的折光率,再从折射率-组成工作曲线上查得相应的组成,然后绘制 T-x 图。

如图 2.27 所示,测定沸点的装置叫沸点测定仪。这是一个带回流冷凝管的长颈圆底烧瓶。冷凝管底部有一半球形小室,用以收集冷凝下来的气相样品。电流通过浸入溶液中的电阻丝进行加热。这样既可减少溶液沸腾时的过热现象,还能防止暴沸。测定时,温度计水银球要一半在液面下,一半在气相中,以便准确测出平衡温度。

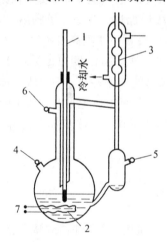

图 2.27　沸点测定仪

1—温度计;2—电热丝;3—冷凝管;4—液相取样口;5—气相冷凝液取样口;6—空气排放口;7—电源接头

溶液组成分析。由于环已烷和乙醇的折光率相差较大,而折光率的测定又只需少量样品,所以,可用折光率-组成工作曲线测得平衡体系的两相组成。

三、仪器与试剂

1. 仪器

沸点测定仪,1 套;阿贝折光仪,1 台;直流稳压电源,1 台;取样管,10 支;红外干燥箱,

1台。

2. 试剂

环已烷(分析纯);无水乙醇(分析纯)。

四、实验内容

1. 绘制标准工作曲线

精确配制 10 mL 下述 8 种不同体积百分数的环已烷~乙醇溶液,在阿贝折光仪上测定各溶液的折光率。然后作折光率对组成的标准曲线。其体积百分数为:

| 环己烷 | 100% | 85% | 70% | 55% | 40% | 25% | 10% | 0% |
| 乙醇 | 0% | 15% | 30% | 45% | 60% | 75% | 90% | 100% |

2. 仪器的安装

将干燥的沸点测定仪按图 2.27 安装好,要检查装置连接的是否严密,不能漏气。

3. 测定沸点和气相冷凝液液、蒸馏液的折光率

(1)取 25 mL 环已烷加入到沸点测定仪的烧瓶中,通好冷凝水,调整测温探头的位置,使测温探头的端部浸入溶液中距电热丝 5 mm 处,不要与电热丝接触。通电后,调变压器输出电压约在 10~13 V,缓慢加热。当液体沸腾后,再调节电压控制,使液体沸腾时能在冷凝管中凝聚。使蒸气在冷凝管中回流高度不宜太高,以 2 cm 左右为好。将冷凝管下部的积液倾倒回蒸馏瓶,重复三次。待温度恒定后记下沸点并停止加热,用盛有水的 250 mL 烧杯套在沸点测定仪底部使体系冷却。冷却后用两支干净的吸管分别从冷凝管下部的气相液和蒸馏瓶底部的蒸馏液中迅速取出几滴液体,立即测定其折光率,读数三次,记录其平均值。然后按下列次序和数量逐步加入乙醇,同法加热溶液沸腾,记下沸点并测定气相液、蒸馏液的折光率。

次序	1	2	3	4	5	6
加乙醇量/mL	0.50	0.80	1.20	2.50	5.00	6.50

(2)将烧瓶中溶液倒入回收瓶中,用少许乙醇洗数次,然后取 25 mL 乙醇置于烧瓶中,按上述方法测定沸点和气相液、蒸馏液的折光率,然后按下列次序和数量逐步加入环己烷:

次序	1	2	3	4
加环己烷量/mL	2.50	5.00	7.50	10.00

每次加完后测其沸点及气相液和蒸馏液的折光率。

五、数据记录与处理

（1）将实验数据列表，格式如下：

室温： 　　大气压：

表 2.58　环己烷—乙醇标准溶液的折光率

环己烷的体积分数							
环己烷的摩尔分数							
折光率							

表 2.59　不同组成的环己烷—乙醇溶液的折光率

环己烷的体积分数	沸点	折光率								环己烷的摩尔分数	
		气相				液相					
		1	2	3	平均	1	2	3	平均	气相	液相

（2）以折光率为纵坐标，环己烷摩尔分数为横坐标作标准工作曲线。

（3）根据标准工作曲线确定各待测溶液气相和液相的平衡组成，填入表中。以组成为横坐标，沸点为纵坐标，绘出气相与液相的平衡曲线，即双液系相图。

（4）由图中确定最低恒沸点的温度和组成。

（5）文献值：

表 2.60　标准压力下环己烷-乙醇体系相图的恒沸点数据

沸点/℃	乙醇质量分数	$x_{环己烷}$
64.9	40	1
64.8	29.2	0.570
64.8	31.4	0.545
64.9	30.5	0.555

表 2.61　25℃时环己烷-乙醇体系的折光率-组成关系

$x_{乙醇}$	$x_{环己烷}$	折光率
1.00	0.0	1.35935
0.8992	0.1008	1.36867
0.7948	0.2052	1.37766
0.7089	0.2911	1.38412
0.5941	0.4059	1.39216
0.4986	0.5017	1.39836
0.4016	0.5984	1.40342
0.2987	0.7013	1.40890
0.2050	0.7950	1.41356
0.1030	0.8970	1.41855
0.00	1.00	1.42338

六、实验说明

(1)由于温度计的一部分露出容器,所以这部分的温度比所测全系的温度低,因此有必要对水银温度计作露茎校正。

(2)在每一份样品的蒸馏过程中,由于整个体系的成分不可能保持恒定,因此平衡温度会略有变化,特别是当溶液中两种组成的量相差较大时,变化更为明显。为此每加入一次样品后,只要待溶液沸腾,正常回流 1~2 min 后,即可取样测定,不宜等待时间过长。每次取样量不宜过多,取样时毛细滴管一定要干燥,不能留有上次的残液,气相部分的样品要取干净。

(3)在 $P^{\ominus}$ 下测得的沸点为正常沸点。通常外界压力并不恰好等于 100 kPa,因此应对实验测得值作压力校正。校正式系从特鲁顿(Trouton)规则及克劳修斯—克拉贝龙方程推导而得

$$\Delta t_{压}/℃ = \frac{(273.15 + t_A/℃)}{10} \cdot \frac{(100\,000 - p)}{100\,000}$$

式中,Δt 为由于压力不等于 100 kPa 而带来的误差;t_A 为实验测得的沸点;p 为实验条件下

的大气压。

(3) 经校正后的体系正常沸点应为
$$t_{沸} = t_A + \Delta t_{压} + \Delta t_{露}$$

七、思考题

(1) 待测溶液的浓度是否需要精确计量,为什么?

(2) 如果要测纯己烷、纯乙醇的沸点,蒸馏瓶必须洗净且烘干,而测混合液沸点和组成时,蒸馏瓶则不洗也不烘,为什么?

实验55 化学反应速率常数与活化能的测定

一、实验目的

(1) 了解浓度、温度及催化剂对化学反应速率的影响;

(2) 测定$(NH_4)_2S_2O_8$与KI反应的速率、反应级数、速率系数和反应的活化能。

二、实验原理

$(NH_4)_2S_2O_8$和KI在水溶液中发生如下反应

$$S_2O_8^{2-}(aq) + 3I^-(aq) = 2SO_4^{2-}(aq) + I_3^-(aq) \tag{1}$$

这个反应的平均反应速率为

$$\bar{v} = -\frac{\Delta c(S_2O_8^{2-})}{\Delta t} = kc^\alpha(S_2O_8^{2-})c^\beta(I^-)$$

式中,$\bar{v}$为反应的平均反应速率;$\Delta c(S_2O_8^{2-})$为Δt时间内$S_2O_8^{2-}$的浓度变化;$c(S_2O_8^{2-})$、$c(I^-)$为$S_2O_8^{2-}$、I^-的起始浓度;k为该反应的速率常数;α、β为反应物$S_2O_8^{2-}$、I^-的反应级数,$(\alpha+\beta)$为该反应的总级数。

为了测出在一定时间(Δt)内$S_2O_8^{2-}$的浓度变化,在混合$(NH_4)_2S_2O_8$和KI溶液的同时,加入一定体积的已知浓度的$Na_2S_2O_3$溶液和淀粉,这样在反应式(1)进行的同时,还有以下反应发生

$$2S_2O_3^{2-}(aq) + I_3^-(aq) = S_4O_6^{2-}(aq) + 3I^-(aq) \tag{2}$$

由于反应式(2)的速率比反应式(1)的大得多,由反应式(1)生成的I_3^-会立即与$S_2O_3^{2-}$反应生成无色的$S_4O_6^{2-}$和I^-。这就是说,在反应开始的一段时间内,溶液呈无色,但当$Na_2S_2O_3$一旦耗尽,由反应式(1)生成的微量I_3^-就会立即与淀粉作用,使溶液呈蓝色。

由反应式(1)和(2)的关系可以看出,每消耗1 mol $S_2O_8^{2-}$就要消耗2 mol 的$S_2O_3^{2-}$,即

$$\Delta c(S_2O_8^{2-}) = \frac{1}{2}\Delta c(S_2O_3^{2-})$$

由于在Δt时间内,$S_2O_3^{2-}$已全部耗尽,所以$\Delta c(S_2O_3^{2-})$实际上就是反应开始时$Na_2S_2O_3$的浓度,即

$$-\Delta c(S_2O_3^{2-}) = c_0(S_2O_3^{2-})$$

这里的 $c_0(S_2O_3^{2-})$ 为 $Na_2S_2O_3$ 的起始浓度。在本实验中,由于每份混合液中 $Na_2S_2O_3$ 的起始浓度都相同,因而 $\Delta c(S_2O_3^{2-})$ 也是相同的,这样,只要记下从反应开始到出现蓝色所需要的时间(Δt),就可以算出一定温度下该反应的平均反应速率

$$\bar{v} = -\frac{\Delta c(S_2O_8^{2-})}{\Delta t} = -\frac{\Delta c(S_2O_3^{2-})}{2\Delta t} = \frac{c_0(S_2O_3^{2-})}{2\Delta t}$$

按照初始速率法,从不同浓度下测得的反应速率,即可求出该反应的反应级数 α 和 β,进而求得反应的总级数(α+β),再由 $k = \dfrac{v}{c^\alpha(S_2O_8^{2-})c^\beta(I^-)}$ 求出反应的速率常数 k。

由 Arrhenius 方程得

$$\lg\{k\} = A - \frac{E_a}{2.303RT}$$

式中,E_a 为反应的活化能;R 为摩尔气体常数,$R = 8.314\ \text{J}\cdot\text{mol}^{-1}\cdot\text{K}^{-1}$;$T$ 为热力学温度。

求出不同温度时的 k 值后,以 $\lg\{k\}$ 对 $\dfrac{1}{T}$ 作图,可得一直线,由直线的斜率 $\left(-\dfrac{E_a}{2.303R}\right)$ 可求得反应的活化能 E_a。

Cu^{2+} 可以加快 $(NH_4)_2S_2O_8$ 与 KI 反应的速率,Cu^{2+} 的加入量不同,加快的反应速率也不同。

三、仪器与试剂

1. 仪器

恒温水浴一台,烧杯(50 mL)5 个,量筒(10 mL)4 个,量筒 5 mL 2 个,秒表 1 块,玻璃棒或电磁搅拌器。

2. 试剂

$(NH_4)_2S_2O_8(0.2\ \text{mol}\cdot\text{L}^{-1})$,$KI(0.2\ \text{mol}\cdot\text{L}^{-1})$,$Na_2S_2O_3(0.05\ \text{mol}\cdot\text{L}^{-1})$,$KNO_3(0.2\ \text{mol}\cdot\text{L}^{-1})$,$(NH_4)_2SO_4(0.2\ \text{mol}\cdot\text{L}^{-1})$,淀粉溶液(0.2%),$Cu(NO_3)_2(0.02\ \text{mol}\cdot\text{L}^{-1})$。

四、实验内容

1. 浓度对反应速率的影响,求反应级数、速率系数

在室温下,按表 2.62 所列各反应物用量,用量筒准确量取各各试剂,除 0.2 mol·L^{-1} $(NH_4)_2S_2O_8$ 溶液外,其余各试剂均可按用量混合在各编号烧杯中,当加入 0.2 mol·L^{-1} $(NH_4)_2S_2O_8$ 溶液时,立即计时,并把溶液混合均匀(用玻璃棒搅拌或把烧杯放在电磁搅拌器上搅拌),等溶液变蓝时停止计时,记下时间 Δt 和室温。

计算每次实验的反应速率 v,并填入表 2.62 中。

2. 温度对反应速率的影响,求活化能

按表 2.62 中实验编号 1 的试剂用量分别在高于室温 5℃、10℃和 15℃的温度下进行实验。这样就可测得这三个温度下的反应时间,并计算三个温度下的反应速率及速率系数,把数据和实验结果填入表 2.63 中。

3. 催化剂对反应速率的影响

在室温下,按表 2.62 中实验编号 1 的试剂用量,再分别加入 1 滴、5 滴、10 滴 0.02 mol·L^{-1}Cu(NO$_3$)$_2$ 溶液[为使总体积和离子强度一致,不足 10 滴的用 0.2 mol·L^{-1}(NH$_4$)$_2$SO$_4$ 溶液补充],把数据和实验结果填入表 2.64 中。

五、数据记录与处理

1. 浓度对反应速率的影响,求反应级数、速率系数

表 2.62 浓度对反应速率的影响　　　　　　室温:_____

试剂体积 V/mL	实验编号	1	2	3	4	5
	$V[(NH_4)_2S_2O_8]$/mL	10	5	2.5	10	10
	$V(KI)$/mL	10	10	10	5	2.5
	$V(Na_2S_2O_3)$/mL	3	3	3	3	3
	$V(KNO_3)$/mL	0	0	0	5	7.5
	$V[(NH_4)_2SO_4]$/mL	0	5	7.5	0	0
	V(淀粉溶液)/mL	1	1	1	1	1
反应物的物质的量浓度	$c_0(S_2O_8^{2-})/(mol·L^{-1})$					
	$c_0(I^-)/(mol·L^{-1})$					
	$c_0(S_2O_3^{2-})/(mol·L^{-1})$					
	反应开始至溶液显蓝色时所需时间 Δt/s					
	$\Delta c(S_2O_3^{2-})/(mol·L^{-1})$					
	反应的平均速率 $\bar{v}$ /(mol·L^{-1}·s^{-1})					
	反应速率常数 k /[(mol·L^{-1})$^{1-\alpha-\beta}$·s^{-1}]					
	α					
	β					
	$\alpha+\beta$					

用表 2.62 中实验编号 1、2、3 的数据,依据初始速率法求 α;用实验编号 1、4、5 的数据,求出 β,再求出(α+β);再由公式 $k=\dfrac{v}{c^\alpha(S_2O_8^{2-})c^\beta(I^-)}$ 求出各实验的 k,并把计算结果填入表 2.62 中。

2. 温度对反应速率的影响,求活化能

利用表 2.63 中各次实验的 k 和 T,作 lg{k}-1/T 图,求出直线的斜率,进而求出反应式(1)的活化能 E_a。

表 2.63 温度对反应速率的影响

实验编号	T/K	$\Delta t/s$	$v/(mol \cdot L^{-1} \cdot s^{-1})$	$k/[(mol \cdot L^{-1})^{1-\alpha-\beta} \cdot s^{-1}]$	$\lg\{k\}$	$\dfrac{1}{T}/(K^{-1})$
1						
6						
7						
8						

3. 催化剂对反应速率的影响

表 2.64 催化剂对反应速率的影响

实验编号	9	10	11
加入 $Cu(NO_3)_2$ 溶液($0.02mol \cdot L^{-1}$)的滴数	1	5	10
反应时间 $\Delta t/s$			
反应速率 $v/(mol \cdot L^{-1} \cdot s^{-1})$			

将表 2.64 中的反应速率与表 2.62 中的进行比较,你能得出什么结论?

六、思考题

(1) 若用 I^-(或 I_3^-)的浓度变化来表示该反应的速率,则 v 和 k 是否和用 $S_2O_8^{2-}$ 的浓度变化表示的一样?

(2) 实验中当蓝色出现后,反应是否就终止了?

实验 56 原电池电动势和电极电势的测定

一、实验目的

(1)测定 Cu-Zn 原电池的电动势及 Cu、Zn 电极的电极电势,学会一些电极的制备方法;

(2)掌握电位差计的测量原理及电位差计的使用。

二、实验原理

凡把化学能转变为电能的装置称为化学电源(或电池、原电池)。电池是由两个电极和连通两个电极的电解质溶液组成的。如图 2.28 所示。

把 Zn 片插入 $ZnSO_4$ 溶液中构成 Zn 电极,把 Cu 片插在 $CuSO_4$ 溶液中构成 Cu 电极。用盐桥(其中充满电解质)把这两个电极连接起来就成为 Cu-Zn 电池。

在电池中,每个电极都有一定的电极电势。当电池处于平衡态时,两个电极的电极电势之差就等于该电池的电动势,按照常采用的习惯,规定电池的电动势等于正、负电极的

电极电势之差。即
$$E = \varphi_+ - \varphi_- \tag{1}$$
式中,E 为原电池的电动势;φ_+、φ_- 为正、负极的电极电势。其中

$$\varphi_+ = \varphi_+^\ominus - \frac{RT}{zF}\ln\frac{\alpha_{还原}}{\alpha_{氧化}} \tag{2}$$

$$\varphi_- = \varphi_-^\ominus - \frac{RT}{zF}\ln\frac{\alpha_{还原}}{\alpha_{氧化}} \tag{3}$$

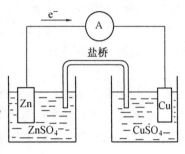

图 2.28 铜锌原电池

式(2)和(3)中,$\varphi_+^\ominus$、$\varphi_-^\ominus$ 分别代表正、负电极的标准电极电势;$R=8.314\ \text{J}\cdot\text{mol}^{-1}\cdot\text{K}^{-1}$;$T$ 是绝对温度;z 是反应中得失电子的数量;$F=96\ 500\ \text{C}\cdot\text{mol}^{-1}$,称法拉第常数;$\alpha_{还原}$ 为参与电极反应的物质的还原态的活度;$\alpha_{氧化}$ 为参与电极反应的物质的氧化态的活度。

对于 Cu-Zn 电池,其电池表示式为
$$\text{Zn}\,|\,\text{ZnSO}_4(c_1)\,\|\,\text{CuSO}_4(c_2)\,|\,\text{Cu}$$

其电极反应为:
负极反应
$$\text{Zn} - 2e = \text{Zn}^{2+}(\alpha_{\text{Zn}^{2+}})$$
正极反应
$$\text{Cu}^{2+}(\alpha_{\text{Cu}^{2+}}) + 2e = \text{Cu}$$
其电池反应为
$$\text{Zn} + \text{Cu}^{2+}(\alpha_{\text{Cu}^{2+}}) = \text{Cu} + \text{Zn}^{2+}(\alpha_{\text{Zn}^{2+}})$$
其电动势为
$$E = \varphi_{\text{Cu}^{2+}/\text{Cu}} - \varphi_{\text{Zn}^{2+}/\text{Zn}} \tag{4}$$

$$\varphi_{\text{Cu}^{2+}/\text{Cu}} = \varphi_{\text{Cu}^{2+}/\text{Cu}}^\ominus - \frac{RT}{2F}\ln\frac{1}{\alpha_{\text{Cu}^{2+}}} \tag{5}$$

$$\varphi_{\text{Zn}^{2+}/\text{Zn}} = \varphi_{\text{Zn}^{2+}/\text{Zn}}^\ominus - \frac{RT}{2F}\ln\frac{1}{\alpha_{\text{Zn}^{2+}}} \tag{6}$$

在式(5)和(6)中,Cu^{2+}、Zn^{2+} 的活度可由其浓度 c 和相应电解质溶液的平均活度系数 $\gamma_\pm$ 计算出来,即

$$\alpha_{\text{Cu}^{2+}} = c_2 \gamma_\pm \tag{7}$$

$$\alpha_{\text{Zn}^{2+}} = c_1 \gamma_\pm \tag{8}$$

如果能由实验确定出 $\varphi_{\text{Cu}^{2+}/\text{Cu}}$ 和 $\varphi_{\text{Zn}^{2+}/\text{Zn}}$,则其相应的标准电极电势 $\varphi_{\text{Cu}^{2+}/\text{Cu}}^\ominus$ 和 $\varphi_{\text{Zn}^{2+}/\text{Zn}}^\ominus$ 即可被确定。

测定铜电极的电极电势时,选择一个电极电势已经确定的电极,如 Ag-AgCl 电极,让它与 Cu 电极组成电池,即
$$\text{Ag-AgCl(s)}\,|\,\text{KCl}(1\ \text{mol}\cdot\text{L}^{-1})\,\|\,\text{CuSO}_4(c_2)\,|\,\text{Cu}$$
该电池的电动势为
$$E = \varphi_{\text{Cu}^{2+}/\text{Cu}} - \varphi_{\text{AgCl/Ag}} \tag{9}$$

因为电动势 E 可以测量,$\varphi_{AgCl/Ag}$ 已知,所以 $\varphi_{Cu^{2+}/Cu}$ 可以被确定,进而可由式(5)求出 $\varphi^{\ominus}_{Cu^{2+}/Cu}$。

用同样方法可以确定 Zn 电极的电极电势 $\varphi_{Zn^{2+}/Zn}$ 和标准电极电势 $\varphi^{\ominus}_{Zn^{2+}/Zn}$,让 Zn 电极与 Ag-AgCl 电极组成电池

$$Zn \mid ZnSO_4(c_1) \parallel KCl(1\ mol \cdot L^{-1}) \mid AgCl-Ag$$

该电池的电动势为

$$E = \varphi_{AgCl/Ag} - \varphi_{Zn^{2+}/Zn} \tag{10}$$

E 可以测量,$\varphi_{AgCl/Ag}$ 已知,所以,$\varphi_{Zn^{2+}/Zn}$ 可以被确定,进而可由式(6)求出 $\varphi^{\ominus}_{Zn^{2+}/Zn}$。

本实验测得的是实验温度下的电极电势 φ_T 和标准电极电势 $\varphi^{\ominus}_T$,为了比较方便起见,可采用下式求出 298 K 时的标准电极电势 $\varphi^{\ominus}_{298}$,即

$$\varphi^{\ominus}_T = \varphi^{\ominus}_{298} + \alpha(T-298) + \frac{1}{2}\beta(T-298)^2 \tag{11}$$

式中,α、β 为电池中电极的温度系数,对 Cu-Zn 电池来说:

Cu 电极 $\alpha = 0.016 \times 10^{-3}\ V \cdot K^{-1}$,$\beta = 0\ V \cdot K^{-2}$

Zn 电极 $\alpha = 0.010 \times 10^{-3}\ V \cdot K^{-1}$,$\beta = 0.62 \times 10^{-6}\ V \cdot K^{-2}$

三、仪器与试剂

1. 仪器

电位差计,Cu、Zn 电极,Ag-AgCl 电极。

2. 试剂

$0.1\ mol \cdot L^{-1}$ 的 $ZnSO_4$ 溶液,$0.1\ mol \cdot L^{-1}$ 的 $CuSO_4$ 溶液,$1\ mol \cdot L^{-1}$ 的 KCl 溶液。

四、实验内容

1. 电极处理

(1)锌电极的处理:用细砂纸轻轻地把锌电极擦亮,再用蒸馏水冲洗后,用滤纸擦干插入装有硫酸锌的半电池中。

(2)铜电极的处理:用细砂纸轻轻地把铜电极擦亮,再用蒸馏水冲洗后,用滤纸擦干插入装有硫酸铜的半电池中。

(3)Ag-AgCl 电极:用蒸馏水洗净后,用滤纸擦干插入装有 $1\ mol \cdot L^{-1}$ 的 KCl 溶液的半电池中。

2. 制备饱和 KCl 盐桥(已制备好)

在锥形瓶中,加入 3g 琼脂和 100mL 蒸馏水,在水浴上加热直到完全溶解,再加入 30gKCl,充分搅拌 KCl 后,趁热用滴管将此溶液装入 U 型管内,静置,待琼脂凝结后即可使用。不用时放在饱和 KCl 溶液中。

3. 测量 Cu-Zn 电池的电动势

如图那样,用盐桥把 Cu 电极和 Zn 电极连接起来,把该电池的 Zn 极(负极)与电位差计的负极接线柱连接,Cu 极(正极)与电位差计的正极接线柱连接,测量该电池的电动势。

4. 测量 Zn 电极与 Ag-AgCl 电极所组成的电池的电动势

用盐桥连接这两个电极，Ag-AgCl 电极是正极，Zn 电极是负极，测量其电动势。

5. 测量 Cu 电极与 Ag-AgCl 电极所组成的电池的电动势

用盐桥连接这两个电极，Ag-AgCl 电极是负极，Cu 电极是正极，测量其电动势。

五、数据记录与处理

室温：_____ 气压：_____

1. 数据记录

表 2.65 电池电动势记录

电池	电池反应	电动势	
		计算值	测得值
Cu-Zn 电池			
Cu-AgCl/Ag			
Zn-AgCl/Ag			

表 2.66 电极电势和标准电极电势

电极名称	电极电势 φ/V		标准电极电势 $\varphi^{\ominus}/V$	
	理论值	实验值	理论值	实验值
Zn 电极				
Cu 电极				

注：在 1.0 mol·L^{-1} 的 KCl 中，已知标准 Ag-AgCl 电极，$\varphi = 0.2221$ V。

2. 计算 Zn 电极得电极电势 $\varphi_{Zn^{2+}/Zn}$ 标准电极电势 $\varphi^{\ominus}_{Zn^{2+}/Zn}$

测得 Zn-AgCl/Ag 电池电动势 E，并利用 Ag-AgCl 的 $\varphi = 0.2221$V，可由式(10)计算 Zn 电极的电极电势 $\varphi_{Zn^{2+}/Zn}$，再利用式(6)计算 Zn 电极的标准电极电势 $\varphi^{\ominus}_{Zn^{2+}/Zn}$。

3. 计算 Cu 电极的电极电势 $\varphi_{Cu^{2+}/Cu}$ 和标准电极电势 $\varphi^{\ominus}_{Cu^{2+}/Cu}$

测得 Cu-AgCl/Ag 电池电动势 E，及 Ag-AgCl 的 $\varphi = 0.2221$ V，可由式(9)计算 Cu 电极的电极电势 $\varphi_{Cu^{2+}/Cu}$，再利用式(5)计算 Cu 电极的标准电极电势 $\varphi^{\ominus}_{Cu^{2+}/Cu}$。

4. 算 Cu-Zn 电池的电动势 E

该电池的电动势 E 为 $E = \varphi_{Cu^{2+}/Cu} - \varphi_{Zn^{2+}/Zn}$

由上面 2 和 3 已经确定的 φ 值可以计算 E，并将其与实验测量值作比较，计算他们之间的相对误差。

5. 文献值

$\varphi^{\ominus}_{Cu^{2+}/Cu}(298) = 0.3400$ V $\varphi^{\ominus}_{Zn^{2+}/Zn}(298) = -0.7630$ V

表 2.67 有关电解质的平均活度系数

电解质溶液	0.1 mol·L^{-1}的 CuSO$_4$	0.1 mol·L^{-1}的 ZnSO$_4$
$\gamma_{\pm}$	0.160	0.150

六、实验说明

(1) 连接仪器时,防止将正负极接错。
(2) 倒入烧杯的溶液没过电极即可。
(3) 仪器的"采零"按键只在"内标"或"外标"情况下起作用,在"测量"状态时不起作用。
(4) 本仪器采用对消原理,内部电路已调试完毕,不应随意拆开仪器,更不能随意调试电路。
(5) 本仪器采用微处理器对信号进行处理和状态控制,使用过程中若电源波动过大,有可能会出现仪器显示紊乱,或调节旋钮数值无变化,此时仪器出现死机,将电源重新开启,即可恢复正常工作。

七、思考题

(1) 什么是原电池?它有什么作用?
(2) 在铜锌原电池中,盐桥有什么作用?
(3) 查阅有关资料,如何利用电池电动势的测定结果求算电池反应的 $\Delta_r H_m$ 和 $\Delta_r S_m$?

实验 57 凝固点降低法测定相对分子质量

一、实验目的

(1) 利用凝固点降低法测定萘的相对分子质量;
(2) 掌握溶液凝固点的测定技术;
(3) 掌握温差测量仪的使用方法。

二、实验原理

稀溶液中溶剂的蒸气压下降、凝固点降低(析出固态纯溶剂)、沸点升高(溶质不挥发)和渗透压的数值,仅与一定量溶液中溶质的质点数有关,而与溶质的本性无关,故称这些性质为稀溶液的依数性。固体物质和它的液体成平衡时的温度称为凝固点。加一溶质于纯溶剂中,其溶液的凝固点必然较纯溶剂的凝固点低,其降低的数值与溶液中溶质的质量摩尔浓度成正比。对于在溶液中不离解、不缔合的溶质的稀溶液有如下关系式

$$\Delta T = T_0 - T = kc \tag{1}$$

式中,T_0 为纯溶剂的凝固点;T 为浓度为 c 的溶液的凝固点;k 为比例常数。
如果 c 以质量浓度(m_B:每千克溶剂所含溶质得物质的量)来表示,则 k 为溶剂的摩

尔凝固点降低常熟,今以 K_f 表示这个常数,于是式(1)可改写为

$$\Delta T = T_0 - T = K_f m_B \tag{2}$$

若取一定量的溶质(W_B)和溶剂(W_A)配制成稀溶液,则此溶液的质量摩尔浓度 m_B 为

$$m_B = \frac{W_B/M_B}{W_A} \times 1\,000 \tag{3}$$

式中,M_B 为溶质的相对分子质量。

如果已知溶剂的 K_f 值,则测定此溶液的凝固点降低值即可按下式计算溶质的相对分子质量。

$$M_B = \frac{K_f}{T_0 - T} \times \frac{1\,000 W_B}{W_A} \tag{4}$$

纯溶剂的凝固点是它的液相和固相共存的平衡温度。若将纯溶剂逐步冷却,其冷却曲线如图 2.29 中 I 的曲线图形。但实际过程中往往发生过冷现象,即在过冷时开始析出固体后,温度才回升到稳定的平衡温度,当液体全部凝固后,温度再逐渐下降,其冷却曲线呈现如图 2.29 中 II 的形状。

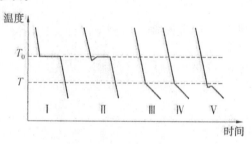

图 2.29 冷却曲线

溶液的凝固点是该溶液的液相与溶剂的固相共存的平衡温度。若将溶液逐步冷却,其冷却曲线与纯溶剂不同,见图 2.29 中 III、IV。由于部分溶剂凝固而析出,使剩余溶液的浓度逐渐增大,因而剩余溶液与溶剂固相的平衡温度也逐渐下降。本实验所要测定的是浓度已知的溶液的凝固点。因此,所析出的溶剂固相的量不能太多,否则要影响原溶液的浓度。如稍有过冷现象如图 2.29 中 IV 所示,对相对分子质量的测定无显著影响;过冷严重,则冷却曲线,如图 2.29 中 V 所示,测得之凝固点将偏低,影响相对分子质量的测定结果。因此,在测定过程中必须设法控制适当的过冷程度,一般可控制冷却剂的温度、搅拌速度等方法来达到。

由于稀溶液的凝固点降低值不大,因此温度的测量需要用较精密的仪器,在本实验中采用精密温差测量仪。做好本实验的关键:

一是控制搅拌速度,每次测量时的搅拌条件和速度尽量一致。

二是冷却剂的温度,过高则冷却太慢,过低则测不准凝固点,一般要求较溶剂的凝固点低 3~4℃,因此本实验中采用冰-水混合物作冰浴。

表 2.68 苯在不同温度下液体的密度

温度/℃	0	10	15	16	17	18	19	20	21	22
密度/g·cm^{-3}	0.900	0.887	0.883	0.882	0.882	0.881	0.880	0.879	0.879	0.878
温度/℃	23	24	25	26	27	28	29	30	40	50
密度/g·cm^{-3}	0.877	0.876	0.875	—	—	—	—	0.869	0.853	0.847

表 2.69 几种溶剂的 K_f 值

溶剂	水	苯	乙酸	硝基苯	酚
冰点	273.2	278.7	289.8	278.9	313.3
K_f/K·mol^{-1}·kg	1.86	5.1	3.90	6.90	7.80

三、仪器与试剂

1. 仪器

SWC-ⅡD 精密温度温差测量仪,凝固点测定仪,恒温水浴,酒精温度计,10 mL、2 mL 吸量管。

2. 试剂

苯(AR),萘(AR)。

四、实验内容

1. 调节水浴温度

将水及少量的冰加入冰水浴槽中,调节冰水的量使水浴的温度为 3℃左右。在实验过程中不断搅拌并补充少量的冰,使水浴的温度保持在 3℃左右。

2. 溶剂凝固点的测定

在室温下,用移液管移取 12 mL 苯,加入到干燥的凝固点测定仪的内管 A 中,将精密电子温差测量仪的探头插入凝固点测定仪内管溶液的中间位置,并盖上塞子,把 A 管直接放入冰-水浴中,如图 2.30 所示。

将温差测量仪的电源开关打开,预热 5 min,不断上下移动搅拌棒 C 和 D,使 A 管中溶剂苯液逐渐冷却。当看见有固体析出时,将凝固点管 A 取出并擦干冰水,插入空气套管 E 中,缓慢而均匀地搅拌。当温差测量仪上的读数基本不变时,记下此数值即为苯的凝固点 T_0(但仅是相对值,若在测量前校正了测量温度,则此值为绝对值)。

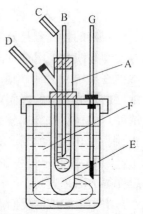

图 2.30 凝固点测定仪
A—凝固点测定仪内管;B—温差测量仪探头;C、D—搅拌棒;E—凝固点测定仪套管;F—冰水浴;G—酒精温度计

取出凝固点管,用手温热,待固体全部溶化后,再重复上步实验,准确测定苯的凝固点三次,取其平均值。(注意:温差测量仪上的调零旋钮在实验前调节完后,实验过程中不要

再调节）。

3. 溶液凝固点的测定

取出 A 管,使管中苯溶液溶化成液体。准确称量萘 0.1g,放入含有苯液的 A 管中,上下移动搅拌棒 C,使萘均匀溶解在苯溶液中。测定溶液凝固点的方法与测定纯溶剂凝固点的方法相同,重复三次,取其平均值。当有过冷现象时,读取过冷后温度回升所达到的最高值。

4. 实验结束

实验完毕后,关闭电源,将废液倒入回收瓶中(注意:冰水温度最好始终保持在 3℃ 左右,以确保三次数据相同)。

五、数据记录与处理

(1)根据室温及苯的密度计算苯的质量。
(2)计算本实验中萘的相对分子质量。
(3)计算测量结果的相对误差。

六、实验说明

(1)冰水浴的温度不能过低,最好始终保持在 3℃ 左右。
(2)搅拌速度要适中,即不能太快也不能太慢。

七、思考题

(1)溶液凝固点降低公式(4)在什么条件下才适用,它能否运用于电解质溶液。
(2)为什么当结晶析出时,温度会迅速回升。
(3)为什么要使用空气套管冷却冷冻管。
(4)在本实验中搅拌的速度如何控制,太快或太慢有何影响。

实验 58 溶解热的测定

一、实验目的

(1)掌握用电热补偿法测定 KNO_3 的积分溶解热;
(2)用作图法求 KNO_3 的积分冲淡溶解热。

二、实验原理

物质溶解过程的热效应称为溶解热,溶解热可以分为积分溶解热和微分溶解热两种。积分溶解热系指在定温定压条件下把 1 mol 溶质溶解在 n_0 mol 的溶剂中时所产生的热效应。由于过程中溶液的浓度逐渐改变,因此积分溶解热也称变浓溶解热,以 Q_s 表示。微分溶解热系指在定温条件下把 1 mol 溶质溶解在无限量的某一定浓度的溶液中时所产生的热效应,以 $\left(\dfrac{\partial Q}{\partial n}\right)_{T,P,n_0}$ 表示。这种热效应也可视为定温定压条件下在定量的该浓度的溶液中加入 dn mol 溶质时所产生的热效应 dQ,两者之间的比值。由于过程中溶液的浓度实际上可视为不变,因此也称为定浓溶解热。

把溶剂加到溶液中,使之冲淡,其热效应称为冲淡热。冲淡热也分为积分冲淡热和微分冲淡热两种,通常都以对含有 1 mol 溶质溶液的冲淡热而言。积分冲淡热系指在定温定压下把含 1 mol 溶质及 n_0 mol 溶剂的溶液冲淡到含溶剂为 n_{02} 时的热效应。微分冲淡热则指在含 1 mol 溶质及 n_{01} mol 溶剂的无限量溶液中加入 1 mol 溶剂的热效应,以 $\left(\dfrac{\partial Q}{\partial n_0}\right)_{T,P,n}$ 表示。

积分溶解热可以由实验直接测定,微分溶解热则可根据图形计算得到,如图 2.31 所示。

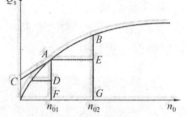

图 2.31 微分溶解热图

图 2.31 中,AF 与 BG 分别为将 1 mol 溶质溶于 n_{01} 及 n_{02} mol 溶剂时的积分溶解热 Q_s;BE 表示在含有 1 mol 溶质的溶液中加入溶剂使溶剂量由 n_{01} mol 变到 n_{02} mol 过程中的积分冲淡热 Q_d

$$Q_d = (Q_{1s})n_{02} - (Q_s)n_{01} = BG - AF$$

曲线在 A 点的斜率等于该浓度溶液的微分冲淡热

$$\left(\dfrac{\partial Q}{\partial n_0}\right)_{T,P,n} = \dfrac{AD}{DC}$$

在绝热容器中测定热效应的方法有:

(1)先测出量热系统的热容 C,再根据反应过程中测得的温度变化 ΔT,由 ΔT 和 C 之积求出热效应之值。

(2)先测出体系的起始温度 T_0,当溶解过程中温度随反应进行而降低,再用电热法使体系温度恢复到起始温度,根据所消耗电能求出热效应 Q。

$$Q = I^2 Rt = IVt \quad (\text{J})$$

式中,I 为通过电阻丝加热器的电流强度,A;V 为电阻丝的两端所加的电压,V;t 为通电时间,s。这种方法称为电热补偿法。

本实验采用后一种方法测定 KNO_3 在水中的积分溶解热,然后作 Q_s-n_0 图,再计算其他热效应。

三、仪器与试剂

1. 仪器
溶解热测定仪 1 套,称量瓶 8 只,毛笔 1 支。

2. 试剂
KNO_3(C.P.)。

四、实验内容

(1)接上电源和数据线。将加热器的两个插头分别插入两个电流输入端口。另一端的两个电夹分别夹在实验杯上突起的两个电极上。将传感器的一端插在主机的传感器接口上。

(2) 打开电源开关，按一下，进入对温差的设置状态（初始值为0.5），使用∧、∨进行数值的调整，设置完成后，再按一下设置键退出设置状态。

(3) 按下标定键，实现对电流、电压的校准，调节加热器的输出功率（初始值为2.3 W），此时可以观察到温度/电压显示窗口将显示此时加热器的功率。此时可通过加热器功率旋钮对加热器的功率大小进行调节。

(4) KNO_3 约 26 g（已进行研磨和烘干处理：研钵中磨细，放入烘箱在 110 ℃下烘 1.5~2 h），放入干燥器中待用。

(5) 将 8 个称量瓶编号，并依次加入约 2.5 g、1.5 g、2.5 g、3.0 g、3.5 g、4.0 g、4.0 g、4.5 g KNO_3，称量至 mg，称量完毕，仍将称量瓶放入干燥器中待用。

(6) 取 216.2 g 的蒸馏水注入实验杯内，按图 2.32 连接好实验器具。

(7) 打开磁力搅拌器电源，调节搅拌磁子的转速。

(8) 将软件打开，进入数据采集与计算界面，点击开始绘图。

(9) 按下自动运行键，此时仪器将保存当前温度、开始加热并计算温差，当温度达到设置值后（0.5），仪器报警，计时器开始计时，随即从漏斗中加入第一份样品，并用毛笔将残留在漏斗上的少量样品全部扫入实验杯中，将漏斗拿走，用塞子将漏斗扣塞住，溶液温度很快下降，仪器停止报警。随着加热器的加热，溶液温度又慢慢上升，当温度达到设置值时（0.5），仪器再次报警，随即加入第二份样品，如上所述继续测定，直至八份样品全部测定完毕，点击停止绘图。

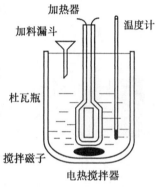

图 2.32

(10) 实验完成后，微机将进行数据处理。请参考下面的软件说明。

在实验过程中，按下自动运行键后，打开软件的绘图窗口，点击开始绘图，界面上将显示每次加入硝酸钾的溶解情况，同时绘出相应的曲线图，当八份样品全部加入以后，即可点击界面中的结算，微机将自动计算出 Q、n 值。再点击绘图下拉菜单，点击熔解热 Q、n 曲线图，仪器将自动绘出 $Q_s \sim n_0$ 曲线图，同时进入 Q_n 曲线图界面。再点击参量计算，计算积分溶解热、微分溶解热、积分冲淡热、微分冲淡热。

五、实验说明

本实验应该确保样品的充分溶解，因此实验前应加以研磨，实验时需要有合适的搅拌速度，加入样品时速度要加以注意，防止样品进入实验杯中过速，致使磁子招住不能正常搅拌，但样品如加的太慢也会引起实验的故障。实验结束后，实验杯中不应存在硝酸钾固体，否则需重做实验。

六、思考题

(1) 本实验的装置是否适用于求放热反应的热效应？为什么？
(2) 温度和浓度对溶解热有无影响？

第3部分 附录

附录1 国际相对原子质量表

序数	元素名称	元素符号	相对原子质量	序数	元素名称	元素符号	相对原子质量	序数	元素名称	元素符号	相对原子质量
1	氢	H	1.007 94	38	锶	Sr	87.62	75	铼	Re	186.207
2	氦	He	4.002 602	39	钇	Y	88.905 85	76	锇	Os	190.23
3	锂	Li	6.941	40	锆	Zr	91.224	77	铱	Ir	192.217
4	铍	Be	9.012 182	41	铌	Nb	92.906 38	78	铂	Pt	195.078
5	硼	B	10.811	42	钼	Mo	95.94	79	金	Au	196.966 55
6	碳	C	12.010 7	43	锝	Tc	(98)	80	汞	Hg	200.59
7	氮	N	14.006 74	44	钌	Ru	101.07	81	铊	Tl	204.383 3
8	氧	O	15.999 4	45	铑	Rh	102.905 50	82	铅	Pb	207.2
9	氟	F	18.998 403 2	46	钯	Pd	106.42	83	铋	Bi	208.980 38
10	氖	Ne	20.179 7	47	银	Ag	107.868 2	84	钋	Po	(209)
11	钠	Na	22.989 770	48	镉	Cd	112.411	85	砹	At	(210)
12	镁	Mg	24.305 0	49	铟	In	114.818	86	氡	Rn	(222)
13	铝	Al	26.981 538	50	锡	Sn	118.710	87	钫	Fr	(223)
14	硅	Si	28.085 5	51	锑	Sb	121.760	88	镭	Ra	(226)
15	磷	P	30.973 761	52	碲	Te	127.60	89	锕	Ac	(227)
16	硫	S	32.066	53	碘	I	126.904 47	90	钍	Th	232.038 1
17	氯	Cl	35.452 7	54	氙	Xe	131.29	91	镤	Pa	231.035 88
18	氩	Ar	39.948	55	铯	Cs	132.905 43	92	铀	U	238.028 9
19	钾	K	39.098 3	56	钡	Ba	137.327	93	镎	Np	(237)
20	钙	Ca	40.078	57	镧	La	138.905 5	94	钚	Pu	(244)
21	钪	Sc	44.955 910	58	铈	Ce	140.116	95	镅	Am	(243)
22	钛	Ti	47.867	59	镨	Pr	140.907 65	96	锔	Cm	(247)
23	钒	V	50.941 5	60	钕	Nd	144.23	97	锫	Bk	(247)
24	铬	Cr	51.996 1	61	钷	Pm	(145)	98	锎	Cf	(251)
25	锰	Mn	54.938 049	62	钐	Sm	150.36	99	锿	Es	(252)
26	铁	Fe	55.845	63	铕	Eu	151.964	100	镄	Fm	(257)
27	钴	Co	58.933 200	64	钆	Gd	157.25	101	钔	Md	(258)
28	镍	Ni	58.693 4	65	铽	Tb	158.925 34	102	锘	No	(259)
29	铜	Cu	63.546	66	镝	Dy	162.50	103	铹	Lr	(262)
30	锌	Zn	65.39	67	钬	Ho	164.930 32	104	𬬻	Rf	(261)
31	镓	Ga	69.723	68	铒	Er	167.26	105	𬭊	Db	(262)
32	锗	Ge	72.61	69	铥	Tm	168.934 21	106	𬭳	Sg	(263)
33	砷	As	74.921 60	70	镱	Yb	173.04	107	𬭛	Bh	(262)
34	硒	Se	78.96	71	镥	Lu	174.967	108	𬭶	Hs	(265)
35	溴	Br	79.904	72	铪	Hf	178.49	109	鿏	Mt	(266)
36	氪	Kr	83.80	73	钽	Ta	180.947 9	110		Uun	(269)
37	铷	Rb	85.46 78	74	钨	W	183.84	111		Uuu	
								112		Uub	

注:摘自 Lide D R. Handbook of Chemistry and Physics. 78th Ed, CRC PRESS,1997—1998.

附录2 常见化合物的摩尔质量表

化合物	摩尔质量 /(g·mol^{-1})	化合物	摩尔质量 /(g·mol^{-1})	化合物	摩尔质量 /(g·mol^{-1})
Ag_3AsO_4	462.52	$Ca(NO_3)_2 \cdot 4H_2O$	236.15	$FeCl_3$	162.21
$AgBr$	187.77	$Ca(OH)_2$	74.09	$FeCl_3 \cdot 6H_2O$	270.30
$AgCl$	143.32	$Ca_3(PO_4)_2$	310.18	$FeNH_4(SO_4)_2 \cdot 12H_2O$	482.18
$AgCN$	133.89	$CaSO_4$	136.14	$Fe(NO_3)_3$	241.86
$AgSCN$	165.95	$CdCO_3$	172.42	$Fe(NO_3)_3 \cdot 9H_2O$	404.00
Ag_2CrO_4	331.73	$CdCl_2$	183.32	FeO	71.846
AgI	234.77	CdS	144.47	Fe_2O_3	159.69
$AgNO_3$	169.87	$Ce(SO_4)_2$	332.24	Fe_3O_4	231.54
$AlCl_3$	133.34	$Ce(SO_4)_2 \cdot 4H_2O$	404.30	$Fe(OH)_3$	106.87
$AlCl_3 \cdot 6H_2O$	241.43	$CoCl_2$	129.84	FeS	87.91
$Al(NO_3)_3$	213.00	$CoCl_2 \cdot 6H_2O$	237.93	Fe_2S_3	207.87
$Al(NO_3)_3 \cdot 9H_2O$	375.13	$Co(NO_3)_2$	132.94	$FeSO_4$	151.90
Al_2O_3	101.96	$Co(NO_3)_2 \cdot 6H_2O$	291.03	$FeSO_4 \cdot 7H_2O$	278.01
$Al(OH)_3$	78.00	CoS	90.99	$FeSO_4 \cdot (NH_4)_2SO_4 \cdot 6H_2O$	392.13
$Al_2(SO_4)_3$	342.14	$CoSO_4$	154.99	H_3AsO_3	125.94
$Al_2(SO_4)_3 \cdot 18H_2O$	666.41	$CoSO_4 \cdot 7H_2O$	281.10	H_3AsO_4	141.94
As_2O_3	197.84	$CO(NH_2)_2$	60.06	H_3BO_3	61.83
As_2O_5	229.84	$CrCl_3$	158.35	HBr	80.912
As_2S_3	246.02	$CrCl_3 \cdot 6H_2O$	266.45	HCN	27.026
$BaCO_3$	197.34	$Cr(NO_3)_3$	238.01	$HCOOH$	46.026
BaC_2O_4	225.35	Cr_2O_3	151.99	CH_3COOH	60.052
$BaCl_2$	208.24	$CuCl$	98.999	H_2CO_3	62.025
$BaCl_2 \cdot 2H_2O$	244.27	$CuCl_2$	134.45	$H_2C_2O_4$	90.035
$BaCrO_4$	253.32	$CuCl_2 \cdot 2H_2O$	170.48	$H_2C_2O_4 \cdot 2H_2O$	126.07
BaO	153.33	$CuSCN$	121.62	HCl	36.461
$Ba(OH)_2$	171.34	CuI	190.45	HF	20.006
$BaSO_4$	233.39	$Cu(NO_3)_2$	187.56	HI	127.91
$BiCl_3$	315.34	$Cu(NO_3)_2 \cdot 3H_2O$	241.60	HIO_3	175.91
$BiOCl$	260.43	CuO	79.545	HNO_3	63.013
CO_2	44.01	Cu_2O	143.09	HNO_2	47.013

续附录2

化合物	摩尔质量/(g·mol^{-1})	化合物	摩尔质量/(g·mol^{-1})	化合物	摩尔质量/(g·mol^{-1})
CaO	56.08	CuS	95.61	H_2O	18.015
$CaCO_3$	100.09	$CuSO_4$	159.60	H_2O_2	34.015
CaC_2O_4	128.10	$CuSO_4 \cdot 5H_2O$	249.68	H_3PO_4	97.9953
$CaCl_2$	110.99	$FeCl_2$	126.75	H_2S	34.08
$CaCl_2 \cdot 6H_2O$	219.08	$FeCl_2 \cdot 4H_2O$	198.81	H_2SO_3	82.07
H_2SO_4	98.07	KNO_3	101.10	$(NH_4)_2HPO_4$	132.06
$Hg(CN)_2$	252.63	KNO_2	85.104	$(NH_4)_2S$	68.14
$HgCl_2$	271.50	K_2O	94.196	$(NH_4)_2SO_4$	132.13
Hg_2Cl_2	472.09	KOH	56.106	NH_4VO_3	116.98
HgI_2	454.40	K_2SO_4	174.25	Na_3AsO_3	191.89
$Hg_2(NO_3)_2$	525.19	$MgCO_3$	84.314	$Na_2B_4O_7$	201.22
$Hg_2(NO_3)_2 \cdot 2H_2O$	561.22	$MgCl_2$	95.211	$Na_2B_4O_7 \cdot 10H_2O$	381.37
$Hg(NO_3)_2$	324.60	$MgCl_2 \cdot 6H_2O$	203.30	$NaBiO_3$	279.97
HgO	216.59	MgC_2O_4	112.33	NaCN	49.007
HgS	232.65	$Mg(NO_3)_2 \cdot 6H_2O$	256.41	NaSCN	81.07
$HgSO_4$	296.65	$MgNH_4PO_4$	137.32	Na_2CO_3	105.99
Hg_2SO_4	497.24	MgO	40.304	$Na_2CO_3 \cdot 10H_2O$	286.14
$KAl(SO_4)_2 \cdot 12H_2O$	474.38	$Mg(OH)_2$	58.32	$Na_2C_2O_4$	134.00
KBr	119.00	$Mg_2P_2O_7$	222.55	CH_3COONa	82.034
$KBrO_3$	167.00	$MgSO_4 \cdot 7H_2O$	246.47	$CH_3COONa \cdot 3H_2O$	136.08
KCl	74.551	$MnCO_3$	114.95	NaCl	58.443
$KClO_3$	122.55	$MnCl_2 \cdot 4H_2O$	197.91	NaClO	74.442
$KClO_4$	138.55	$Mn(NO_3)_2 \cdot 6H_2O$	287.04	$NaHCO_3$	84.007
KCN	65.116	MnO	70.937	$Na_2HPO_4 \cdot 12H_2O$	358.14
KSCN	97.18	MnO_2	86.937	$Na_2H_2Y \cdot 2H_2O$	372.24
K_2CO_3	138.21	MnS	87.00	$NaNO_2$	68.995
K_2CrO_4	194.19	$MnSO_4$	151.00	$NaNO_3$	84.995
$K_2Cr_2O_7$	294.18	$MnSO_4 \cdot 4H_2O$	223.06	Na_2O	61.979
$K_3Fe(CN)_6$	329.25	NO	30.006	Na_2O_2	77.978
$K_4Fe(CN)_6$	368.35	NO_2	46.006	NaOH	39.997

续附录 2

化合物	摩尔质量 /(g·mol^{-1})	化合物	摩尔质量 /(g·mol^{-1})	化合物	摩尔质量 /(g·mol^{-1})
KFe(SO$_4$)$_2$·12H$_2$O	503.24	NH$_3$	17.03	Na$_3$PO$_4$	163.94
KHC$_2$O$_4$·H$_2$O	146.14	CH$_3$COONH$_4$	77.083	Na$_2$S	78.04
KHC$_2$O$_4$·H$_2$C$_2$O$_4$·2H$_2$O	254.19	NH$_4$Cl	53.491	Na$_2$S·9H$_2$O	240.18
KHC$_4$H$_4$O$_6$	188.18	(NH$_4$)$_2$CO$_3$	96.086	Na$_2$SO$_3$	126.04
KHSO$_4$	136.16	(NH$_4$)$_2$C$_2$O$_4$	124.10	Na$_2$SO$_4$	142.04
KI	166.00	(NH$_4$)$_2$C$_2$O$_4$·H$_2$O	142.11	Na$_2$S$_2$O$_3$	158.10
KIO$_3$	214.00	NH$_4$SCN	76.12	Na$_2$S$_2$O$_3$·5H$_2$O	248.17
KIO$_3$·HIO$_3$	389.91	NH$_4$HCO$_3$	79.055	NiCl$_2$·6H$_2$O	237.69
KMnO$_4$	158.03	(NH$_4$)$_2$MoO$_4$	196.01	NiO	74.69
KNaC$_4$H$_4$O$_6$·4H$_2$O	282.22	NH$_4$NO$_3$	80.043	Ni(NO$_3$)$_2$·6H$_2$O	290.79
NiS	90.75	SO$_3$	80.06	SrCrO$_4$	203.61
NiSO$_4$·7H$_2$O	280.85	SO$_2$	64.06	Sr(NO$_3$)$_2$	211.63
P$_2$O$_5$	141.94	SbCl$_3$	228.11	Sr(NO$_3$)$_2$·4H$_2$O	283.69
PbCO$_3$	267.20	SbCl$_5$	299.02	SrSO$_4$	183.68
PbC$_2$O$_4$	295.22	Sb$_2$O$_3$	291.50	UO$_2$(CH$_3$COO)$_2$·2H$_2$O	424.15
PbCl$_2$	278.10	Sb$_3$S$_3$	339.68	ZnCO$_3$	125.39
PbCrO$_4$	323.20	SiF$_4$	104.08	ZnC$_2$O$_4$	153.40
Pb(CH$_3$COO)$_2$	325.30	SiO$_2$	60.084	ZnCl$_2$	136.29
Pb(CH$_3$COO)$_2$·3H$_2$O	379.30	SnCl$_2$	189.62	Zn(CH$_3$COO)$_2$	183.47
PbI$_2$	461.00	SnCl$_2$·2H$_2$O	225.65	Zn(CH$_3$COO)$_2$·2H$_2$O	219.50
Pb(NO$_3$)$_2$	331.20	SnCl$_4$	260.52	Zn(NO$_3$)$_2$	189.39
PbO	223.20	SnCl$_4$·5H$_2$O	350.596	Zn(NO$_3$)$_2$·6H$_2$O	297.48
PbO$_2$	239.20	SnO$_2$	150.71	ZnO	81.38
Pb$_3$(PO$_4$)$_2$	811.54	SnS	150.776	ZnS	97.44
PbS	239.30	SrCO$_3$	147.63	ZnSO$_4$	161.44
PbSO$_4$	303.30	SrC$_2$O$_4$	175.64	ZnSO$_4$·7H$_2$O	287.54

附录3 常用基准物

基准物质		干燥后组成	干燥条件	标定对象
名称	分子式			
碳酸氢钠	$NaHCO_3$	Na_2CO_3	270~300℃	酸
碳酸钠	$Na_2CO_3 \cdot 10H_2O$	Na_2CO_3	270~300℃	酸
硼砂	$Na_2B_4O_7 \cdot 10H_2O$	$Na_2B_4O_7 \cdot 10H_2O$	放在含 NaCl 和蔗糖饱和溶液的干燥器中	酸
碳酸氢钾	$KHCO_3$	K_2CO_3	270~300℃	酸
草酸	$H_2C_2O_4 \cdot 2H_2O$	$H_2C_2O_4 \cdot 2H_2O$	室温空气干燥	碱或 $KMnO_4$
邻苯二甲酸氢钾	$KHC_8H_4O_4$	$KHC_8H_4O_4$	110~120℃	碱
重铬酸钾	$K_2Cr_2O_7$	$K_2Cr_2O_7$	140~150℃	还原剂
溴酸钾	$KBrO_3$	$KBrO_3$	130℃	还原剂
碘酸钾	KIO_3	KIO_3	130℃	还原剂
铜	Cu	Cu	室温干燥器中保存	还原剂
三氧化二砷	As_2O_3	As_2O_3	室温干燥器中保存	氧化剂
草酸钠	$Na_2C_2O_4$	$Na_2C_2O_4$	130℃	氧化剂
碳酸钙	$CaCO_3$	$CaCO_3$	110℃	EDTA
锌	Zn	Zn	室温干燥器中保存	EDTA
氧化锌	ZnO	ZnO	900~1 000℃	EDTA
氯化纳	NaCl	NaCl	500~600℃	$AgNO_3$
氯化钾	KCl	KCl	500~600℃	$AgNO_3$
硝酸银	$AgNO_3$	$AgNO_3$	220~250℃	氯化物
氨基磺酸	$HOSO_2NH_2$	$HOSO_2NH_2$	在真空 H_2SO_4 干燥器中保存 48 h	碱
氟化钠	NaF	NaF	铂坩埚中 500~550℃ 下保存 40~50 min 后，H_2SO_4 干燥器中冷却	

附录4 常用指示剂

表1 酸碱指示剂(291~298 K)

指示剂名称	变色pH范围	颜色变化	溶液配制方法
甲基紫（第一变色范围）	0.13~0.5	黄—绿	0.1%或0.05%的水溶液
苦味酸	0.0~1.3	无色—黄	0.1%水溶液
甲基绿	0.1~2.0	黄—绿—浅蓝	0.05%水溶液
孔雀绿（第一变色范围）	0.13~2.0	黄—浅蓝—绿	0.1%水溶液
甲酚红（第一变色范围）	0.2~1.8	红—黄	0.04 g指示剂溶于100 mL 50%乙醇中
甲基紫（第二变色范围）	1.0~1.5	绿—蓝	0.1%水溶液
百里酚蓝（麝香草酚蓝）（第一变色范围）	1.2~2.8	红—黄	0.1 g指示剂溶于100 mL 20%乙醇中
甲基紫（第三变色范围）	2.0~3.0	蓝—紫	0.1%水溶液
茜素黄R（第一变色范围）	1.9~3.3	红—黄	0.1%水溶液
二甲基黄	2.9~4.0	红—黄	0.1 g或0.01 g指示剂溶于100 mL 90%乙醇中
甲基橙	3.1~4.4	红—橙黄	0.1%水溶液
溴酚蓝	3.0~4.6	黄—蓝	0.1 g指示剂溶于100 mL 20%乙醇中
刚果红	3.0~5.2	蓝紫—红	0.1%水溶液
茜素红（第一变色范围）	3.7~5.2	黄—紫	0.1%水溶液
溴甲酚绿	3.8~5.4	黄—蓝	0.1 g指示剂溶于100 mL 20%乙醇中

续表1

指示剂名称	变色pH范围	颜色变化	溶液配制方法
甲基红	4.4~6.2	红—黄	0.1 g 或 0.2 g 指示剂溶于100 mL 60%乙醇中
溴酚红	5.0~6.8	黄—红	0.1 g 或 0.04 g 指示剂溶于100mL 20%乙醇中
溴甲酚紫	5.2~6.8	黄—紫红	0.1 g 指示剂溶于 100 mL 20%乙醇中
溴百里酚蓝	6.0~7.6	黄—蓝	0.05 g 指示剂溶于 100 mL 20%乙醇中
中性红	6.8~8.0	红—亮黄	0.1 g 指示剂溶于 100 mL 60%乙醇中
酚红	6.8~8.0	黄—红	0.1 g 指示剂溶于 100 mL 20%乙醇中
甲酚红	7.2~8.8	亮黄—紫红	0.1 g 指示剂溶于 100 mL 50%乙醇中
百里酚蓝（麝香草酚蓝）（第二变色范围）	8.0~9.0	黄—蓝	参看第一变色范围
酚酞	8.0~10.0	无色—紫红	（1）0.1 g 指示剂溶于 100 mL 60%乙醇中 （2）1 g 酚酞溶于 100 mL 50%乙醇中
百里酚酞	9.4~10.6	无色—蓝	0.1 g 指示剂溶于 100 mL 90%乙醇中
茜素红S（第二变色范围）	10.0~12.0	紫—淡黄	参看第一变色范围
茜素黄R（第二变色范围）	10.1~12.1	黄—淡紫	0.1%水溶液
孔雀绿（第二变色范围）	11.5~13.2	蓝绿—无色	参看第一变色范围
达旦黄	12.0~13.0	黄—红	0.1%水溶液

表 2　混合酸碱指示剂

组成	变色点 pH	颜色		备注
		酸色	碱色	
1 份 0.1% 甲基黄乙醇溶液 1 份 0.1% 次甲基蓝乙醇溶液	3.25	蓝紫	绿	pH3.2 蓝紫色 pH3.4 绿色
4 份 0.2% 溴甲酚绿乙醇溶液 1 份 0.2% 二甲基黄乙醇溶液	3.9	橙	绿	变色点黄色
1 份 0.2% 甲基橙溶液 1 份 0.28% 靛蓝(二磺酸)乙醇溶液	4.1	紫	黄绿	调节二者比例,直至终点敏锐
1 份 0.1% 溴百里酚绿钠盐水溶液 1 份 0.2% 甲基橙水溶液	4.3	黄	蓝绿	pH3.5 黄色 pH4.0 黄绿色 pH4.3 绿色
3 份 0.1% 溴甲酚绿乙醇溶液 1 份 0.2% 甲基红乙醇水溶液	5.1	酒红	绿	
1 份 0.2% 甲基红乙醇水溶液 1 份 0.1% 次甲基蓝乙醇溶液	5.4	红紫	绿	pH5.2 红紫 pH5.4 暗蓝 pH5.6 绿
1 份 0.1% 溴甲酚绿钠盐水溶液 1 份 0.1% 氯酚红钠盐水溶液	6.1	黄绿	蓝紫	pH5.4 蓝绿 pH5.8 蓝 pH6.2 蓝紫
1 份 0.1% 溴甲酚紫钠盐水溶液 1 份 0.1% 溴百里酚蓝钠盐水溶液	6.7	黄	蓝紫	pH6.2 黄紫 pH6.6 紫 pH6.8 蓝紫
1 份 0.1% 中性红乙醇溶液 1 份 0.1% 次甲基蓝乙醇溶液	7.0	蓝紫	绿	pH7.0 蓝紫
1 份 0.1% 溴百里酚蓝钠盐水溶液 1 份 0.1% 酚红钠盐水溶液	7.5	黄	紫	pH7.2 暗绿 pH7.4 淡紫 pH7.6 深紫
1 份 0.1% 甲酚红 50% 乙醇溶液 6 份 0.1% 百里酚蓝 50% 乙醇溶液	8.3	黄	紫	pH8.2 玫瑰色 pH8.4 紫色 变色点微红色

表3 金属离子指示剂

指示剂名称	溶液配制方法	备注
铬黑T（EBT）	1. 0.5%水溶液 2. 与NaCl按1:100质量比例混合	H_2In^-，紫红；HIn^{2-}，蓝色；In^{3-}，橙色。$pK_{a2}=6.3$，$pK_{a3}=11.5$。金属离子配合物一般为红色，一般在pH为8~10时使用
二甲酚橙（XO）	0.2%水溶液	H_3In^{4-}，黄色；H_2In^{5-}，红色。$pK_a=6.3$，金属离子配合物一般为红色，一般在pH<6时使用
K-B指示剂	0.2 g酸性铬蓝K与0.34 g萘酚绿B溶于100mL水中。配制后需调节K-B的比例，使终点变化明显	H_2In，红色；HIn^-，蓝色；In^{2-}，紫色。$pK_{a1}=8$；$pK_{a2}=13$；金属离子配合物一般为红色。一般在pH为8~13时使用
钙指示剂	1. 0.5%乙醇溶液 2. 与NaCl按1:100质量比例混合	H_2In^-，酒红色；HIn^{2-}，蓝色；In^{3-}，酒红色。$pK_{a2}=7.4$；$pK_{a3}=13.5$。金属离子配合物一般为红色。一般在pH为12~13时使用
吡啶偶氮萘酚（PAN）	0.1%或0.3%的乙醇溶液	H_2In^+，黄绿；HIn，黄色；In^-，淡红色。$pK_{a1}=1.9$；$pK_{a2}=12.2$，一般在pH为2~12时使用
Cu-PAN（CuY-PAN溶液）	取0.05 mol·L^{-1} Cu^{2+}溶液10mL，加pH为5~6的HAc缓冲溶液5mL，1滴PAN指示剂，加热至60℃左右，用EDTA滴至绿色，得到约0.025 mol·L^{-1}的CuY溶液。使用时取2~3mL于试液中，再加数滴PAN溶液	CuY+PAN+M^{n+}══MY+Cu-PAN CuY+PAN，浅绿色；Cu-PAN，红色 一般在pH为2~12时使用
磺基水杨酸	1%或10%的水溶液	H_2In，无色；HIn^-，无色；In^{2-}，无色。$pK_{a2}=2.7$；$pK_{a3}=13.1$；pH在1.5~2.5与Fe^{3+}生成红色配合物
钙镁试剂	0.5%水溶液	H_2In^-，红色；HIn^{2-}，蓝色；In^{3-}，红橙。$pK_{a2}=8.1$；$pK_{a3}=12.4$；金属离子配合物一般为红色
紫脲酸铵	与NaCl按1:100质量比混合	H_4In^-，红紫色；H_3In^{2-}，紫色；H_2In^{3-}，蓝色。$pK_{a2}=9.2$；$pK_{a3}=10.9$

表4 氧化还原指示剂

指示剂名称	$[H^+]=1mol\cdot L^{-1}$，变色点电位(V)	颜色变化		溶液配制方法
		氧化态	还原态	
中性红	0.24	红色	无色	0.05%的60%乙醇溶液
亚甲基蓝	0.36	蓝色	无色	0.05%水溶液
变胺蓝	0.59（pH=2）	无色	蓝色	0.05%水溶液
二苯胺	0.76	紫色	无色	1%的浓硫酸溶液
二苯胺磺酸钠	0.85	紫红	无色	0.5%的水溶液,若溶液混浊,可滴加少量盐酸
N-邻苯氨基苯甲酸	1.08	紫红	无色	0.1 g指示剂加20 mL 5%碳酸钠溶液,用水稀释至100 mL
邻二氮菲-Fe(Ⅱ)	1.06	浅蓝	红色	1.485 g邻二氮菲加0.965 g FeSO$_4$,溶于100 mL水中(0.025 mol·L^{-1}溶液)
5-硝基邻二氮菲-Fe(Ⅱ)	1.25	浅蓝	紫红	1.608 g 5-硝基邻二氮菲,加0.695 g FeSO$_4$,溶于100 mL水中(0.025 mol·L^{-1}溶液)

表5 沉淀滴定吸附指示剂

指示剂	被测离子	滴定剂	滴定条件	溶液配制方法
荧光黄	Cl^-	Ag^+	pH7~10(一般7~8)	0.2%乙醇溶液
二氯荧光黄	Cl^-	Ag^+	pH4~10(一般5~8)	0.1%水溶液
曙红	Br^-,I^-,SCN^-	Ag^+	pH2~10(一般3~8)	0.5%水溶液
溴甲酚绿	SCN^-	Ag^+	pH4~5	0.1%水溶液
甲基紫	Ag^+	Cl^-	酸性溶液	0.1%水溶液
罗丹明6G	Ag^+	Br^-	酸性溶液	0.1%水溶液
钍试剂	SO_4^{2-}	Ba^{2+}	pH1.5~3.5	0.5%水溶液
溴酚蓝	Hg^{2+}	Cl^-,Br^-	酸性溶液	0.1%水溶液

附录5 常用缓冲溶液

缓冲溶液组成	pK_a	缓冲液 pH	缓冲溶液配制方法
氨基乙酸-HCL	2.53 (pK_{a1})	2.3	取 150 g 氨基乙酸溶于 500 mL 水中后,加 80 mL 浓 HCl,加水稀释至 1 L
H_3PO_4-柠檬酸盐		2.5	取 113 g $Na_2HPO_4 \cdot 12H_2O$ 溶 200 mL 水后,加 387g 柠檬酸,溶解,过滤,加水稀释至 1 L
一氯乙酸-NaOH	2.86	2.8	取 200 g 一氯乙酸溶于 200 mL 水中,加 40 g NaOH 溶解后,加水稀释至 1 L
邻苯二甲酸氢钾-HCl	2.95 (pK_{a1})	2.9	取 500 g 邻苯二甲酸氢钾溶于 500 mL 水中,加 80 mL 浓 HCl,加水稀释至 1 L
甲酸-NaOH	3.76	3.7	取 95 g 甲酸和 40 g NaOH 溶于 500 mL 水中,加水稀释至 1 L
NaAc-HAc	4.74	4.2	取 3.2 g 无水 NaAc 溶于水中,加 50 mL 冰 HAc,加水稀释至 1 L
NH_4Ac-HAc		4.5	取 77 g NH_4Ac 溶于 200 mL 水中,加 59 mL 冰 HAc,加水稀释至 1 L
NaAc-HAc	4.74	4.7	取 83 g 无水 NaAc 溶于水中,加 60 mL 冰 HAc,加水稀释至 1 L
NaAc-HAc	4.74	5.0	取 160 g 无水 NaAc 溶于水中,加 60 mL 冰 HAc,加水稀释至 1 L
NH_4Ac-HAc		5.0	取 250 g NH_4Ac 溶于水中,加 25 mL 冰 HAc,加水稀释至 1 L
六亚甲基四胺-HCl	5.15	5.4	取 40 g 六亚甲基四胺溶于 200 mL 水中,加 100 mL 浓 HCl,加水稀释至 1 L
NH_4Ac-HAc		6.0	取 600 g NH_4Ac 溶于水中,加 20 mL 冰 HAc,加水稀释至 1 L
NaAc-H_3PO_4 盐		8.0	取 50 g 无水 NaAc 和 50 g $Na_2HPO_4 \cdot 12H_2O$,溶于水中,加水稀释至 1 L
TrisHCl[三羟甲基胺甲烷 $CNH_2(HOCH_3)_3$]	8.21	8.2	取 25 g Tris 试剂溶于水中,加 18 mL 浓 HCl,加水稀释至 1 L
NH_3-NH_4Cl	9.26	9.2	取 54 g NH_4Cl 溶于水中,加 63 mL 浓氨水,加水稀释至 1 L
NH_3-NH_4Cl	9.26	9.5	取 54 g NH_4Cl 溶于水中,加 126 mL 浓氨水,加水稀释至 1 L
NH_3-NH_4Cl	9.26	10.0	(1)取 54 g NH_4Cl 溶于水中,加 350 mL 浓氨水,加水稀释至 1 L (2)取 67.5 g NH_4Cl 溶于 200 mL 水中,加 570 mL 浓氨水,加水稀释至 1 L

附录6 常用酸、碱的质量浓度、质量分数、物质的量浓度

试剂名称	质量浓度/(g·cm^{-3})	质量分数/%	物质的量浓度/(mol·L^{-1})	试剂名称	质量浓度/(g·cm^{-3})	质量分数/%	物质的量浓度/(mol·L^{-1})
浓硫酸	1.84	98	18	浓氢氟酸	1.13	40	23
稀硫酸	1.1	9	2	氢溴酸	1.38	40	7
浓盐酸	1.19	38	12	氢碘酸	1.70	57	7.5
稀盐酸	1.0	7	2	冰醋酸	1.05	99	17.5
浓硝酸	1.4	68	16	稀醋酸	1.04	30	5
稀硝酸	1.2	32	6	稀醋酸	1.0	12	2
稀硝酸	1.1	12	2	浓氢氧化钠	1.44	41	14.4
浓磷酸	1.7	85	14.7	稀氢氧化钠	1.1	8	2
稀磷酸	1.05	9	1	浓氨水	0.91	28	14.8
浓高氯酸	1.67	70	11.6	稀氨水	1.0	3.5	2
稀高氯酸	1.12	19	2				

附录7 水溶液中某些离子的颜色

离子	颜色	离子	颜色	离子	颜色
无色离子		S^{2-}	无色	$[Cr(NH_3)_3(H_2O)_3]^{3+}$	浅红色
Na^+	无色	$S_2O_3^{2-}$	无色	$[Cr(NH_3)_4(H_2O)_2]^{3+}$	橙红色
K^+	无色	F^-	无色	$[Cr(NH_3)_5H_2O]^{2+}$	橙黄色
NH_4^+	无色	Cl^-	无色	$[Cr(NH_3)_6]^{3+}$	黄色
Mg^{2+}	无色	ClO_3^-	无色	CrO_2^-	绿色
Ca^{2+}	无色	Br^-	无色	CrO_4^{2-}	黄色
Sr^{2+}	无色	BrO_3^-	无色	$Cr_2O_7^{2-}$	橙色
Ba^{2+}	无色	I^-	无色	$[Mn(H_2O)_6]^{2+}$	肉色
Al^{3+}	无色	SCN^-	无色	MnO_4^{2-}	绿色
Sn^{2+}	无色	$[CuCl_2]^-$	无色	MnO_4^-	紫红色
Sn^{4+}	无色	TiO^{2+}	无色	$[Fe(H_2O)_6]^{2+}$	浅绿色
Pb^{2+}	无色	VO_3^-	无色	$[Fe(H_2O)_6]^{3+}$	淡紫色*
Bi^{3+}	无色	VO_4^{3-}	无色	$[Fe(CN)_6]^{4-}$	黄色
Ag^+	无色	MoO_4^{2-}	无色	$[Fe(CN)_6]^{3-}$	浅桔黄色
Zn^{2+}	无色	WO_4^{2-}	无色	$[Fe(NCS)_n]^{3-n}$	血红色
Cd^{2+}	无色	有色离子		$[Co(H_2O)_6]^{2+}$	粉红色
Hg_2^{2+}	无色	$[Cu(H_2O)_4]^{2+}$	浅蓝色	$[Co(NH_3)_6]^{2+}$	黄色
Hg^{2+}	无色	$[CuCl_4]^{2-}$	黄色	$[Co(NH_3)_6]^{3+}$	橙黄色

续附录 7

离子	颜色	离子	颜色	离子	颜色
$B(OH)_4^-$	无色	$[Cu(NH_3)_4]^{2+}$	深蓝色	$[CoCl(NH_3)_5]^{2+}$	红紫色
$B_4O_7^{2-}$	无色	$[Ti(H_2O)_6]^{3+}$	紫色	$[Co(NH_3)_5H_2O]^{3+}$	粉红色
$C_2O_4^{2-}$	无色	$[TiCl(H_2O)_5]^{2+}$	绿色	$[Co(NH_3)_4CO_3]^+$	紫红色
Ac^-	无色	$[TiO(H_2O_2)]^{2+}$	桔黄色	$[Co(CN)_6]^{3-}$	紫色
CO_3^{2-}	无色	$[V(H_2O)_6]^{2+}$	紫色	$[Co(SCN)_4]^{2-}$	蓝色
SiO_3^{2-}	无色	$[V(H_2O)_6]^{3+}$	绿色	$[Ni(H_2O)_6]^{2+}$	亮绿色
NO_3^-	无色	VO^{2+}	蓝色	$[Ni(NH_3)_6]^{2+}$	蓝色
NO_2^-	无色	VO_2^+	浅黄色	I_3^-	浅棕黄色
PO_4^{3-}	无色	$[VO_2(O_2)_2]^{3-}$	黄色		
AsO_3^{3-}	无色	$[V(O_2)]^{3+}$	深红色		
AsO_4^{3-}	无色	$[Cr(H_2O)_6]^{2+}$	蓝色		
$[SbCl_6]^{3-}$	无色	$[Cr(H_2O)_6]^{3+}$	紫色		
$[SbCl_6]^-$	无色	$[Cr(H_2O)_5Cl]^{2+}$	浅绿色		
SO_3^{2-}	无色	$[Cr(H_2O)_4Cl_2]^+$	暗绿色		
SO_4^{2-}	无色	$[Cr(NH_3)_2(H_2O)_4]^{3+}$	紫红色		

* 由于水解生成 $[Fe(H_2O)_5OH]^{2+}$、$[Fe(H_2O)_4(OH)_2]^{2+}$ 等离子,而使溶液呈黄棕色。未水解的 $FeCl_3$ 溶液呈黄棕色,这是由于生成 $[FeCl_4]^-$ 的缘故。

附录 8　部分化合物的颜色

化合物	颜色	化合物	颜色	化合物	颜色
氧化物		$Ni(OH)_2$	浅绿色	CuS	黑色
CuO	黑色	$Ni(OH)_3$	黑色	Cu_2S	黑色
Cu_2O	暗红色	$Co(OH)_2$	粉红色	FeS	棕黑色
Ag_2O	暗棕色	$Co(OH)_3$	褐棕色	Fe_2S_3	黑色
ZnO	白色	$Cr(OH)_3$	灰绿色	CoS	黑色
CdO	棕红色	氯化物		NiS	黑色
Hg_2O	黑褐色	$AgCl$	白色	Bi_2S_3	黑褐色
HgO	红色或黄色	Hg_2Cl_2	白色	SnS	褐色
TiO_2	白色	$PbCl_2$	白色	SnS_2	金黄色
VO	亮灰色	$CuCl$	白色	CdS	黄色
V_2O_3	黑色	$CuCl_2$	棕色	Sb_2S_3	橙色

续附录 8

化合物	颜色	化合物	颜色	化合物	颜色
VO_2	深蓝色	$CuCl_2 \cdot 2H_2O$	蓝色	Sb_2S_5	橙红色
V_2O_5	红棕色	$Hg(NH_2)Cl$	白色	MnS	肉色
Cr_2O_3	绿色	$CoCl_2$	蓝色	ZnS	白色
CrO_3	红色	$CoCl_2 \cdot H_2O$	蓝紫色	As_2S_3	黄色
MnO_2	棕褐色	$CoCl_2 \cdot 2H_2O$	紫红色	硫酸盐	
MoO_2	铅灰色	$CoCl_2 \cdot 6H_2O$	粉红色	Ag_2SO_4	白色
WO_2	棕红色	$FeCl_3 \cdot 6H_2O$	黄棕色	Hg_2SO_4	白色
FeO	黑色	$TiCl_3 \cdot 6H_2O$	紫色或绿色	$PbSO_4$	白色
Fe_2O_3	砖红色	$TiCl_2$	黑色	$CaSO_4 \cdot 2H_2O$	白色
Fe_3O_4	黑色	溴化物		$SrSO_4$	白色
CoO	灰绿色	$AgBr$	淡黄色	$BaSO_4$	白色
Co_2O_3	黑色	$AsBr$	浅黄色	$[Fe(NO)]SO_4$	深棕色
NiO	暗黑色	$CuBr_2$	黑紫色	$Cu_2(OH)_2SO_4$	浅蓝色
Ni_2O_3	黑色	碘化物		$CuSO_4 \cdot 5H_2O$	蓝色
PbO	黄色	AgI	黄色	$CoSO_4 \cdot 7H_2O$	红色
Pb_3O_4	红色	Hg_2I_2	黄绿色	$Cr(SO_4)_3 \cdot 6H_2O$	绿色
氢氧化物		HgI_2	红色	$Cr_2(SO_4)_3$	紫色或红色
$Zn(OH)_2$	白色	PbI_2	黄色	$Cr_2(SO_4)_3 \cdot 18H_2O$	蓝紫色
$Pb(OH)_2$	白色	CuI	白色	$KCr(SO_4)_2 \cdot 12H_2O$	紫色
$Mg(OH)_2$	白色	SbI_3	红黄色	碳酸盐	
$Sn(OH)_2$	白色	BiI_3	绿黑色	Ag_2CO_3	白色
$Sn(OH)_4$	白色	TiI_4	暗棕色	$CaCO_3$	白色
$Mn(OH)_2$	白色	卤酸盐		$SrCO_3$	白色
$Fe(OH)_2$	白色或绿色	$Ba(IO_3)_2$	白色	$BaCO_3$	白色
$Fe(OH)_3$	红棕色	$AgIO_3$	白色	$MnCO_3$	白色
$Cd(OH)_2$	白色	$KClO_4$	白色	$CdCO_3$	白色
$Al(OH)_3$	白色	$AgBrO_3$	白色	$Zn_2(OH)_2CO_3$	白色
$Bi(OH)_3$	白色	硫化物		$BiOHCO_3$	白色
$Sb(OH)_3$	白色	Ag_2S	灰黑色	$Hg_2(OH)_2CO_3$	红褐色
$Cu(OH)_2$	浅蓝色	HgS	红色或黑色	$Co_2(OH)_2CO_3$	红色
$CuOH$	黄色	PbS	黑色	$Cu_2(OH)_2CO_3$	暗绿色*

续附录8

化合物	颜色	化合物	颜色	化合物	颜色
$Ni_2(OH)_2CO_3$	浅绿色	草酸盐		$Zn_3[Fe(CN)_6]_2$	黄褐色
磷酸盐		CaC_2O_4	白色	$Co_2[Fe(CN)_6]$	绿色
Ca_3PO_4	白色	$Ag_2C_2O_4$	白色	$Ag_4[Fe(CN)_6]$	白色
$CaHPO_4$	白色	$Ag_2C_2O_4$	黄色	$Zn_2[Fe(CN)_6]$	白色
$Ba_3(PO_4)_2$	白色	类卤化合物		$K_3[Co(NO_2)_6]$	黄色
$FePO_4$	浅黄色	$AgCN$	白色	$K_2Na[Co(NO_2)_6]$	黄色
Ag_3PO_4	黄色	$Ni(CN)_2$	浅绿色	$(NH_4)_2Na[Co(NO_2)_6]$	黄色
NH_4MgPO_4	白色	$Cu(CN)_2$	浅棕绿色	$K_2[PtCl_6]$	黄色
铬酸盐		$CuCN$	白色	$KHC_4H_4O_6$	白色
Ag_2CrO_4	砖红色	$AgSCN$	白色	$Na[Sb(OH)_6]$	白色
$PbCrO_4$	黄色	$Cu(SCN)_2$	黑绿色	$Na_2[Fe(CN)_5NO]\cdot 2H_2O$	红色
$BaCrO_4$	黄色	其他含氧酸盐		$NaAc\cdot Zn(Ac)_2\cdot$	
$FeCrO_4\cdot 2H_2O$	黄色	NH_4MgAsO_4	白色	$3[UO_2(Ac)_2]\cdot 9H_2O$	黄色
硅酸盐		Ag_3AsO_4	红褐色	$(NH_4)_2MoS_4$	血红色
$BaSiO_3$	白色	$Ag_2S_2O_3$	白色		
$CuSiO_3$	蓝色	$BaSO_3$	白色		
$CoSiO_3$	紫色	$SrSO_3$	白色		
$Fe_2(SiO_3)_3$	棕红色	其它化合物			
$MnSiO_3$	肉色	$Fe_4[Fe(CN)_6]_3\cdot xH_2O$	兰色		
$NiSiO_3$	翠绿色	$Cu_2[Fe(CN)_6]$	红褐色		
$ZnSiO_3$	白色	$Ag_3[Fe(CN)_6]$	橙色		

* 相同浓度硫酸铜和硫酸钠溶液的比例(体积)不同时生成的碱式碳酸铜颜色不同。

$CuSO_4:Na_2CO_3$ 碱式碳酸铜

2∶1.6   浅蓝绿色

1∶1   暗绿色

附录9 常见难溶化合物的溶度积常数

化合物	溶度积(温度/℃)	化合物	溶度积(温度/℃)
铝		硫化铜	$8.5 \times 10^{-45}(18)$
铝酸 H_3AlO_3	$4 \times 10^{-13}(15)$	溴化亚铜	$6.27 \times 10^{-9}(25)$
	$1.1 \times 10^{-15}(18)$	氯化亚铜	$1.72 \times 10^{-7}(25)$
	$3.7 \times 10^{-15}(25)$	碘化亚铜	$1.27 \times 10^{-12}(25)$
氢氧化铝	$1.9 \times 10^{-33}(18 \sim 20)$	硫化亚铜	$2 \times 10^{-47}(16 \sim 18)$
钡		硫氰酸亚铜	$1.77 \times 10^{-13}(25)$
碳酸钡	$2.58 \times 10^{-9}(25)$	亚铁氰化铜	$1.3 \times 10^{-16}(18 \sim 25)$
铬酸钡	$1.17 \times 10^{-10}(25)$	铁	
氟化钡	$1.84 \times 10^{-7}(25)$	氢氧化铁	$2.79 \times 10^{-39}(25)$
碘酸钡 $Ba(IO_3)_2 \cdot 2H_2O$	$1.67 \times 10^{-9}(25)$	氢氧化亚铁	$4.87 \times 10^{-17}(18)$
碘酸钡	$4.01 \times 10^{-9}(25)$	草酸亚铁	$2.1 \times 10^{-7}(25)$
草酸钡 $BaC_2O_4 \cdot 2H_2O$	$1.2 \times 10^{-7}(18)$	硫化亚铁	$3.7 \times 10^{-19}(18)$
硫酸钡	$1.08 \times 10^{-10}(25)$	铅	
镉		碳酸铅	$7.4 \times 10^{-14}(25)$
草酸镉 $CdC_2O_4 \cdot 3H_2O$	$1.42 \times 10^{-8}(25)$	铬酸铅	$1.77 \times 10^{-14}(18)$
氢氧化镉	$7.2 \times 10^{-15}(25)$	氟化铅	$3.3 \times 10^{-8}(25)$
硫化镉	$3.6 \times 10^{-29}(18)$	碘酸铅	$3.69 \times 10^{-13}(25)$
钙		碘化铅	$9.8 \times 10^{-9}(25)$
碳酸钙	$3.36 \times 10^{-9}(25)$	草酸铅	$2.74 \times 10^{-11}(18)$
氟化钙	$3.45 \times 10^{-11}(25)$	硫酸铅	$2.53 \times 10^{-8}(25)$
碘酸钙 $Ca(IO_3)_2 \cdot 6H_2O$	$7.10 \times 10^{-7}(25)$	硫化铅	$3.4 \times 10^{-28}(18)$
碘酸钙	$6.47 \times 10^{-6}(25)$	锂	
草酸钙	$2.32 \times 10^{-9}(25)$	碳酸锂	$8.15 \times 10^{-4}(25)$
草酸钙 $CaC_2O_4 \cdot H_2O$	$2.57 \times 10^{-9}(25)$	镁	
硫酸钙	$4.93 \times 10^{-5}(25)$	磷酸铵镁	$2.5 \times 10^{-13}(25)$
钴		碳酸镁	$6.82 \times 10^{-6}(25)$
硫化钴(Ⅱ)α-CoS	$4.0 \times 10^{-21}(18-25)$	氟化镁	$5.16 \times 10^{-11}(25)$
β-CoS	$2.0 \times 10^{-25}(18-25)$	氢氧化镁	$5.61 \times 10^{-12}(25)$
铜		二水合草酸镁	$4.83 \times 10^{-6}(25)$
一水合碘酸铜	$6.94 \times 10^{-8}(25)$	锰	
草酸铜	$4.43 \times 10^{-10}(25)$	氢氧化镁	$4 \times 10^{-14}(18)$

续附录 9

化 合 物	溶度积(温度/℃)	化 合 物	溶度积(温度/℃)
硫化锰	1.4×10^{-15}(18)	氢氧化银	1.52×10^{-8}(20)
汞		碘酸银	3.17×10^{-8}(25)
氢氧化汞	3.0×10^{-26}(18~25)	碘化银	0.32×10^{-16}(13)
硫化汞(红)	4.0×10^{-53}(18~25)	碘化银	8.52×10^{-17}(25)
硫化汞(黑)	1.6×10^{-52}(18~25)	硫化银	1.6×10^{-49}(18)
氯化亚汞	1.43×10^{-18}(25)	溴酸银	5.38×10^{-5}(25)
碘化亚汞	5.2×10^{-29}(25)	硫氢酸银	0.49×10^{-12}(18)
溴化亚汞	6.4×10^{-23}(25)	硫氢酸银	1.03×10^{-12}(25)
镍		锶	
硫化镍(Ⅱ)α-NiS	3.2×10^{-19}(18~25)	碳酸锶	5.60×10^{-10}(25)
β-NiS	1.0×10^{-24}(18~25)	氟化锶	4.33×10^{-9}(25)
γ-NiS	2.0×10^{-26}(18~25)	草酸锶	5.61×10^{-8}(18)
银		硫酸锶	3.44×10^{-7}(25)
溴化银	5.35×10^{-13}(25)	铬酸锶	2.2×10^{-5}(18~25)
碳酸银	8.46×10^{-12}(25)	锌	
氯化银	1.77×10^{-10}(25)	氢氧化锌	3×10^{-17}(25)
铬酸银	1.2×10^{-12}(14.8)	草酸锌 $ZnC_2O_4 \cdot 2H_2O$	1.38×10^{-9}(25)
铬酸银	1.12×10^{-12}(25)	硫化锌	1.2×10^{-23}(18)
重铬酸银	2×10^{-7}(25)		

参 考 文 献

[1] 徐甲强,孙淑香. 无机及分析化学实验[M]. 北京:海洋出版社,1999.
[2] 北京师范大学无机化学教研室. 无机化学实验[M]. 北京:高等教育出版社,2001.
[3] 胡满成,张昕. 化学基础实验[M]. 北京:科学出版社,2000.
[4] 郑豪,方文军. 新编普通化学实验[M]. 北京:科学出版社,2005.
[5] 侯振雨. 无机及分析化学实验[M]. 北京:化学工业出版社,2004.
[6] 黄君礼. 水分析化学[M]. 第2版. 北京:中国建筑工业出版社,1997.
[7] 蔡彭. 分析化学实验[M]. 上海:上海交通大学出版社,2001.
[8] 蔡素德. 有机化学[M]. 第2版. 北京:中国建筑工业出版社,2002.
[9] 石国乐,张凤英. 给水排水物理化学[M]. 第2版. 北京:中国建筑工业出版社,1996.
[10] 罗澄源. 物理化学实验[M]. 北京:高等教育出版社,2003.
[11] 朱红,朱英. 综合性与设计性化学实验[M]. 北京:中国矿业大学出版社,2003.
[12] 北京师范大学,东北师范大学,华中师范大学,等. 无机化学实验[M]. 第3版. 北京:高等教育出版社,2001.
[13] 陶建中. 基础化学实验[M]. 成都:四川科学技术出版社,1998.
[14] 南京大学. 大学化学实验[M]. 北京:高等教育出版社,2001.
[15] 吴泳. 大学化学新体系实验[M]. 北京:科学出版社,2001.
[16] 张晓丽. 仪器分析实验[M]. 北京:化学工业出版社,2006.
[17] 华东化工学院. 无机化学实验[M]. 第3版. 北京:高等教育出版社,2000.